非營利組織財務管理
以中國為例

謝曉霞 著

財經錢線

前言
Preface

　　民間非營利組織是指不以營利為目的，主要開展各種志願性的公益或互益活動的非政府的社會組織。其主要屬性包括了非營利性、非政府性、志願公益性或互益性。民間非營利組織財務管理屬於高級財務管理的一個分支，也是民間非營利組織管理的重要組成部分。

　　中國民間非營利組織的類型包括基金會、社會團體、民辦非企業單位（或叫做社會服務機構），經過幾十年的發展，當前的數量達到80多萬家。中國慈善聯合會發布的《2017年度中國慈善捐助報告》顯示，2017年度中國境內接受國內外款物捐贈共計1,499.86億元。如此快速增長的民間非營利組織數量，以及大額的募款總量，讓民間非營利組織在運作過程中對資金募集、資金預算、資金使用、資金評估等方面的需求越來越多，迫切需要大量系統掌握非營利組織財務管理專業知識的人才進入公益領域，從資金運作管理方面為公益領域、社會組織發展提供專業支持。當前民間非營利組織越來越多地參與到社會治理、社區治理、社會發展的過程中，在基層治理中越來越發揮出自己的作用，同時，民間非營利組織在管理過程中，越來越凸顯財務管理知識的匱乏，不知道如何更好地發揮民間非營利組織的資金使用效益，如何處理資金運作背後涉及的所有利益相關方關係，讓資金能夠高效透明地使用，更好地參與社會治理進程，發揮社會組織應有的作用。這些問題已經成為當前中國民間非營利組織財務管理工作面臨的迫切需要解決的問題。然而，國內市場上現有的關於民間非營利組織財務管理領域的系統性介紹的教材書籍比較缺乏。因此，為豐富民間非營利組織財務管理領域的專業教材書籍市場，為廣大感興趣的讀者系統性學習民間非營利組織財務管理知識提供方便，我們組織編撰了本書。

　　本書的出版是基於當前社會發展的大背景下，對社會管理、公益行業領域

財務管理人才需求迫切的情況下，結合自己的研究領域，在編者出版的《民間非營利組織財務管理理論與實務》（經濟管理出版社 2013 年出版）的基礎上，進一步補充完善了民間非營利組織財務管理的理論知識體系，使其更加具有邏輯性、更加系統化，出版的一本專業書籍。本書增加了最近五年以來，在公益慈善領域、民間非營利組織財務管理領域出現的最新案例，比如公益信託（慈善信託）、互聯網募款、社會企業的資金管理模式等內容。該教材的出版，一是為了滿足市場需求，二是為了更新知識體系。

本書以財務管理領域的基本理論為基礎，結合民間非營利組織的特點，在介紹民間非營利組織預算管理、日常資金管理、項目資金管理、籌資與投資管理、財務報告與財務分析理論和方法的基礎上，對民間非營利組織的財務績效評估和財務監督進行了介紹。並在理論介紹的基礎上，從財務管理的視角出發，選取了最近幾年民間非營利組織中的典型案例進行分析。本書既包括財務管理的基礎知識的系統性介紹，又提供了經典案例分析，具有很強的可讀性和實用性。

全書分為上下兩篇。上篇介紹民間非營利組織財務管理基礎理論，包括 8 章內容，從第 1 章到第 8 章分別對民間非營利組織財務管理涉及的基礎概念、預算管理、日常資金管理、項目資金管理、籌資管理與投資管理、財務報告與分析、財務績效評估、財務監督等基礎內容進行了介紹。其目的是使讀者對民間非營利組織財務管理的基本知識在理論上形成全面的認識，掌握財務管理的關鍵技術和方法。下篇從第 9 章到第 12 章，主要介紹民間非營利組織財務管理案例與實務，包括 16 個案例，目的是使讀者通過案例分析加深對資金募集、資金運作及資金監督管理的理解，為在實踐中處理民間非營利組織財務管理實務提供借鑑和參考。

總結起來，本書主要有以下兩個特點：

（1）注重理論與實際相結合。整本書的結構安排以財務管理的系統性理論知識介紹為基礎，在此基礎上進行具體的財務管理技術和方法的介紹。

（2）引入大量近期典型的案例分析。本書在介紹財務管理基礎理論的基礎上，引入了大量的近期發生的真實案例，重點將財務管理的原理和方法與案例相結合進行分析，對現實中民間非營利組織的財務管理具有很強的指導性。

前言

　　本書可以作為公共管理、慈善管理、非營利組織管理、會計學等管理類學科的本科和研究生教材，也可以作為民間非營利組織從業人員的普適性讀本，並可以作為民間非營利組織管理層、民間非營利組織研究人員以及對民間非營利組織財務管理感興趣的讀者的日常閱讀資料。

　　本書由謝曉霞主編，負責擬定撰寫大綱以及邏輯框架，統籌編著工作。馬研君、丁涌洪、劉夢妮等參與編寫。其中：謝曉霞編寫了第1章、第8章、第10章；馬研君編寫了第7章、第11章；丁涌洪編寫了第3章、第5章、第6章、第9章；劉夢妮編寫了第2章、第4章；明月、唐雨菲、張雅倩、武惟一、楊鹿野合作編寫第12章；最後，由謝曉霞負責本書的審核、校稿和統稿工作。

　　本書的編寫借鑑了國內外作者的一些研究成果。在此，對本書中所借鑑文獻的作者、撰寫團隊成員及對本書有貢獻的所有各方表示由衷的感謝！

　　由於編者水準有限，書中疏漏和錯誤在所難免，真誠地希望廣大讀者提出寶貴意見，以便今後進一步修訂和完善。

謝曉霞

非營利組織財務管理-以中國為例

CONTENTS

上篇　民間非營利組織財務管理基礎理論

第一章　民間非營利組織財務管理概述 …… 3
- 第一節　民間非營利組織財務管理的含義與特徵 …… 3
- 第二節　民間非營利組織財務管理的目標及內容 …… 5

第二章　民間非營利組織預算管理 …… 10
- 第一節　民間非營利組織預算管理概述 …… 10
- 第二節　民間非營利組織預算管理程序 …… 14
- 第三節　民間非營利組織預算管理的基本方法 …… 15
- 第四節　民間非營利組織預算管理的考核體系 …… 22

第三章　民間非營利組織日常資金管理 …… 26
- 第一節　民間非營利組織日常資金管理概述 …… 26
- 第二節　民間非營利組織日常資金管理制度 …… 30
- 第三節　民間非營利組織日常資金管理的會計核算 …… 32

第四章　民間非營利組織項目資金管理 …… 38
- 第一節　民間非營利組織項目資金的收入管理 …… 38
- 第二節　民間非營利組織項目資金的支出管理 …… 43
- 第三節　民間非營利組織項目資金的評估 …… 47

第五章　民間非營利組織籌資管理與投資管理　50
第一節　民間非營利組織籌資管理概述　50
第二節　民間非營利組織籌資管理制度　54
第三節　民間非營利組織投資管理概述　56
第四節　民間非營利組織投資管理制度　60

第六章　民間非營利組織財務報告與分析　67
第一節　民間非營利組織財務報告的目標　67
第二節　民間非營利組織財務報告的編製　68
第三節　民間非營利組織財務報告分析　72

第七章　民間非營利組織財務績效評估　76
第一節　民間非營利組織財務績效評估概述　76
第二節　民間非營利組織財務績效評估體系　77
第三節　民間非營利組織財務績效評估方法　81

第八章　民間非營利組織財務監督　89
第一節　民間非營利組織財務監督概述　89
第二節　民間非營利組織外部財務監督機制　91
第三節　民間非營利組織內部財務監督機制　93

下篇　民間非營利組織財務管理案例與實務

第九章　民間非營利組織籌資管理案例與實務　99
案例一　「愛心衣櫥」
——從網上競拍到認購等多種籌資方式的創新　99

案例二　河仁慈善基金會
——開啟股票捐贈形式設立基金會的先河　105

案例三　「免費午餐」
　　——從民間到政府的多種籌資方式選擇 …………………………… 111

案例四　「春雨行動」
　　——法人機構捐贈的典範 ………………………………………… 117

案例五　上杭縣高齡老人及孤兒救濟項目
　　——中國首例由地方企業獨立向地方公共財政支付的例證 ……… 125

第十章　民間非營利組織資金運作管理案例與實務 …………………… 130

案例六　「壹基金」
　　——資金運作中的困惑與轉型 …………………………………… 130

案例七　「童緣」
　　——民間項目資助平臺的實施與效果 …………………………… 136

案例八　「愛心包裹」
　　——「一對一」捐助的資金運作模式選擇 ……………………… 142

案例九　「千村慈善幫扶基金」工程
　　——「誰募集誰受益」的資金運作模式選擇 …………………… 149

第十一章　民間非營利組織財務監督與評價案例與實務 ……………… 154

案例十　四川汶川地震的善款運用「恰到好處」嗎
　　——從審計署的公告到財務監督的思考 ………………………… 154

案例十一　「胡曼莉事件」
　　——透視中國非營利組織的財務監督問題 ……………………… 162

案例十二　郴州市體育競猜俱樂部的真相
　　——非營利組織資金籌集、運用與財務風險剖析 ……………… 170

第十二章　民間非營利組織財務管理中的新發展與案例實務 ………… 176

案例十三　北京嫣然天使兒童醫院
　　——基金會基礎上建立的社會企業財務管理模式 ……………… 176

案例十四　中國的公益信託嘗試
　　——雲南信託「『愛心成就未來』穩健收益型集合資金信託計劃」和「中信開行愛心信託」的實踐 ………………… 184

案例十五　南都公益基金會
　　——「群體專業型」資助方式的典範 ………………… 189

案例十六　騰訊公益慈善基金會
　　——互聯網公益時代到來了 ………………… 196

參考文獻 ………………………………………………… 201

附表 ……………………………………………………… 203
附表一　複利終值系數表 ……………………………… 203
附表二　複利現值系數表 ……………………………… 205
附表三　年金終值系數表 ……………………………… 207
附表四　年金現值系數表 ……………………………… 209

上篇
民間非營利組織財務管理基礎理論

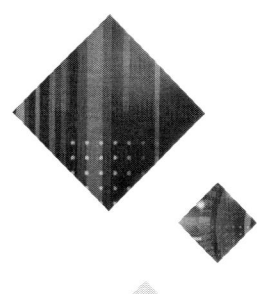

非營利組織財務管理-以中國為例

第一章
民間非營利組織財務管理概述

學習目標

- 瞭解民間非營利組織財務管理的含義
- 理解民間非營利組織財務管理的特徵
- 理解民間非營利組織財務管理與企業財務管理的區別
- 掌握民間非營利組織財務管理的基本內容

第一節 民間非營利組織財務管理的含義與特徵

一、民間非營利組織的內涵

民間非營利組織是指由民間出資舉辦的、不以營利為目的，從事教育、科技、文化、衛生、宗教等社會公益活動的社會服務組織。它主要包括依照國家法律、行政法規登記的社會團體、基金會、民辦非企業單位和寺院、宮觀、清真寺、教堂等。

中華人民共和國財政部2004年頒布《民間非營利組織會計制度》，規定民間非營利組織應當同時具備以下特徵：

(1) 該組織不以營利為宗旨和目的；
(2) 資源提供者向該組織投入資源不得取得經濟回報；
(3) 資源提供者不享有該組織的所有權。

民間非營利組織就是不以營利為目的的組織，其經營的目的在於社會利益而非某人

或組織的經濟利益。

二、民間非營利組織財務管理的特徵

民間非營利組織財務管理是指民間非營利組織在運作過程中涉及的所有資金管理事務，包括民間非營利組織資金來源管理（籌資管理）、資金支出管理（日常資金管理、項目資金管理、投資管理）、資金管理涉及的內部控制、審計監督等事務。民間非營利組織財務管理的特徵主要表現為：

（一）財務管理目標的非營利性

企業是以營利為目的的組織，其財務管理的目標是企業價值最大化或股東財富最大化。企業財務管理目標決定了財務管理的主要內容。而民間非營利組織不以營利為目的，也不向資源提供者提供經濟回報。民間非營利組織的目標是在其財力允許的範圍內向公民提供盡可能多的準公共產品，在資源有效配置的條件下使其社會價值最大化。這是民間非營利組織與企業財務管理目標最大的區別。

（二）資金來源的多樣性

企業主要的資金來源一般通過銷售產品或提供服務，從產品的消費者或者所服務的顧客那裡獲取。而民間非營利組織的資金來源呈現出多元化的特徵，具有特殊性。民間非營利組織的資金主要來源於接受捐贈和公共部門的支持，也有很少一部分資金來源於從顧客那裡獲取的產品收入和服務收入，比如銷售一些紀念品等形式獲取的資源。當然，伴隨著社會企業的發展，民間非營利組織的資金來源將會越來越呈現出多元化的趨勢，但項目資金收入、政府購買服務、日常捐贈等方式仍然是民間非營利組織主要的資金來源渠道。

（三）財務管理主體的所有權形式的特殊性

企業的股東投資創辦了企業，成為企業的所有者，擁有企業資財的剩餘索取權。民間非營利組織資金的權益屬於組織本身所有，資金的提供者在提供資財之後不再擁有所提供資財的所有權。民間非營利組織呈現出資源的提供者與資源的管理者相分離的委託—代理現象，由於兩者的目標不一致，往往會產生委託—代理問題，從而降低資源的配置效率，妨礙民間非營利組織實現社會價值最大化這一目標。因此，民間非營利組織所有權形式的特殊性，決定了在其財務管理過程中更加強調如何降低委託—代理成本，最大化資源配置效率，從而實現社會價值最大化的目標。

三、民間非營利組織財務管理原則

民間非營利組織財務管理原則是組織非營利組織經濟活動、處理財務關係的準則。民間非營利組織財務管理工作應遵循以下幾項原則：

（一）嚴格執行國家法律、法規及財務制度的原則

在社會主義市場經濟條件下，一切財務活動都必須在法律規定的範圍內運行。民間非營利組織的財務管理要嚴格遵守國家相關法律、法規和財務制度，牢固樹立法律意識，規範民間非營利組織財務行為，使各項財務管理工作在法制軌道上運行。這是民間非營利組織財務管理所應遵循的最基本的原則。

（二）堅持量入為出、控制成本的原則

控制成本是民間非營利組織財務管理工作必須長期堅持的原則。民間非營利組織在開展日常業務活動時，應以預算為依據，充分實現資源的有效配置。一方面，積極採取措施，有效地使用有限資金，反對和杜絕鋪張浪費的現象；另一方面，要大力提高資金使用效率，不能盲目投資，應使有限的資金得到合理的使用。

（三）實行預算管理的原則

民間非營利組織的全部財務活動都應按規定編製預算，形成以預算管理為中心的經濟管理信息系統，提高管理效果。正確編製組織預算，可以有計劃地組織單位的財務活動，保證各項業務的順利進行。隨著財務預算制度的改革和創新，民間非營利組織預算的編製，應更多地採用零基預算等科學的編製方法，按照當地財政對其預算編製的要求，完成組織預算的編製、批准及執行工作。

（四）統一領導和集中管理的原則

民間非營利組織財務管理工作，是在最高管理層或總會計師的領導下，由民間非營利組織財務部門統一進行的管理工作。民間非營利組織財務管理是一項綜合性較強的管理工作，它以價值形式綜合反應本單位的生產經營活動，管理層進行統一領導時，必須加強各項財務基礎工作的建設，財務相關部門也應健全各類原始記錄，嚴格計量驗收，加強定額管理，做好財產清查工作，形成統一領導和集中管理的多層管理格局。

（五）堅持以社會效益為主、講究經濟效益的原則

民間非營利組織承擔一定的政府福利職能，具有社會公益性特徵，且不以營利為目的。其運行目的在於保障國民經濟和社會事業的發展，並以社會效益為最高原則。民間非營利組織在追求社會效益的同時，也應注重財務管理的資金使用效率，要充分利用民間非營利組織現有的人力、物力、財力，達到社會效益的最大化，更好地滿足社會的需求。

（六）國家、單位和個人三者利益兼顧的原則

民間非營利組織在財務管理中，必須堅持國家、單位與個人三者利益兼顧的原則。作為相對獨立的財務核算主體，民間非營利組織在追求社會效益的同時，要自覺維護國家的利益，顧全大局，將國家利益放至首位。同時，在處理組織與職工之間的財務關係時，要堅持按勞分配制度，充分體現和認可職工的勞動權益。當三者利益發生衝突時，單位與個人的利益必須服從國家利益，個人利益則必須服從單位利益。

第二節　民間非營利組織財務管理的目標及內容

目標是判斷一項決策優劣的指導和標準。財務管理的目標是建立財務管理體系的邏輯起點。財務管理的目標決定了它所採用的原則、程序和方法。

一、民間非營利組織財務管理的目標

一個組織本身的目標決定了組織的財務管理目標。民間非營利性組織財務管理的實質是管理組織資金方面的相關事務。民間非營利組織財務管理的目的是保證提供足夠的資金，開展公共活動，完成具體的社會使命。這需要民間非營利組織制定科學的財務管理制度，使其能夠獲取並有效使用資金。民間非營利組織財務管理的目標可以表述為：獲取並有效使用資金以最大限度地實現組織的社會使命。具體而言，民間非營利組織財務管理的基本目標是按照國家的方針、政策，根據自身資金運動的客觀規律，利用價值形式、貨幣形式，對其各項經濟活動進行綜合管理。為了實現民間非營利組織財務管理的目標，民間非營利組織財務管理工作必須做到：

(一) 建立健全內部財務管理制度

民間非營利組織財務管理制度是民間非營利組織進行財務活動、處理財務關係時應遵循的基本制度。民間非營利組織為了強化財務管理，不僅要嚴格遵循和執行國家財務管理法規，還要建立健全其內部財務管理制度，確定內部財務關係，使各部門之間互相配合、互相制約、協調一致地組織財務活動，處理好財務關係，實現財務工作規範化管理。

(二) 加強經濟核算，提高資金使用效益

民間非營利組織在進行財務管理時，要利用價值形式對民間非營利組織經營活動進行綜合性管理的特點，促使其各個環節講求經濟效益，勤儉節約、精打細算，充分發揮資金的使用效率，促使民間非營利組織增收節支，通過會計核算，用盡可能少的勞動消耗和物資材料消耗，提供更多的優質社會服務。

(三) 正確編製預算，合理安排收支

民間非營利組織預算是非營利組織完成各項工作任務，實現組織計劃的先決條件，也是民間非營利組織財務工作的基本依據。民間非營利組織的全部財務活動，包括一切收支活動，都要按規定編製預算，實行計劃管理。預算既要積極合理，又要保證供給，要分清輕重緩急和主次先後，使有限的資金盡量得到合理安排和使用。

(四) 依法籌集資金，保證資金需要

民間非營利組織除取得國家財政補助外，要在國家政策允許範圍內，挖掘潛力，多形式、多層次籌集資金，做到應收不漏，控制收入的流失。為了保證業務活動的正常開展，要積極籌措資金。籌措資金時，除了在數量上保證外，還要注意資金需求的計劃性和協調性，按期按量籌措資金，保證資金供應，以滿足各方面的需要，保證各項任務的順利完成。

(五) 節約開支，控制費用成本

民間非營利組織在積極組織收入的同時，必須要加強支出管理，減少浪費，壓縮一切不必要的開支，嚴格執行審批制度，制定支出消耗定額，節約使用資金，控制費用和成本。

二、民間非營利組織財務管理的意義

民間非營利組織進行財務管理的意義主要是：

（一）有利於完善社會管理，彌補市場和政府在社會需求方面的不足

隨著中國市場經濟的迅猛持續發展，特別是近年來政府改革的穩步推進，財政職能轉換和公共財政的建設，一些原來由財政全額撥款的社會福利部門和公共服務部門逐漸轉變為自收自支的民間非營利組織部門，因此民間非營利組織得到了迅速的成長。它們在調動社會現有資源、提供社會公共服務、維護社會穩定、協調社會關係、促進經濟發展、創造就業機會等方面發揮著重要的作用，特別是在扶助弱勢群體和開展各種公益性的社會福利服務方面，發揮著政府與市場難以取代的積極作用。

（二）有利於實現財務會計管理功能，加強財務整合

民間非營利組織財務整合工作的質量直接影響資源配置的效率，直接影響組織整體經營狀況的好壞，甚至最終決定民間非營利組織運行的成功或失敗。民間非營利組織整合工作是全方位的，包括經營整合、財務整合、組織人事整合等方面。加強民間非營利組織財務整合有利於增強其競爭能力，完善內部會計要素，提高資產使用效率，確保資產增值保值。

（三）有利於降低成本，提高資源配置效率

資源配置就是通過資源的優化組合，盡量減少資源消耗，並取得盡量大的增量資源。財務管理是實現民間非營利組織可持續發展，實現有效資源配置的必要條件。建立健全一套完善的財務管理體系，規範民間非營利組織財務管理行為，不僅有助於提高民間非營利組織內部的管理效率、降低營運成本，而且還有助於對外樹立良好的社會形象，提高民間非營利組織的公信度，提高資源的合理有效配置，有助於民間非營利組織更好地實現組織的宗旨和目標。

三、民間非營利組織財務管理與企業財務管理的區別

民間非營利組織財務管理是涉及民間非營利組織中的資金事務的綜合管理，與企業的財務管理有一些類似的地方，都是對資金運動的綜合管理。但是民間非營利組織出資者（即捐贈者）不要求回報，他們不期望收回或取得經濟上的利益。民間非營利組織營運的目的主要不是獲取利潤或其等同物，即不以營利為目的，社會效益才是衡量其業績的基本標準。它不存在營利性企業中的所有者權益問題，即不存在可以出售、轉讓或贖回，以及憑借所有權在機構清算時可以分享一定份額的剩餘資產的權益。因此，民間非營利組織財務管理和企業這類營利性組織的財務管理存在著本質區別，具體表現為：

（一）財務管理的目標不同

企業財務管理的目標是追求利潤最大化或股東財富最大化。而民間非營利組織財務管理的目標是社會價值最大化。

（二）財務管理目標與組織整體目標之間的關係不同

企業財務管理的目標與企業自身的目標是一致的，即財務目標等同於組織的整體目標，都是為了實現更多的利潤或者更大的資產增值。而對於民間非營利組織而言，其生

存的目的是為社會提供公益服務，也就是完成某一社會使命。就是說，民間非營利組織是為了完成某一具體的社會使命而存在的，而不是為了自身的生存而存在的。所以，民間非營利組織的財務管理目標自始至終都必須服從和服務於組織的整體目標，即民間非營利組織財務管理只是為實現組織的整體目標而採取的一種有效的手段。當財務目標與組織目標發生衝突或矛盾時，應該以組織目標為重，而不能為實現財務目標而放棄對組織目標的追求。

（三）財務管理內容的側重點不同

作為營利性組織的企業，其利潤最大化或股東財富最大化的財務管理目標，決定了企業財務管理的主要內容是籌資管理、投資管理、營運資金管理、利潤分配管理。然而，民間非營利組織財務管理的目標決定了其資金來源的特殊性，獲取資金來源的評價標準與企業籌資的評價標準具有差異性。在投資管理方面，企業通常根據投資報酬率來判斷項目的可行性，而民間非營利組織則根據社會價值的大小來判斷投資的可行性，對投資管理的側重點不同。企業傾向於通過投資獲利，而民間非營利組織傾向於投資保值增值，最重要的是保值。因此，很多慈善基金會投資管理非常簡單，僅僅是每年撥出非常小部分資金用於固定收益證券的投資，其目的主要是保值和合理收益。在營運資金管理過程中，企業更傾向於關注如何管理存貨、應收帳款、現金持有量等問題，而民間非營利組織則更傾向於關注項目資金和日常資金的管理。利潤分配管理方面，企業傾向於對股東和利益相關者進行利潤分配，制定合理的股利政策，而民間非營利組織的性質決定其沒有利潤分配的事項。儘管某些企業財務管理的基本原則也適用於民間非營利組織，但是由於其性質不同，財務管理的側重點也不一樣。比如項目管理在民間非營利組織管理中具有非常重要的作用和地位，而在企業財務管理中卻不是重點。因此，有必要結合民間非營利組織的特點，按照財務管理的基本原則，進行民間非營利組織的財務管理工作。

四、民間非營利組織財務管理的主要內容

民間非營利組織財務管理的實質是對民間非營利組織中涉及的資金事務方面的管理。根據資金運動的動態過程，結合財務管理的基本原則和方法，依據重要性原則，本書將民間非營利組織財務管理的主要內容概況為以下幾個方面：

（一）財務預算管理

預算管理是指民間非營利組織根據事業發展計劃和年度財務收支計劃，對計劃年度內民間非營利組織財務收支規模、結構和資金渠道所做的預測，是計劃年度內民間非營利組織各項事業發展計劃和工作任務在財務收支上的具體反應，是民間非營利組織財務活動的基本根據。預算管理是民間非營利組織資金運動的起點，對民間非營利組織財務管理具有重要的意義。

（二）日常資金管理

日常資金管理是民間非營利組織財務管理中重要的組成部分。對民間非營利組織的日常資金進行科學合理的管理，可以加強保護貨幣資金的安全，防止貪污、盜竊和侵吞貨幣資金，杜絕因挪用、濫用貨幣資金造成的貨幣資金的短缺和損失；可以在保證民間非營利

組織有足夠貨幣資金的前提下，合理調度資金，加速資金的週轉，以促進其自身發展。

（三）項目資金管理

民間非營利組織的資金管理可以分為日常性活動的資金管理和項目性活動的資金管理兩個方面。民間非營利組織在開展業務活動的時候，大部分會通過項目進行資金的運作，而如何使得一個好的項目得到更多的資金支持，如何有效地使用項目資金從而使其達到最優的資源配置效率，是項目資金管理中最重要的財務管理內容。

（四）籌資管理與投資管理

市場經濟條件下，民間非營利組織的創立、生存和發展都必須依靠可持續的資源支持。籌資管理是民間非營利組織根據其持續經營和業務活動的需要，通過籌資渠道，運用籌資方式，依法經濟有效地為組織籌集所需要的資金的財務行為。一個成功的民間非營利組織，必須要有全面且合理的籌資策略，以便為民間非營利組織的各項經濟活動提供持續的資源支持。

民間非營利組織擁有多餘資金的時候，為了避免資金閒置，使得資金能夠保值增值，可以將資金用於投資。投資並不是一項簡單的經濟活動，需要考慮風險、收益等方面的問題，因此民間非營利組織需要進行投資管理，努力使得風險和收益能夠實現最佳匹配。

（五）財務報告與分析

民間非營利組織財務報告與分析是指民間非營利組織根據會計報表及有關資料，採用專門的分析技術和方法，對一定時期內民間非營利組織財務狀況、財務收支情況、效益情況等進行的研究、分析和評價。民間非營利組織財務報告與分析應關注民間非營利組織的財務狀況及資產、負債、所有者權益變動情況分析，以反應民間非營利組織的籌資能力、發展能力及項目營運與管理效率；應注重財務收支情況分析、工作數量和質量指標的完成情況分析，以反應民間非營利組織增收節支、開源節流和社會效益與經濟效益協調增長的情況。

（六）財務績效評估

財務績效評估是通過對民間非營利組織財務報表的相關數據和其他資料進行匯總、計算、對比和說明，進一步揭示財務狀況、經營狀況、管理效率的一種分析評價方法。民間非營利組織的財務績效評價以民間非營利組織的使命為指導，通過合理地量化組織的投入與產出，從效果、效率兩個方面，對組織的財務狀況和業績成果進行衡量。

（七）財務監督

民間非營利組織財務監督是指特定的監督主體對民間非營利組織財務活動和經濟關係的合法性、合理性及其利用資源的有效性進行的監察和督促。實施合理有效的民間非營利組織財務監督，有利於保證民間非營利組織資產的安全和完整。

本章復習思考題

1. 什麼是民間非營利組織的財務管理？
2. 民間非營利組織財務管理與企業財務管理的區別是什麼？
3. 民間非營利組織的財務管理包含哪些內容？

第二章
民間非營利組織預算管理

學習目標

- 瞭解民間非營利組織預算管理的概念和意義
- 瞭解民間非營利組織預算管理的編製原則
- 瞭解民間非營利組織預算管理的預算體系和考核體系
- 理解民間非營利組織預算管理的程序
- 掌握民間非營利組織預算管理的基本方法

第一節　民間非營利組織預算管理概述

一、民間非營利組織預算管理的意義

預算管理是財務管理的核心內容之一。預算是各項運行發展計劃在財務上的體現，預算管理能夠使民間非營利組織有限的資金得到合理的配置，提高資金的使用效率。同時，預算管理也是政府等監督部門對民間非營利組織進行財務控制的主要手段。

（1）預算管理有利於增強政府等監管部門對民間非營利組織的監督，促進資源的合理優化配置。

通過預算管理方式的改革，促進預算管理方式的合理化，從而增強政府財政部門對民間非營利組織的控制和監督，提高其經營績效、支付能力和工作效率，這對於發揮民間非營利組織向社會提供公共物品和公共服務方面的獨特優勢、促進非營利組織的發

展具有重要意義。

（2）預算管理有利於維持市場競爭秩序，促進民間非營利組織之間的資源配置。

民間非營利組織進行預算管理是市場的要求。民間非營利組織雖然處於非物質生產領域，但同樣也是國民經濟的重要組成部分。它一方面為社會提供科學、文化、教育等方面的服務，另一方面也是商品、勞務的購買者和消費者。民間非營利組織進入市場，必然要遵循市場經濟的一般規則。處理好組織內部各方面的利益分配，以促進組織內部積極性的提高，同時，加強資金管理，提高營運效率，是市場的需求，也是民間非營利組織自身生存與發展的必然要求。

二、民間非營利組織預算管理的概念

預算是政府機關、事業單位和社會團體等根據行政事業發展計劃和任務編製的對於未來一定時期內收入和支出的計劃。在中國，民間非營利組織中的預算一般是經法定程序批准的單位年度財務收支計劃，多用於各部門的費用控制，也稱為財務預算。

民間非營利組織預算管理是指民間非營利組織的理財主體或者其委託任命的管理人，為了正確設計其預算和全面實現核算目標，借助於科學的理論和方法，對預算的編製、審批、執行、調整、監督等過程實施的計劃、組織、控制、分析、評價等一系列活動。

三、民間非營利組織預算管理的編製原則

民間非營利組織預算的編製是一項非常細緻和複雜的工作。為了科學合理地編製好預算，應當遵循以下原則：

（一）公開性和統一性相結合的原則

民間非營利組織預算是組織所要完成的公益工作任務和事業計劃的貨幣表現，是民間非營利組織日常收入和支出的管理控制依據。因此，其所編製的預算必須以一定的方式向社會公布，以便接受監督。民間非營利組織在編製預算時，要按照國家和有關主管部門的統一要求、統一設置的預算表格和統一的口徑、程序及計算依據進行編製。

（二）合理性和完整性相結合的原則

民間非營利組織預算的編製要統籌兼顧，正確處理好整體與局部的關係、事業需要與財力支持的關係，做到科學合理地安排各項資金，使有限的資金產生最大的效用。民間非營利組織在編製預算時，預算的收支項目要完整，全部收支內容都必須納入預算範圍之內，不得遺漏或隱匿，更不能編製預算外預算。

（三）政策性和可靠性相結合的原則

民間非營利組織預算的編製必須以國家有關方針和政策以及各項財務制度為依據，根據事業發展規劃的需要，合理安排和使用各項資金。

民間非營利組織預算的編製應當實事求是。預算收支的每一個數字指標必須運用科學的方法，依據充分確實的資料進行計算，不得隨意假定、估計，更不能任意編造，保證預算數據的真實可靠性。

四、民間非營利組織的預算管理體系

構建民間非營利組織的預算管理體系，內容和模式可以有多種選擇，基本的預算管理體系包括預算的編製、預算的執行、預算的分析與考核、預算的調整等內容，如圖2-1所示。

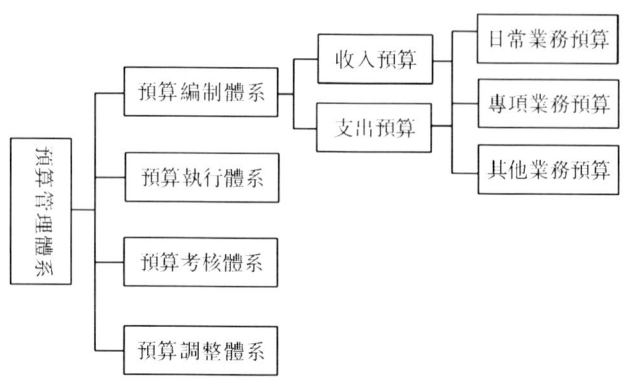

圖 2-1　民間非營利組織預算管理體系圖

民間非營利組織預算管理體系包括預算編製體系、預算執行體系、預算考核體系和預算調整體系。具體又劃分為日常業務預算、專項業務預算和其他業務預算，其基本思路是從收入和支出兩個角度進行預算編製。

(一) 收入預算

收入預算是指民間非營利組織在年度內通過各種形式、各種渠道可能取得的用於各項事業以及其他活動的非償還性資金的收入計劃。因為收入預算匯集了預算年度內民間非營利組織可能提供的用於開展各項事業的全部資金收入，所以通過對收入預算各項指標的分析，可以明確瞭解完成民間非營利組織事業計劃的財務保證力度以及民間非營利組織依法多渠道籌措經費的能力。

收入預算由財政補助收入和非財政補助收入兩部分組成。財政補助收入是指民間非營利組織直接從財政部門取得的和通過主管部門從財政部門取得的各類事業經費，包括正常經費和專項資金。

非財政補助收入包括上級補助收入、事業收入、經營收入、附屬單位上繳收入和其他收入。上級補助收入是民間非營利組織從主管部門和上級單位取得的非財政補助收入。事業收入是民間非營利組織開展專項業務活動及其輔助活動取得的收入。經營收入是民間非營利組織在專項業務活動及其輔助活動之外開展非獨立核算經營活動取得的收入。附屬單位上繳收入是民間非營利組織附屬獨立核算的單位按照有關規定上繳的收入。其他收入是指上述規定以外的其他各項收入，如投資收益、利息收入、捐贈收入等。

(二) 支出預算

民間非營利組織的支出預算是單位年度內用於各項事業活動及其他活動的支出計

劃。對支出預算各項指標的分析，可以明確民間非營利組織對有限資源的分配情況，掌握組織的發展方向和發展速度。依其支出的經濟性質，支出預算一般可分為事業支出、經營支出、自籌基本建設支出、對附屬單位補助支出和上繳上級支出。其中事業支出和經營支出是民間非營利組織在營運過程中最常見的支出預算。

事業支出是民間非營利組織開展專項業務活動及其輔助活動所發生的支出，包括人員支出、日常公用支出、對個人和家庭的補助支出三部分。有的民間非營利組織按照自身情況又從日常公用支出中劃分出專項公用支出或固定資產構建和大修理支出等內容。

經營支出是指民間非營利組織在專項業務活動及其輔助活動之外開展非獨立核算經營活動所發生的支出。自籌基本建設支出指民間非營利組織利用財政補助收入之外的資金安排基本建設所發生的支出。對附屬單位補助支出是指民間非營利組織用財政補助收入之外的收入對附屬單位予以補助所發生的支出。上繳上級支出是民間非營利組織按照規定的定額或比例上繳主管部門管理費用的支出。

五、現金預算

從預算編製執行的程序上劃分，可以將預算分為預算的編製、預算的執行、預算的分析與考核等內容。從預算的表現形式進行劃分，預算主要體現為現金預算。現金預算是反應現金流入和流出時間的預算，通常以月或年為單位進行現金流入流出的編製。有時也稱為現金計劃或者現金預測。現金預算編製的步驟如下：

（一）確定現金收入

確定現金收入是現金預算的起點，主要包括以下內容：第一，以營業預算為起點。第二，進行應計額相對於現金的基礎性調整。第三，注意一般事項的調整。譬如不要忘記事先安排好的財務資金流入；不要忘記事先限定的淨資產，例如延期給付或有時間限定的，或有目的限定的，以及在此期間內限制條件消失的優先贈予等內容。第四，安排日程，研究記錄資料，從中發現季節性變化對現金供需量的影響。第五，預測未來12個月內可能的變化。第六，列出季度匯總以設立核對平衡監控機制。

（二）確定現金支出

現金支出預算的起始點仍然是營業預算支出。因為有的帳目是可以支付的，因此可以做相對於現金收入的基礎性調整，其中要注意的一個關鍵是資本預算支出，許多民間非營利組織沒有將其計入現金預算。然後，對現金支出做好日程安排，認清季節性或其他的波動起伏，將每個季度的子預算匯總加到一起，然後與實際的現金流動進行對照，得出比較符合實際的現金支出預算。

（三）匯總分析，調整預算

可以把現金收入和現金支出放在一起，找出每月的差額（淨資金流動）。將期末現金與需要的最低限額現金比較，分析月底是否有預期的盈餘，或現金短缺。具體包括：第一，計算每月淨現金流量、期末財務狀況、現金盈餘。第二，建立分析模型，看現金流入或現金支出是否有直接的季節性差異。第三，提出建議。對現金準備和籌資機制等內容，根據預算分析結果提出相應的建議。

第二節　民間非營利組織預算管理程序

一、預算前的準備階段

此階段的管理工作要點是做好調查和論證工作，包括：

（1）確定預算起點。即解決由誰提出預算目標、提出什麼樣的預算目標、以什麼為依據提出預算目標三個方面的問題。

（2）確定收支標準等指標。收支標準是在制定預算時，對各項支出，依照有關規定或在科學測算的基礎上所確定的單位定額。

（3）加強有關部門的協作。劃分預算工作權限和職能，明確預算中涉及的各個部門的職責和分工。

二、預算的編製和審批階段

此階段的主要工作是執行《中華人民共和國預算法》規定的「兩上兩下」的法定程序。民間非營利組織根據本年度事業發展計劃，結合上年預算執行情況以及增減變動因素，提出本年度收支預算建議方案，經最高財務決策機構審議後上報主管部門。主管部門對民間非營利組織報送的正式預算進行審核，合格後，在規定期限內予以批復，通過審核批復的預算即為民間非營利組織預算執行的依據。

三、預算的執行及調控階段

此階段的管理工作重點是監督和控制，主要包括：一是監督各項預算收入及時足額到位。在各項預算指標額度內，按規章制度安排各項支出；二是履行預算調整的法定程序。預算發生調整的條件主要有兩個方面，一方面是事業任務發生了變化，另一方面是環境（包括政治、政策）等發生變化。預算調整必須在多方調查和科學論證且證據充足的前提下進行，必須按法定程序及權限行事。調整預算的方式有兩種：一是追加或者降低預算指標，二是對預算科目予以調整。

四、預算執行後評價及審計階段

此階段的管理工作重點是檢查和評價。檢查的內容包括：預算項目執行的具體部門或負責人提交的項目進展情況報告、預算管理單位提交的預算執行情況的決算報告、審計監督部門提供的預決算審計報告。

民間非營利組織可以通過舉行權力機構或者監督機構的匯報會和聽證會等，讓財務預算管理部門和項目執行部門的負責人到會接受訊問或質詢，以此實現對預算執行的後評價。

民間非營利組織的預算管理程序具體見圖2-2。

第二章 民間非營利組織預算管理

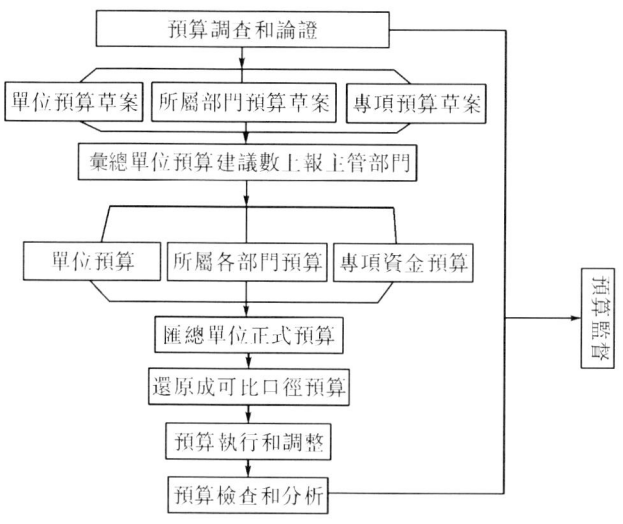

圖 2-2 民間非營利組織的預算管理程序

第三節 民間非營利組織預算管理的基本方法

隨著預算管理的發展，在傳統的增量預算的基礎上，民間非營利組織的預算管理方法有了很大進步，具體包括如下幾種：

一、遞補預算法

（一）概念

為了保證民間非營利組織預算的嚴肅性和有效性，預算在執行過程中原則上不調整。但是，在實際工作中，由於單位的事業計劃發生重大變化，取得了較大數量的新增財源，民間非營利組織可經上級部門批准視新增財源情況調整支出預算，以此作為遞補預算。

（二）操作方法

遞補預算應包括遞補收入預算和遞補支出預算，並應堅持遞補收入與遞補支出相平衡的原則。遞補預算必須經過單位最高決策機構審查批准，並報主管部門備案。預算收入除按穩健性原則預測外，還可列出「期望收入」，相應地安排遞補支出預算。在預算執行過程中，根據單位遞補收入預算的實現情況和單位財力實際狀況，按項目遞補支出。一般說來，這些項目應當屬於建設性支出。

遞補預算的財務管理模式如下：首先，按照 3~5 年規劃期內的綜合平衡和本年度內財務收支平衡的原則，建立分年度平衡的綜合財務預算；其次，再將發展規劃中已列出而預算經費中未正式列入支出的建設項目，按照輕重緩急排列，根據財務收支的實際情況，待有足夠的收入彌補這項預算時，可以安排相應的支出項目依次遞補支出。

（三）特點和適用範圍

遞補預算法既實事求是地考慮了目前的經濟承受能力，又考慮了單位的整體發展，在小型民間非營利組織中可以靈活利用，但是在大型民間非營利組織中實施，需要制度和程序的保證，靈活性較差。

二、零基預算法

（一）概念

零基預算法全稱為「以零為基礎編製預算」的方法。這一技術在世界各國政府和企業的管理實踐中獲得廣泛的應用。它是一種對單位每一事業計劃的預算費用都是以零為基礎重新加以分析計算的預算方法。零基預算法是在預算期內對所有預算項目進行嚴格審核、分析、測算、評估的基礎上編製預算的方法。

（二）操作方法

1. 確定基層預算單位

民間非營利組織的內部單位或下級單位，凡需實行預算管理的，均應明確其基層預算單位。一般而言，能夠確定成本、費用、效益的經濟責任單位，都可以確定為基層預算單位。

2. 收集和分析數據資料

預算編製人員通過查閱以前年度的財務預決算報表以及會計資料，瞭解編製各項收支預算所需的數據資料。

3. 要求各部門提交預算方案

各責任部門應該依據單位未來總體發展需要以及分解到各部門的任務，結合本部門的實際條件，對各自的收支項目進行詳細討論，對經費消耗與目標實現的相互關係進行充分論證，提出預算方案和資金使用理由。

4. 以零為起點編製和審核預算

民間非營利組織對各預算方案，以零為起點，進行成本效益分析和考核，然後匯總各部門的預算方案，確定本單位的人員支出數額，統籌考慮公用支出、專項支出等具體項目的支出費用。

5. 預算資金的分配

預算人員根據各預算目標的優先次序和各部門、各事項、各工作對目標的貢獻強度進行排序，按照預算期可動用的資金及其來源，在各項目間加以分配，首先按人員和定額確定正常經費，再按照已確定的項目和活動的先後順序安排預算資金。

（三）特點和適用範圍

該方法避免了在編製收支預算時一般只注意上年度收支變化的情況，同時也迫使財務主管人員每年編製預算時從整體出發，重新考察民間非營利組織未來每一事業計劃及其費用，有利於提高事業經費的使用效率。這一科學的管理思路在中國當前實施部門預算的背景下，對民間非營利組織的預算管理改革和實踐具有重要意義。

零基預算法在編製預算時缺乏所需要的基礎數據，缺乏對收入能力評估的科學方法，在專項經費追加預算的編製中存在專項經費追加預算頻繁等特點，對零基預算法的

科學性、準確性和權威性產生了一定的不利影響。

零基預算法的編製過程較為複雜，強調以零為起點進行預算編製，即使有些數據要借鑑以前年度的，也要對其進行修正和說明理由，工作量較大。同時，零基預算法在制定過程中，還需要預測服務水準與開支水準的關係、各項支出情況等，這對預算人員的素質提出了更高的要求。因此，考慮到預算編製的工作量以及零基預算法所需要的職業技能，零基預算法的適用範圍主要是管理基礎工作比較好的企業、政府機關、行政事業單位以及管理基礎工作較好的民間非營利組織。

三、滾動預算法

（一）概念

滾動預算法也稱連續預算法，其特點是預算執行一段時期後，根據這一時期的預算效果結合執行中發生的變化和出現的新情況等信息，對下一期間的預算進行修訂，並自動向後延續一個時期，重新編製新一期預算的編製方法。

（二）操作方法

民間非營利組織實施滾動預算法，有兩種方式可供選擇：一是以一年為預算期，按月進行調整；二是以多年為預算期，按年進行調整。這種方式是在零基預算法的基礎上發展而來的，適用於中長期規劃。考慮到長期規劃的時間較長，不確定因素較多，因此實行多年期滾動預算法以三年為宜。

採用三年期滾動預算法編製的預算，不僅包括當年的執行預算，還應當包括以後兩年的指導性預算，使當年的實際預算始終在多年預算的背景下運作，預算在執行過程中自動延續。每年調整預算時，在調整當年預算的同時，對下兩年預算進行預測、更新和改動。在該方法下，預算一般要編製三次，如對於2020年的預算，2018年第一次編製估測預算，2019年第二次編製初步預算，2020年編製詳細預算，每年都要滾動編製今後三年的預算。編製程序如圖2-3所示。

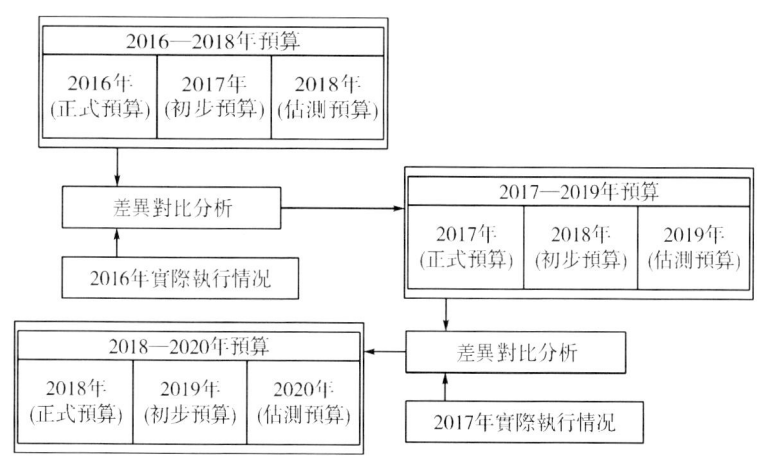

圖2-3　滾動預算法編製程序圖

（三）特點和適用範圍

滾動預算法採用的「長計劃，短安排」的動態預算管理辦法，可以彌補年度預算

的缺陷，並能根據當前預算的執行情況，及時調整和修正，使預算更加切合實際，進而實現整體支出結構的優化。其中，當涉及單位發展的重大項目、中長期計劃時，為保證中長期規劃的如期實現，應採用多年期滾動預算法。

四、績效預算法

（一）概念

績效預算法以預算項目的績效為基礎編製預算，通過支出計劃與績效之間的關係反應預期達到的效果。績效預算法產生於20世紀50年代的美國，它最初是從企業界移植過來的。績效預算法的最大特點是強調「效」的地位，突出投入與產出的理財觀念，建立起財政撥款與用款單位績效考核掛勾的機制。

（二）操作方法

1. 預算編製

民間非營利組織的總預算按行政部門、管理部門等層次分類。各層次因管理目標的不同而在預算科目的選擇上有所不同。編製績效預算要參照單位往年（2～3年）實際經費支出數額，既充分考慮以前年度的可比因素（剔除其中不合理的因素），又對預算年度新增的事業項目有充分的估計和評價。以各部門所承擔並能完成的工作任務為基數與其經費掛勾，使預算與各部門的工作任務和工作目標捆綁在一起，促使各部門自覺地按預算的規範來支配自身的經濟行為。

2. 預算執行

在績效預算執行過程中，民間非營利組織的預算管理部門要隨時掌握各個部門每項經濟活動的經濟信息，並責成單位財務部門對各部門取得的業績及時、準確、真實地進行記錄、分析，並及時反饋給有關考核部門。在民間非營利組織績效預算的執行中，要建立一套自上而下、自下而上的嚴密的層層控制、層層反饋信息的反饋網路，以便一旦發現問題，就能迅速採取有效措施加以解決和調控，保證績效預算在執行過程中起到有效的控制作用，從而達到加強預算管理的目的。

3. 預算評價

實施績效預算後，要建立經常性的檢查制度及定期的評估制度，對所有實行績效預算的部門和項目，按量化的指標檢查和督導其工作任務的完成、經濟目標的實現、經費預算的執行等情況。定期按具體層次分類，對既定的業績考核標準進行評估，從而找出既定目標與實際工作情況之間的差距，據此評價各部門工作的業績優劣。

對完成工作任務和經濟指標好的單位，要按既定預算撥付經費；對未能完成既定任務的單位，則應採取必要的懲罰措施，例如在其預算經費中按一定比例削減其經費，以便控制其未來的績效。檢查與評估的目的不僅是評價績效與成果，更重要的是保證達到預定的績效和目標。

（三）特點和適用範圍

績效預算法的優點不僅在於以預計經濟效益的取得安排支出，而且在預算編製、執行及終了階段一直注重以績效作為衡量標準，對每個項目都經過科學的可行性論證和評價，對於監督和控制預算支出有積極作用。實行績效預算分配符合公平性與效益性相結

合的原則，能有效地鞭策經費使用部門提高工作效率，減少損失與浪費，是一種行之有效的較為理想的預算管理方法。

但需要注意的是，由於績效預算法產生於企業界，因此民間非營利組織在具體應用時，不但要注重對經濟效果的衡量，還要注重對社會效益的衡量。另外，由於民間非營利組織的預算投入與產出測算不是單純以利潤為指標的，而是更多地考慮社會價值的大小，所以對績效衡量指標的選擇，與企業等營利性組織有著本質的區別。因此，對績效衡量指標及其標準的選擇，是民間非營利組織在運用績效預算法進行預算管理時，需要重點考慮的內容。

五、彈性預算法

（一）概念

彈性預算法是在不能準確預測業務量的情況下，根據量、本、利之間的關係，用一系列業務量水準編製的具有伸縮性的預算編製方法。

（二）操作方法

（1）選擇和確定各種經營活動的計量單位消耗量、人工小時、機器工時等。

（2）預測和確定可能達到的各種經營活動業務量。在確定經濟活動業務量時，要與各業務部門共同協調，一般可按正常經營活動水準的 70%～120% 範圍確定，也可以過去歷史資料中的最低業務量和最高業務量為上下限，然後再在其中劃分若干等級，這樣編出的彈性預算實用性較強。

（3）根據成本性態和業務量之間的依存關係，將單位的生產成本劃分為變動成本和固定成本兩個類別，並逐項確定各項費用與業務量之間的關係。

（4）計算各種業務量水準下的預測數據，並用一定的方式表示，形成某一項的彈性預算。

（三）特點和適用範圍

彈性預算的特點包括：首先，彈性預算在可預見的業務量範圍內確定多個業務量水準的預算數，適應性強。其次，根據實際業務量能很快找到或計算出相應的費用預算，從而對實際執行數的事前控制、事後考核分析提供可靠依據。

彈性預算的優勢在於其使用範圍比固定預算更加廣泛、更有利於各項指標的調整，能夠更好地發揮預算的控制作用。彈性預算多用於各種間接費用的預算，其主要用途是作為成本支出控制的工具。在計劃期開始時，其可提供控制成本所需要的數據；在計劃期結束後，將其用於評價和考核實際成本。

六、項目預算法

（一）概念

項目預算法是在單位投資所需要的資金確定的前提下，根據實際投資需要的資金額來計算需要籌集資金數額的方法。將現有資源按比例分配於不同的項目，並將預算過程與評估過程緊密結合在一起，借以考核項目運作是否有效，檢查組織是否實現其宗旨與目標的預算編製方法。

(二) 操作方法

1. 自上而下的項目預算方法

自上而下的項目預算方法，主要依賴於中上層項目管理人員的經驗和職業判斷。這些經驗和職業判斷可能來自歷史數據或相關項目的現實數據。採用項目預算時，首先，由項目的上層和中層管理人員對項目的總體費用、構成項目的子項目費用進行估計；其次，將這些估計結果交給較低層級的管理人員，讓這些管理人員對組成項目或子項目的任務和子任務的費用進行估計；最後，將較低層級的管理人員的估計結果向更下一級人員傳遞，直到最底層。

在具體的編製過程中，當把上層的管理人員根據他們的經驗進行的費用估計分解到下層時，可能會出現下層人員認為上層的估計不足以完成相應任務的情況。這時，下層人員不一定會表達出自己的真實觀點，不一定會和上層管理人員進行理智的討論從而得出更為合理的預算分配方案。在實際中，他們往往只能沉默地等待上層管理者自行發現問題並予以糾正，這樣往往會給項目帶來諸多問題，有時甚至會導致項目失敗。

自上而下方法的優點主要是總體預算往往比較準確。由於在預算過程中，總是將既定的預算在一系列工作任務間分配，避免了某些任務獲得過多的預算而某些重要任務又被忽視的情況。

2. 自下而上的項目預算方法

自下而上的項目預算方法，要求運用項目預算表對項目的所有工作任務的時間和預算進行仔細考察。最初的預算是針對資源（團隊成員的工作時間和原材料）進行的，然後才轉化為所需要的經費。所有工作任務估算的總體匯總就形成了項目總體費用的直接估計。項目經理在此之上再加上適當的間接費用（如管理費用、不可預見費用等）以及項目要達到的利潤目標，就形成了項目的總預算。

自下而上的預算方法要求全面考慮所有涉及的工作任務。與自上而下的項目預算方法一樣，自下而上預算方法也要求項目有一個詳盡的項目預算表。自下而上的項目預算方法也涉及一定的人員博弈問題。例如，當基層估算人員認為上層管理人員會以一定比例削減預算時，他們就會過高地估計自己的資源需求。這樣就會使得高層管理人員認為下層的估算含有水分，需要加以削減，從而陷入一個怪圈，最終導致預算缺乏真實性。

自下而上的項目預算方法的優點在於，基層人員更為清楚具體活動所需的資源量。而且由於預算出自基層人員之手，可以避免引起爭執和不滿，有利於預算的執行和考核。

(三) 特點和適用範圍

項目預算主要適用於政府部門和事業單位，對其他民間非營利組織也同樣適用。項目預算的特點包括：

(1) 目的性和規範性相統一。項目有一個明確的目標，通常以完成部門特定工作任務或事業發展為目標。項目支出預算必須遵循一定的管理程序，相對於基本支出預算，項目支出預算要經歷編製、評審、執行、控制、評價等階段，每個階段都要按照規定的格式和程序進行。

(2) 鮮明性和擇優性相統一。由於各部門職能不同，每個項目都有區別於其他項

目的特點和內容。應在對申報的項目進行充分論證和嚴格審核的基礎上，結合當年財力狀況，按照輕重緩急和項目預期成果進行排序。

（3）時限性和專用性相統一。每個項目有明確的開始時間和結束時間。項目支出預算中，項目分為經常性項目、跨年度項目和一次性項目。跨年度項目和一次性項目都有明確的項目實施時限，經常性項目雖然是持續性項目，但一旦項目預算單位的職能和目標發生變化，那麼經常性項目也將隨之結束。項目預算的資金必須專款專用，不得用於其他用途。

（4）專業性和風險性相統一。項目預算是單位職能的體現，其編製、評審、執行和後期監督考評，都是以業務部門為主體的，具有很強的專業性。項目的實施受很多外界因素的影響，不同的項目在預算期間都可能面臨著各種風險和不確定因素，存在風險性。

七、全面預算法

（一）概念

全面預算法是關於單位在一定的時期內（一般為一年或一個既定期間內）各項業務活動、財務表現等方面的總體預測的一種預算編製方法。它包括經營預算（如開發預算、銷售預算、銷售費用預算、管理費用預算等）和財務預算（如投資預算、資金預算、預計利潤表、預計資產負債表等）。真正的全面預算應該做到事前有計劃、事中有控制、事後能考評和追溯。

（二）操作方法

全面預算法根據不同的劃分標準，採用不同的預算編製方法，是對前面提到的預算方法的總結和集中應用。具體而言，按其出發點的特徵不同，編製全面預算的方法可分為增量預算法和零基預算法；按其業務量基礎的數量特徵不同，編製全面預算的方法可分為固定預算法和彈性預算法；按其預算期的時間特徵不同，編製全面預算的方法可分為定期預算法和滾動預算法。通過對單位預算的編製，將單位的總體目標分解為具體的目標，對各個部門或者員工預算的結果進行具體分析，同時控制預算差異，保證單位總體目標的實現。全面預算管理的內容涉及銷售預算、生產預算、能源預算、工程預算、財務費用預算以及其他項目的預算等多方面。

具體的操作步驟包括：

（1）要求各個部門在每月的一個規定日期向上級有關部門上報資金使用的規劃，預算單位要專門負責這一事項，並且做出一定的記錄。

（2）財務部門依據下屬部室的資金使用計劃，進行科學的分配，下達各個單位。對於每天的報銷要進行核查，核查是否超過預算，並落實主管簽收，嚴格執行授權審批制度。

（3）財務部要對資金使用表進行編製，並且對於各部室每天的支付給予一定的匯總，制成月度資金使用表，同時與計劃表進行對比。對於超出計劃數額較大的，應對其主管部門進行警示。

（4）財務部每週都要把資金使用表匯總並上報至總會計師，保證相關部門以及主

管人員能夠動態地掌握相關的情況。

（5）預算管理系統包括對各項指標進行預算。財務部門在設置帳務的時候，要圍繞預算管理來進行帳務設置，以月為單位提供預算執行的數據，以形成較為規範的臺帳。

（三）特點和適用範圍

全面預算管理是指單位在戰略目標的指導下，對未來的經營活動和相應財務結果進行充分、全面的預測和籌劃，並通過對執行過程的監控，將實際完成情況與預算目標不斷對照和分析，從而及時指導經營活動的改善和調整，以幫助管理者更加有效地管理和最大限度地實現戰略目標的預算管理方法。全面預算管理需要充分的雙向溝通以及所有相關部門的參與。全面預算管理是一個全員、全業務、全過程的管理體系，是為數不多的幾個能把組織的所有關鍵問題融合於一個體系的管控方法，是實現戰略目標、提升經營業績、實現組織價值的有力工具，也是防範風險、應對危機的重要法寶。

第四節　民間非營利組織預算管理的考核體系

一、預算考核遵循的原則

預算考核是對預算執行效果的一個認可過程，應遵循以下原則：

（1）目標性與剛性相統一原則。以預算目標為基準，按預算完成情況評價預算執行者的業績。預算目標一旦確定，不得隨意變更和調整。

（2）激勵與分級考核相統一原則。預算目標是對預算執行者業績評價的主要依據，考核必須與激勵制度相配合，採用獎勵為主、扣罰為輔的原則，體現目標、責任、利益的相互統一。預算考核應該根據組織結構層次或預算目標進行分解，分層次進行。被考核部門應結合自身實際，制定對下一級預算執行部門（或班組、個人）的考核辦法並對其進行考核。

（3）時效性和例外管理相統一原則。預算考核是動態考核，每期預算執行完畢應該立即進行預算考核，及時分析預算執行情況。對一些阻礙預算執行的重大因素，如市場環境的變化、政策變化、重大意外等，考核時應作為特殊情況來處理。

二、預算考核的內容、方式和程序

（一）預算考核的內容和方式

（1）考核內容：以民間非營利組織與預算執行部門簽訂的目標責任書和下達的預算為依據，對預算執行情況進行考核。主要考核內容包括：編制預算的及時性和準確性；控制預算的嚴格性和合理性；預算分析的透澈性和預見性；預算執行的合理性和節約超支值。

（2）考核方式：預算考核可以分為日常考核與年終考核。日常考核採取每月度預算的考核形式，旨在通過信息反饋，控制和調節預算的執行偏差，確保預算的最終實

現。年終考核採取每年度預算的考核形式，其考核結果旨在進行獎罰和為下一年度的預算提供依據。

(二) 預算考核的程序

預算考核的具體工作由預算委員會辦公室負責組織，財務部門及其他相關部門負責配合。其體考核程序如下：

(1) 以各部門的分析報告及財務管理部門的帳面數據為依據，分析、評價各責任中心預算的實際執行情況，找出差距，查明原因。

(2) 預算委員會辦公室對各部門預算執行情況進行考核。

(3) 預算委員會辦公室將考核結果報預算委員會，預算委員會對考核結果進行審批。

(4) 預算委員會辦公室將批准的考核結果報各相關部門執行。

三、預算考核體系的構建

(一) 建立預算考核機構

應該建立預算委員會作為預算的考核機構。預算委員會的組成人員應以預算管理部門和人力資源部門的職能人員為主，抽調財務部門、審計部門等職能部門的專業人員參與。同時，要針對不同層次的責任中心，建立相應層次的預算考核機構。預算考核必須層層考核，不能越級考核，以實現責、權、利的有機統一。

(二) 制定預算考核制度

預算考核制度包括預算編製考核制度、預算執行考核制度、預算控制考核制度、預算分析考核制度、預算考核獎懲制度等，通過建立健全預算考核制度，實現預算考核的制度化和規範化管理。

(三) 確定預算考核目標

預算考核的目的是確認預算執行部門在預算期內的預算執行情況，促進預算執行部門完成預算目標。同時各個責任中心是不可分割的組成部分，相互密切聯繫，預算考核既要引導各責任中心積極完成自身承擔的預算目標，又要為其他責任中心完成目標創造條件。因此，在確定預算考核目標時，應做到：

(1) 局部指標和整體指標有機結合。以各責任中心承擔的預算指標為主，同時本著相關性原則，增加一些全局性的預算指標和與其關係密切的相關責任中心的指標。

(2) 定量指標與定性指標有機結合。

(3) 絕對指標和相對指標有機結合。

(4) 長期指標和短期指標有機結合。

(四) 制定預算獎懲方案

預算獎懲方案需要在預算執行前被確定下來，並作為預算目標責任書的附件內容。設計預算獎懲方案時，不僅要考慮預算執行結果和預算標準之間的差異和方向，還要將預算目標直接作為獎懲方案的考核基數，以鼓勵各責任中心盡可能地提高預算的準確度和完成度。同時，預算獎懲除了和本責任中心的預算目標掛勾之外，還要與組織整體目標掛勾，確保組織預算總目標的實現。

（五）預算考核的組織實施

預算考核作為預算管理的一項職能，在預算管理的整個過程中都發揮著重要的作用，是從預算編製、預算執行到預算期結束的全過程考核，因此預算考核是分階段進行的。具體包括：

1. 預算編製的考核

這一階段預算考核的主要內容是建立預算編製考核制度，對各預算編製部門編製預算的準確性和及時性進行考核評價，促進各部門保質保量地完成預算編製工作。

2. 預算執行的考核

這一階段的主要內容是建立預算執行的考核制度，對各部門預算執行過程進行考核，及時發現其在預算執行中存在的預算偏差和問題，為預算管理部門和預算執行部門實施預算控制、糾正預算偏差或者調整預算偏差提供依據。

3. 預算結果的考核

預算結果考核屬於事後考核，是以預算目標為依據，以各預算執行部門為對象，以預算結果為核心，對各預算部門的預算完成情況進行的綜合考核。它主要包括建立預算綜合考核制度、實施預算綜合考核制度、確定預算差異、分析差異原因、落實差異責任、考核差異結果、評價各責任中心工作績效、進行獎懲兌現等內容。

四、預算考核的獎懲方案

通過制定科學的預算獎懲方案，一方面能使預算落到實處，真正實現權、責、利的結合；另一方面能夠有效引導各責任中心的組織行為，實現組織整體目標。

（一）制定預算獎懲方案的原則

（1）目標性原則。獎懲方案必須有利於引導各責任中心實事求是地編報預算指標，努力實現組織目標。

（2）客觀公正原則。獎懲方案與員工個人利益密切相關，注意各部門利益分配的合理性，根據各部門工作難度合理確定獎勵差距。獎懲方案設計完成後，要經過模擬實驗，避免出現失控現象。

（3）全面性和獎懲並行原則。獎懲機制要在預算管理的全過程中發揮作用，獎懲機制應該涵蓋組織各個部門。獎懲機制既要起到激勵作用，也要起到約束作用，實現有獎有罰，獎罰並舉，促進預算管理目標的實現。

（二）預算獎懲方案的設計

為引導責任中心實事求是地編報預算，在預算執行過程中應加強預算的監督、考核和管理，實現組織的預算目標。在組織設計預算獎懲方案時，應重點把握以下兩點：一是以預算目標為獎勵基數，制定具體的預算獎懲方案；二是在制定具體的預算獎懲方案時，應該充分考慮全局目標和具體相關目標，做到預算獎懲方案的全面性和重點性相統一。

本章復習思考題

1. 什麼是民間非營利組織預算管理？其編製原則是什麼？
2. 民間非營利組織全面預算管理體系具體包括哪些內容？
3. 民間非營利組織的預算管理程序包括哪幾個階段？
4. 簡述民間非營利組織財務預算管理的基本方法及其概念。
5. 民間非營利組織財務預算考核遵循的原則有哪些？
6. 民間非營利組織財務預算考核體系的內容包括哪些？

第三章
民間非營利組織日常資金管理

學習目標

- 瞭解民間非營利組織日常資金管理的概念
- 瞭解民間非營利組織日常資金管理的相關制度規定
- 掌握民間非營利組織日常資金管理的會計核算

第一節 民間非營利組織日常資金管理概述

一、日常資金管理的概念

民間非營利組織日常資金管理是指及時對本組織的流動資金及日常財務收支進行管理，以保證各項資金的合理運用以及收支平衡的資金管理活動。一般而言，民間非營利組織日常資金管理的內容主要包括現金管理、銀行存款管理、其他貨幣資金管理和存貨管理四個方面。

二、日常資金管理的相關制度規定

財政部頒布的《民間非營利組織會計制度》等相關制度對此有明確的規定。具體規定如下：

（一）現金

現金是指民間非營利組織的庫存現金。民間非營利組織應當嚴格按照國家有關現金

管理的規定收支現金，並嚴格按照《民間非營利組織會計制度》規定核算現金的各項收支業務。

民間非營利組織應當設置「現金日記帳」，由出納人員根據收付款憑證，按照業務發生順序逐筆登記。每日終了，做到日清月結，應當計算當日的現金收入合計數、現金支出合計數和結餘數，並將結餘數與實際庫存數核對，做到帳款相符。每日終了結算現金收支、財產清查等發現的現金短缺或溢餘，應當及時查明原因，並根據管理權限，報經批准後，在期末結帳前處理完畢。

（二）銀行存款

銀行存款是指民間非營利組織存入銀行或其他金融機構的存款。《民間非營利組織會計制度》對銀行存款的收款憑證和付款憑證的填製日期和依據做出了較為詳細的規定，具體如下：

1. 採用支票結算方式

收款單位對於收到的支票，應填製進帳單，並連同支票送交銀行，根據銀行蓋章退給收款單位的收款憑證聯和有關的原始憑證編製收款憑證，或根據銀行轉來由簽發人送交銀行的支票後，經銀行審查蓋章的收款憑證聯和有關的原始憑證編製收款憑證；付款單位對於付出的支票，應根據支票存根和有關原始憑證編製付款憑證。

2. 採用匯兌結算方式

收款單位對於匯入的款項，應在收到銀行的收帳通知時，據以編製收款憑證；付款單位對於匯出的款項，應在向銀行辦理匯款後，根據匯款回單編製付款憑證。

3. 採用銀行匯票結算方式

收款單位應當將匯票、解訖通知和進帳單送交銀行，根據銀行退回的進帳單和有關的原始憑證編製收款憑證；付款單位應在收到銀行簽發的銀行匯票後，根據「銀行匯票申請書（存根聯）」編製付款憑證。如有多餘款項或因匯票超過付款期等原因而退款時，應根據銀行的多餘款收帳通知編製收款憑證。

4. 採用商業匯票結算方式

商業匯票的結算方式分為兩種，即商業承兌匯票結算和銀行承兌匯票結算方式。

採用商業承兌匯票結算方式的，收款單位將要到期的商業承兌匯票連同填製的郵劃或電劃委託收款憑證，一併送交銀行辦理轉帳，根據銀行蓋章退回的收帳通知，據以編製收款憑證；付款單位在收到銀行的付款通知時，據以編製付款憑證。

採用銀行承兌匯票結算方式的，收款單位將要到期的銀行承兌匯票連同填製的郵劃或電劃委託收款憑證，一併送交銀行辦理轉帳，根據銀行的收帳通知，據以編製收款憑證；付款單位在收到銀行的付款通知時，據以編製付款憑證。

收款單位將未到期的商業匯票向銀行申請貼現時，應按規定填製貼現憑證，連同匯票一併送交銀行，根據銀行的收帳通知，據以編製收款憑證。

5. 採用銀行本票結算方式

收款單位按規定受理銀行本票後，應將本票連同進帳單送交銀行辦理轉帳，根據銀行蓋章退回給收款單位的收款憑證聯和有關原始憑證，據以編製收款憑證；付款單位在填送「銀行本票申請書」並將款項交存銀行，收到銀行簽發的銀行本票後，根據申請

書存根聯編製付款憑證。收款單位因銀行本票超過付款期限或其他原因要求退款時，在交回本票和填製的進帳單經銀行審核蓋章後，根據銀行退回給收款單位的收款憑證聯編製收款憑證。

6. 採用委託收款結算方式

收款單位對於托收款項，根據銀行的收帳通知，據以編製收款憑證；付款單位在收到銀行轉來的委託收款憑證後，根據委託收款憑證的付款通知和有關的原始憑證，編製付款憑證。

7. 採用托收承付結算方式

收款單位對於托收款項，根據銀行的收帳通知和有關的原始憑證，據以編製收款憑證；付款單位對於承付的款項，應於承付時根據托收承付結算憑證的承付支款通知和有關發票帳單等原始憑證，據以編製付款憑證。如拒絕付款，屬於全部拒付的，不做帳務處理；屬於部分拒付的，付款部分按上述規定處理，拒付部分不做帳務處理。

8. 現金日記帳和銀行存款日記帳的帳務處理

以現金存入銀行，應根據銀行蓋章退回的交款回單及時編製現金付款憑證，據以登記「現金日記帳」和「銀行存款日記帳」。向銀行提取現金，根據支票存根編製銀行存款付款憑證，據以登記「銀行存款日記帳」和「現金日記帳」。收到的存款利息，根據銀行通知及時編製收款憑證。

除此之外，鑒於銀行存款的重要性，《民間非營利組織會計制度》還做出了關於日常資金管理中銀行存款方面的其他要求，具體如下：

（1）民間非營利組織應按開戶銀行和其他金融機構、存款種類等，分別設置「銀行存款日記帳」，由出納人員根據收付款憑證，按照業務的發生順序逐筆登記，每日終了應結出餘額。「銀行存款日記帳」應定期與「銀行對帳單」核對，至少每月核對一次。月度終了，民間非營利組織帳面餘額與銀行對帳單餘額之間如有差額，必須逐筆查明原因進行處理，並按月編製「銀行存款餘額調節表」調節相符。

民間非營利組織銀行存款日記帳與其開戶銀行提供的銀行存款對帳單進行核對。核對過程中不一致的情況分為四種：銀行已收，組織未收；銀行已付，組織未付；組織已收，銀行未收；組織已付，銀行未付。這四種情況統稱未達帳項，進行相應調節時編製的「銀行存款餘額調節表」格式如表3-1，最後的結果應該是①＝②。

表 3-1　銀行存款餘額調節表

項目	金額	項目	金額
民間非營利組織銀行存款日記帳餘額 　　加：銀行已收，組織未收 　　減：銀行已付，組織未付		銀行對帳單餘額 　　加：組織已收，銀行未收 　　減：組織已付，銀行未付	
調節後的存款餘額①		調節後的存款餘額②	

（2）民間非營利組織應加強對銀行存款的管理，並定期對銀行存款進行檢查，如果有確鑿證據表明存在銀行或其他金融機構的款項已經部分或者全部不能收回的，應當將不能收回的金額確認為當期損失，衝減銀行存款。

（三）其他貨幣資金

其他貨幣資金是指民間非營利組織的外埠存款、銀行匯票存款、銀行本票存款、信用卡存款、信用證保證金存款、存出投資款（或者存入其他金融機構）等各種其他貨幣資金。

外埠存款，是指民間非營利組織到外地進行臨時或零星採購時，匯往採購地銀行開立採購專戶的款項。

銀行匯票存款，是指民間非營利組織為取得銀行匯票按規定存入銀行的款項。

銀行本票存款，是指民間非營利組織為取得銀行本票按規定存入銀行的款項。

信用卡存款，是指民間非營利組織為取得信用卡按規定存入銀行的款項。

信用證保證金存款，是指民間非營利組織為取得信用證按規定存入銀行的保證金。

存出投資款，是指民間非營利組織存入證券公司但尚未進行投資的現金。

《民間非營利組織會計制度》針對日常資金管理的其他貨幣資金方面要求如下：

（1）設置「其他貨幣資金」主科目，並設置「外埠存款」「銀行匯票」「銀行本票」「信用卡存款」「信用證保證金存款」「存出投資款」等明細科目，同時需要按外埠存款的開戶銀行、銀行匯票或本票的收款單位等設置明細帳。

（2）民間非營利組織應加強對其他貨幣資金的管理，及時辦理結算，對於逾期尚未辦理結算的銀行匯票、銀行本票等，應按規定及時轉回。

（四）存貨

存貨是指民間非營利組織在日常業務活動中持有以備出售或捐贈的，或者為了出售或捐贈仍處在生產過程中的，或者將在生產、提供服務或日常管理過程中耗用的材料、物資、商品等，包括材料、庫存商品、委託加工材料，以及達不到固定資產標準的工具、器具等。

民間非營利組織設置「存貨」主科目進行帳務處理，且應當按照存貨的種類和存在形式設置明細帳進行明細核算。對於存貨取得和發出時的成本計量，應遵循如下原則：在取得存貨時，應當以其成本入帳；在發出存貨時，應當根據實際情況採用個別計價法、先進先出法或者加權平均法，確定發出存貨的實際成本。民間非營利組織的各種存貨，應當定期進行清查盤點，每年至少盤點一次，對於發生的盤盈、盤虧以及變質、毀損等存貨，應當及時查明原因，並根據管理權限，報經批准後，在期末結帳前處理完畢。

民間非營利組織設置「存貨跌價準備」科目，期末民間非營利組織應當對存貨是否發生了減值進行檢查。如果存貨的可變現淨值低於其帳面價值，應當按照可變現淨值低於帳面價值的差額計提存貨跌價準備。如果存貨的可變現淨值高於其帳面價值，應當在該存貨期初已計提跌價準備的範圍內轉回可變現淨值高於帳面價值的差額。

第二節　民間非營利組織日常資金管理制度

一、崗位設置與人員分工

崗位設置與人員分工是日常資金管理的基礎，民間非營利組織應根據不同崗位特點進行分工，採用分級授權原則積極推進財務與業務一體化工作，從組織機構設置上確保資金流通安全。具體內容如下：

（1）會計人員應負責總分類帳的登記、收支原始憑證的復核及收付款記帳憑證的編製工作。

（2）出納人員應負責現金的收支和保管、收支原始憑證的保管和簽發、日記帳的登記。出納不得登記現金總帳，也不得兼任稽核、會計檔案保管和收入、支出、費用、債權債務帳務的登記工作。

（3）內審人員應負責收支憑證和帳目的定期審計、現金的突擊盤點、銀行存款帳戶的定期核對。

（4）會計主管應負責審核收支、保管和使用組織及組織負責人印章、定期與銀行對帳並編製銀行存款餘額調節表。

（5）組織負責人應負責審批收支預算、決算及各項支出，但是對於重大支出項目應由組織集體審批。

（6）電腦程序設計員應負責程序設計和修改，但不得負責程序操作，甚至不得進入財會部門。

二、現金管理制度

民間非營利組織應根據實際情況，在符合《民間非營利組織會計制度》要求的基礎上建立現金管理制度，主要包括以下內容：

（1）制定庫存現金管理制度。庫存現金不得超過規定限額，一般為3~5天的日常需要量，如有特殊需要可超過5天但不得超過15天的日常需要量。庫存現金超過一定數額時必須存入銀行，如遇到特殊情況，超過規定限額應及時向理事會或相關管理部門通報，做好保衛值班工作。

（2）不得坐支現金。收到的現金應及時存入銀行帳戶，嚴格執行現金收支「兩條線」。

（3）不得以「白條」抵庫。「白條」是指沒有審批手續的憑證，其不能夠作為記帳的依據。

（4）認真做好現金的日常管理工作。日記帳必須做到日清月結，並保證庫存現金與帳面金額相符。

（5）認真做好現金盤點工作。出納應定期（每月、每季、年末）、不定期地對現金

進行盤點，編製現金盤點表，財務機構負責人（或授權的會計）應對現金盤點進行監盤和不定期的抽盤，確保現金帳面餘額與實際庫存相符。如發現不符，應及時查明原因並進行處理。

三、銀行存款管理制度

民間非營利組織應根據實際情況，在符合《民間非營利組織會計制度》要求的基礎上建立銀行存款管理制度，主要包括以下內容：

（1）開立銀行存款帳戶。開立帳戶用於銀行收付業務，一般應開立兩個帳戶，基本帳戶用來付款，一般帳戶用來收款。如根據業務需要，確需增開專用帳戶，需由計劃財務部提出申請報理事會或相關管理部門批准後開立。

（2）應遵照國家相關銀行帳戶管理的規定，不得出租、出借帳戶。

（3）盡可能使用轉帳結算。根據自身情況，設定結算起點，對於超過起點金額的所有公共業務，應當通過銀行轉帳進行結算。

（4）對於各種銀行存款方式的收款憑證和付款憑證的填製日期和依據，應按照《民間非營利組織會計制度》的要求進行。

（5）收到的匯票、支票等銀行收款憑單應及時送存銀行，並進行帳務處理。

（6）支票、匯票、匯兌等付款，均須登記備查簿，詳細填寫單據編號、收款人名稱、金額、用途、借款日期、報銷日期等，並由經手人簽字。

（7）出納定期與銀行核對銀行存款餘額，並編製銀行餘額調節表，會計需對銀行餘額調節表進行審核，對未達帳項進行及時處理。

四、存貨管理制度

民間非營利組織應根據實際情況，在符合《民間非營利組織會計制度》要求的基礎上建立存貨管理制度，主要包括以下內容：

（1）合理的存貨收付制度。在取得和發出存貨時，倉管員應當和當事人當面點清數量，當面開具單據（包括入庫單、出庫單和發票或收據證明單據），並確保財務審核審批人員和相關經辦人都簽字確認後，才能入庫或出庫，且做到單據和數量完全相符。

（2）倉儲管理員管理制度。存放存貨的倉庫鑰匙必須由專人保管，倉庫管理以外的人員不得私自進出，並且需要做好清潔、整齊、防霉、防蛀、防潮等工作。倉管員必須經常定期及不定期地抽查物資，如發現問題及時上報上級主管並會同有關部門及時採取補救措施。

（3）存貨的合理存放制度。存貨的擺放要求科學、合理，區域要分開、清晰，擺列要整齊、有序，高低要適當、均衡。

（4）存貨盤點制度。定期對存貨進行清查盤點，每年至少盤點一次。對於發生的盤盈、盤虧以及變質、毀損等存貨，應當及時查明原因，並根據管理權限，報經批准後，在期末結帳前處理完畢。

（5）存貨的減值制度。應當定期或者至少於每年年度終了，對存貨是否發生了減值進行檢查，並進行相應的會計處理。

五、報銷制度

民間非營利組織應根據實際情況，在符合《民間非營利組織會計制度》要求的基礎上建立報銷管理制度，主要包括以下內容：

（1）報銷的流程管理制度。報銷前應將原始憑證分類匯總、粘貼後，填寫支出憑單，在支出憑單上註明摘要和用途、報銷金額（大小寫必須相符）、單據張數。報銷的發票，必須是合法的原始憑證，發票上印有稅務局或財政局收費專用章和收款單位財務專用章，各種印章必須清晰。發票上要填寫購貨單位名稱、購貨品名、單價、數量、金額和日期。

（2）將填好且按規定審核、核准的支出憑單（附上原始單據）交部門負責人審簽。

（3）將部門負責人審簽的支出憑單（附上原始單據）報會計審核，審核無誤後交由理事會或相關管理部門核准後報銷。

（4）根據自身情況，設立一次性報銷限額和財務辦理報銷時間，對於超過一次性報銷限額的，通常需提前一個工作日通知財務。

六、借款制度

民間非營利組織應根據實際情況，在符合《民間非營利組織會計制度》要求的基礎上建立借款管理制度，主要包括以下內容：

（1）現金及轉帳支票不應以任何理由借給外單位使用。

（2）組織內部人員因公務出差借款，需填寫借款單，由各部部長批准後方可辦理借款，設立借款限額，超過限額的需經理事會或相關管理部門簽字，同時規定出差借款的報銷期限。

（3）所借支票必須妥善保管，不得遺失，如因遺失而造成經濟損失的，由借票人負責賠償。

第三節　民間非營利組織日常資金管理的會計核算

一、現金的會計核算

（一）科目的設置

應設「現金」科目，其在資產負債表中的編號為1001，該科目屬資產類科目，其借方登記現金的增加，貸方登記現金的減少。期末借方餘額，反應民間非營利組織實際持有的庫存現金。

（二）具體會計核算

（1）從銀行提取現金，按照支票存根所記載的提取金額，借記「現金」科目，貸記「銀行存款」科目；將現金存入銀行，根據銀行退回的進帳單第一聯，借記「銀行

存款」科目，貸記「現金」科目。

（2）支付內部職工出差等原因所需的現金，按照支出憑證所記載的金額，借記「其他應收款」等科目，貸記「現金」科目；收到出差人員交回的差旅費剩餘款並結算時，按實際收回的現金，借記「現金」科目，按應報銷的金額，借記有關科目，按實際借出的現金，貸記「其他應收款」科目。

（3）其他原因收到現金，借記「現金」科目，貸記有關科目；支出現金，借記有關科目，貸記「現金」科目。

（4）現金清查結果：可能出現帳實相符的情況，也可能出現帳實不符的情況。帳實不符的情況下，就會出現短缺或溢餘，應及時查明原因，報批後在期末結帳前處理完畢。

①如為現金短缺，屬於應由責任人或保險公司賠償的部分，借記「其他應收款」科目，貸記「現金」科目；屬於無法查明的其他原因的部分，借記「管理費用」科目，貸記「現金」科目。

②如為現金溢餘，屬於應支付給有關人員或單位的部分，借記「現金」科目，貸記「其他應付款」科目；屬於無法查明的其他原因的部分，借記「現金」科目，貸記「其他業務收入」科目。

二、銀行存款的會計核算

（一）科目的設置

應設「銀行存款」科目，其在資產負債表中的編號為1002，該科目屬資產類科目，其借方登記銀行存款的增加額，貸方登記銀行存款的減少額。期末借方餘額，反應民間非營利組織實際存在於銀行或其他金融機構的款項。

（二）具體會計核算

（1）將款項存入銀行和其他金融機構，借記「銀行存款」，貸記「現金」「應收帳款」「捐贈收入」「會費收入」等有關科目。

（2）提取和支出存款時，借記「現金」「應付帳款」「業務活動成本」「管理費用」等有關科目，貸記「銀行存款」。

（3）收到的存款利息，借記「銀行存款」，貸記「其他應收款」「籌資費用」等科目。但是，收到的屬於在借款費用應予資本化的期間內發生的與購建固定資產專門借款有關的存款利息，借記「銀行存款」，貸記「其他應收款」「在建工程」科目。

（4）民間非營利組織發生外幣業務時的帳務處理：

①以外幣購入商品、設備、服務等，按照購入當日（或當期期初）的市場匯率將支付的外幣或應支付的外幣折算為人民幣金額，借記「固定資產」「存貨」等科目，貸記「現金」「銀行存款」「應付帳款」等科目的外幣帳戶。

②以外幣銷售商品、提供服務或者獲得外幣捐贈等，按照收入確認當日（或當期期初）的市場匯率將收取的外幣或應收取的外幣折算為人民幣金額，借記「銀行存款」「應收帳款」等科目的外幣帳戶，貸記「捐贈收入」「提供服務收入」「商品銷售收入」等科目。

③借入外幣借款時，按照借入當日（或當期期初）的市場匯率將借入款項折算為人民幣金額，借記「銀行存款」科目的外幣帳戶，貸記「短期借款」「長期借款」等科目的外幣帳戶；償還外幣借款時，按照償還當日（或當期期初）的市場匯率將償還款項折算為人民幣金額，借記「短期借款」「長期借款」等科目的外幣帳戶，貸記「銀行存款」科目的外幣帳戶。

④發生外幣兌換業務時，如為購入外幣，按照購入當日（或當期期初）的市場匯率將購入的外幣折算為人民幣金額，借記「銀行存款」科目的外幣帳戶，按照實際支付的人民幣金額，貸記「銀行存款」科目的人民幣帳戶，兩者之間的差額，借記或貸記「籌資費用」等科目；如為賣出外幣，按照實際收到的人民幣金額，借記「銀行存款」科目的人民幣帳戶，按照賣出當日（或當期期初）的市場匯率將賣出的外幣折算為人民幣金額，貸記「銀行存款」科目的外幣帳戶，兩者之間的差額，借記或貸記「籌資費用」等科目。

各種外幣帳戶的外幣餘額，期末時應當按照期末匯率折合為人民幣，按照期末匯率折合的人民幣金額與帳面人民幣金額之間的差額，作為匯兌損益計入當期費用。但是，屬於在借款費用應予資本化的期間內發生的與購建固定資產有關的外幣專門借款本金及其利息所產生的匯兌差額，應當予以資本化，記入「在建工程」科目。

⑤有確鑿證據表明存在銀行或其他金融機構的款項已經部分或者全部不能收回的，應當將不能收回的金額確認為當期損失，借記「管理費用」科目，貸記「銀行存款」科目。

三、其他貨幣資金的會計核算

（一）科目的設置

應設「其他貨幣資金」科目，其在資產負債表中的編號為1009，該科目屬資產類科目，其借方登記其他貨幣資金的增加額，貸方登記其他貨幣資金的減少額。期末借方餘額，反應民間非營利組織實際持有的其他貨幣資金。

（二）具體會計核算

（1）外埠存款業務。民間非營利組織將款項委託當地銀行匯往採購地開立專戶時，借記「其他貨幣資金」，貸記「銀行存款」科目。收到採購員交來供應單位發票帳單等報銷憑證時，借記「存貨」等科目，貸記「其他貨幣資金」科目。將多餘的外埠存款轉回當地銀行時，根據銀行的收帳通知，借記「銀行存款」科目，貸記「其他貨幣資金」科目。

（2）銀行匯票存款業務。民間非營利組織在填送「銀行匯票申請書」並將款項交存銀行，取得銀行匯票後，根據銀行蓋章退回的申請書存根聯，借記「其他貨幣資金」科目，貸記「銀行存款」科目。民間非營利組織使用銀行匯票後，根據發票帳單等有關憑證，借記「存貨」等科目，貸記「其他貨幣資金」科目；如有多餘款或因匯票超過付款期等原因而退回款項，根據開戶行轉來的銀行匯票第四聯（多餘款收帳通知），借記「銀行存款」科目，貸記「其他貨幣資金」科目。

（3）銀行本票存款業務。民間非營利組織向銀行提交「銀行本票申請書」並將款

項交存銀行，取得銀行本票後，根據銀行蓋章退回的申請書存根聯，借記「其他貨幣資金」科目，貸記「銀行存款」科目。民間非營利組織使用銀行本票後，根據發票帳單等有關憑證，借記「存貨」等科目，貸記「其他貨幣資金」科目。因本票超過付款期等原因而要求退款時，應當填製進帳單一式兩聯，連同本票一併送交銀行，根據銀行蓋章退回的進帳單第一聯，借記「銀行存款」科目，貸記「其他貨幣資金」科目。

（4）信用卡存款業務。民間非營利組織應按規定填製申請表，連同支票和有關資料一併送交發卡銀行，根據銀行蓋章退回的進帳單第一聯，借記「其他貨幣資金」科目，貸記「銀行存款」科目。民間非營利組織用信用卡購物或支付有關費用，借記有關科目，貸記「其他貨幣資金」科目。民間非營利組織信用卡在使用過程中，需向其帳戶續存資金的，借記「其他貨幣資金」科目，貸記「銀行存款」科目。

（5）信用證保證金存款業務。民間非營利組織向銀行交納信用證保證金時，根據銀行退回的進帳單第一聯，借記「其他貨幣資金」科目，貸記「銀行存款」科目。根據開證行交來的信用證來單通知書及有關單據列明的金額，借記「存貨」等科目，貸記「其他貨幣資金」科目和「銀行存款」科目。

（6）存出投資款業務。民間非營利組織向證券公司劃出資金時，應按實際劃出的金額，借記「其他貨幣資金」科目，貸記「銀行存款」科目；利用存出投資款購買股票、債券等時，按實際發生的金額，借記「短期投資」等科目，貸記「其他貨幣資金」科目。

（7）民間非營利組織對於逾期尚未辦理結算的銀行匯票、銀行本票等，應按規定及時轉回，借記「銀行存款」科目，貸記「其他貨幣資金」科目。

四、存貨的會計核算

（一）科目的設置

應設「存貨」科目，其在資產負債表中的編號為1201，該科目屬於資產類科目，借方登記存貨的增加，貸方登記存貨的減少。期末借方餘額，反應民間非營利組織存貨實際庫存價值。

應設「存貨跌價準備」科目，其在資產負債表中的編號為1202，該科目屬於資產類科目，借方登記存貨跌價準備的增加，貸方登記存貨跌價準備的減少。期末貸方餘額，反應民間非營利組織已計提的存貨跌價準備。

（二）具體會計核算

（1）外購存貨。按照採購成本（一般包括實際支付的採購價格、相關稅費、運輸費、裝卸費、保險費以及其他可直接歸屬於存貨採購的費用），借記「存貨」科目，貸記「銀行存款」「應付帳款」等科目。民間非營利組織可以根據需要在「存貨」科目下設置「材料」「庫存商品」等明細科目。

（2）自行加工或委託加工完成的存貨。按照採購成本、加工成本（包括直接人工以及按照合理方法分配的與存貨加工有關的間接費用）和其他成本（指除採購成本、加工成本以外的，使存貨達到目前場所和狀態所發生的其他支出），借記「存貨」科目，貸記「銀行存款」「應付帳款」「應付工資」等科目。民間非營利組織可以根據實際情況，在「存貨」科目下設置「生產成本」等明細科目，歸集相關成本。

（3）接受捐贈的存貨。按照所確定的成本，借記「存貨」科目，貸記「捐贈收入」科目。

（4）業務活動過程中領用存貨。按照確定的成本，借記「管理費用」等科目，貸記「存貨」科目。

（5）對外出售或捐贈存貨。按照確定的出售存貨成本，借記「業務活動成本」等科目，貸記「存貨」科目。

（6）存貨盤盈。按照其公允價值，借記「存貨」科目，貸記「其他收入」科目。

（7）存貨盤虧或者毀損。按照存貨帳面價值扣除殘料價值、可以收回的保險賠償和過失人的賠償等後的金額，借記「管理費用」科目；按照可以收回的保險賠償和過失人賠償等，借記「現金」「銀行存款」「其他應收款」等科目；按照存貨的帳面餘額，貸記「存貨」科目。

（8）存貨跌價準備。如果存貨的期末可變現淨值低於帳面價值，按照可變現淨值低於帳面價值的差額，借記「管理費用——存貨跌價損失」科目，貸記「存貨跌價準備」科目。

（9）如果以前期間已計提跌價準備的存貨價值在當期得以恢復，即存貨的期末可變現淨值高於帳面價值，按照可變現淨值高於帳面價值的差額，在原已計提跌價準備的範圍內，借記「存貨跌價準備」科目，貸記「管理費用——存貨跌價損失」科目。

【例3-1】 A為某民間非營利組織，2019年3月5日A支付內部職工李某出差所需現金3,000元。4月3日以5,000美元購入商品補充庫存，當日匯率為6.8。4月25日，A通過銀行支付貨款。由於業務活動的需要，4月28日A委託當地銀行匯往採購地開立專戶10,000元。5月6日購入存貨一批，採購價格15,000元，運輸費1,000元，增值稅稅率為17%，當日通過銀行交付貨款。6月30日A在進行現金清查時，發現現金短缺1,000元，且無法查明原因。A在年末對存貨是否減值進行檢查時，發現存貨可變現淨值為200,000元，帳面價值為210,000元，之前未計提減值準備。根據以上信息，編製相關會計分錄。

解：根據題中信息編製會計分錄如下：

1. 3月5日A支付內部職工李某出差所需現金時，

借：其他應收款　　　　　　　　　　　　　　　3,000
　貸：現金　　　　　　　　　　　　　　　　　　　　3,000

2. 4月3日以美元購入商品補充庫存時，

借：存貨　　　　　　　　　　　　　　　　　　34,000
　貸：應付帳款　　　　　　　　　　　　　　　　　34,000

3. 4月25日，A通過銀行支付貨款時，

借：應付帳款　　　　　　　　　　　　　　　　34,000
　貸：銀行存款　　　　　　　　　　　　　　　　　34,000

4. 4月28日A委託當地銀行匯往採購地開立專戶10,000元時，

借：其他貨幣資金　　　　　　　　　　　　　　10,000
　貸：銀行存款　　　　　　　　　　　　　　　　　10,000

5. 5月6日購入存貨時，
借：存貨　　　　　　　　　　　　　　　　　　18,550
　貸：銀行存款　　　　　　　　　　　　　　　　18,550
6. 6月30日A進行現金清查時，
借：管理費用　　　　　　　　　　　　　　　　　1,000
　貸：現金　　　　　　　　　　　　　　　　　　1,000
7. 年末對存貨是否減值進行檢查時，
借：管理費用——存貨跌價損失　　　　　　　　10,000
　貸：存貨跌價準備　　　　　　　　　　　　　　10,000

本章復習思考題

1. 什麼是民間非營利組織日常資金管理？為何要進行日常資金管理？
2. 民間非營利組織銀行存款日記帳與銀行存款對帳單不符時應該怎麼辦？
3. 民間非營利組織日常資金管理制度應如何建立？
4. 民間非營利組織在現金清查結果帳實不符時應如何進行會計處理？
5. 民間非營利組織應如何對外購的存貨進行會計處理？
6. 請進行如下事項的會計處理：
A為某民間非營利組織，2019年8月發生如下業務：
（1）將現金10,000元存入銀行。
（2）收到出差人員交回的差旅費剩餘款500元。
（3）現金清查時發現現金溢餘1,000元，且無法查明原因。
（4）借入外幣5,000美元，借款期限為1個月，當日匯率為6.0。
（5）向證券公司劃出資金100,000元。
（6）由於業務活動所需，領用存貨，其成本為8,000元。
請根據以上信息，編製相關會計分錄。

第四章
民間非營利組織項目資金管理

學習目標

- 瞭解民間非營利組織項目資金的收入管理
- 瞭解民間非營利組織項目資金的支出管理
- 理解民間非營利組織項目資金的評估

第一節　民間非營利組織項目資金的收入管理

一、項目資金的收入管理制度

民間非營利組織的項目資金收入管理制度的內容包括：第一，建立有效的項目立項申報工作制度，做到申報的每一個項目都有充分合理的科學依據支撐。做好項目選擇、可行性分析、項目建議書的撰寫等申請環節，提高申請的成功率，保證項目的資金來源。第二，設置合理的崗位進行項目資金的專項管理，確保項目資金的真實性和完整性。第三，建立合理的會計核算和資金管理制度，對項目資金的收入進行有效管理。

二、崗位設置和人員分工

（一）崗位設置

民間非營利組織的項目管理目前存在兩種管理模式：第一，矩陣式項目管理模式。在矩陣式項目管理模式下，其崗位設置是項目管理部門，屬於臨時管理部門，由秘書長

臨時指派項目經理，由項目經理從各個職能部門抽調人員組成項目小組，項目經理直接對秘書長負責，受秘書長領導。這種模式決定了其崗位設置的特殊性，即項目管理部門屬於秘書長領導下的臨時部門，主要目標是為了完成某一項目任務，雖然具有權力集中的優點，但也同時具有等級制度明顯、信息不暢的缺點。第二，網路式項目管理模式。現代民間非營利組織的項目管理往往採取網路式管理結構，秘書長下面仍然是各個職能部門，但其中新增一個項目部，項目部下面再分設項目經理，項目經理不再直接面對秘書長，項目經理和各個職能部門之間更多的是一種橫向的合作關係。這種結構有利於保障項目經理的權責統一，使單個的項目管理機構更為獨立，自主權更大。

(二) 人員分工

在項目組織實施的過程中，項目經理是一個至關重要的角色。應規劃好項目經理的職業生涯，如項目經理的定位與地位，如何使項目經理責、權、利對等，等等。在此基礎上，制定項目經理的發展路線，如項目助理、項目經理、高級項目經理、項目總監等各個級別的素質要求和待遇等。通過項目經理的生涯規劃，增強項目經理的歸屬感，提高人力資源的穩定性。同時，應設置相應的人員考評激勵機制，調動組織成員為實現項目目標而努力工作，提高各類人員的工作積極性。在績效評價系統內應包括對項目經理、項目團隊和項目組成員的考核制度。

三、會計核算

項目資金的收入來源包括：捐贈收入、會費收入、提供服務收入、政府補助收入、商品銷售收入、投資收益和其他收入。對於不同的收入，需要進行不同的會計核算。

(一) 捐贈收入

捐贈收入是指民間非營利組織接受其他單位或者個人捐贈所取得的收入，其主要會計處理如下：

(1) 接受的捐贈，按照應確認的金額，借記「現金」「銀行存款」「短期投資」「存貨」「長期股權投資」「長期債權投資」「固定資產」「無形資產」等科目，貸記科目「限定性收入」或「非限定性收入」明細科目。

對於接受的附條件捐贈，如果存在需要償還全部或部分捐贈資產或者相應金額的現時義務時（比如因無法滿足捐贈所附條件而必須將部分捐贈款退還給捐贈人時），按照需要償還的金額，借記「管理費用」科目，貸記「其他應付款」等科目。

(2) 如果限定性捐贈收入的限制在確認收入的當期得以解除，應當將其轉為非限定性捐贈收入，借記科目「限定性收入」明細科目，貸記科目「非限定性收入」明細科目。

(3) 期末，將本科目各明細科目的餘額分別轉入限定性淨資產和非限定性淨資產。轉入限定性淨資產，借記科目「限定性收入」明細科目，貸記「限定性淨資產」科目；轉入非限定性淨資產，借記科目「非限定性收入」明細科目，貸記「非限定性淨資產」科目。

(二) 會費收入

會費收入是指民間非營利組織根據章程等規定向會員收取的會費收入。民間非營利組織應當按照會費種類（如團體會費、個人會費等）設置明細帳，進行明細核算。其

主要會計處理如下：

（1）向會員收取會費，在滿足收入確認條件時，借記「現金」「銀行存款」「應收帳款」等科目，貸記科目「非限定性收入」明細科目。如果存在限定性會費收入，應當貸記科目「限定性收入」明細科目。

（2）期末，將本科目的餘額轉入非限定性淨資產，借記科目「非限定性收入」明細科目，貸記「非限定性淨資產」科目。如果存在限定性會費收入，則將其金額轉入限定性淨資產，借記科目「限定性收入」明細科目，貸記「限定性淨資產」科目。

（三）提供服務收入

提供服務收入是指民間非營利組織根據章程等規定向其服務對象提供服務取得的收入。民間非營利組織應當按照提供服務的種類設置明細帳，進行明細核算。提供服務收入的會計處理如下：

（1）提供服務取得收入時，按照實際收到或應當收取的金額，借記「現金」「銀行存款」「應收帳款」等科目，按照應當確認的提供服務收入金額，貸記本科目，按照預收的價款，貸記「預收帳款」科目。在以後期間確認提供服務收入時，借記「預收帳款」科目，貸記科目「非限定性收入」明細科目。如果存在限定性提供服務收入，應當貸記科目「限定性收入」明細科目。

（2）期末，將本科目的餘額轉入非限定性淨資產，借記科目「非限定性收入」明細科目，貸記「非限定性淨資產」科目。如果存在限定性提供服務收入，則將其金額轉入限定性淨資產，借記科目「限定性收入」明細科目，貸記「限定性淨資產」科目。

（四）政府補助收入

政府補助收入是指民間非營利組織接受政府撥款或者政府機構給予的補助而取得的收入，其會計處理如下：

（1）接受的政府補助，按照應確認收入的金額，借記「現金」「銀行存款」等科目，貸記科目「限定性收入」或「非限定性收入」明細科目。

對於接受的附條件政府補助，如果民間非營利組織存在需要償還全部或部分政府補助資產或者相應金額的現時義務時（比如因無法滿足政府補助所附條件而必須退還部分政府補助時），按照需要償還的金額，借記「管理費用」科目，貸記「其他應付款」等科目。

（2）如果限定性政府補助收入的限制在確認收入的當期得以解除，應當將其轉為非限定性捐贈收入，借記科目「限定性收入」明細科目，貸記科目「非限定性收入」明細科目。

（3）期末，將本科目各明細科目的餘額分別轉入限定性淨資產和非限定性淨資產，轉入限定性淨資產，借記科目「限定性收入」明細科目，貸記「限定性淨資產」科目；轉入非限定性淨資產，借記科目「非限定性收入」明細科目，貸記「非限定性淨資產」科目。

（五）商品銷售收入

商品銷售收入是指民間非營利組織銷售商品所形成的收入，民間非營利組織應當按照商品的種類設置明細帳，進行明細核算。商品銷售收入的會計處理如下：

（1）銷售商品取得收入時，按照實際收到或應當收取的價款，借記「現金」「銀行存款」「應收票據」「應收帳款」等科目，按照應當確認的商品銷售收入金額，貸記科目「非限定性收入」明細科目；如果存在限定性商品銷售收入，應當貸記科目「限定性收入」明細科目；按照預收的價款，貸記「預收帳款」科目。在以後期間確認商品銷售收入時，借記「預收帳款」科目，貸記科目「非限定性收入」明細科目；如果存在限定性商品銷售收入，應當貸記科目「限定性收入」明細科目。

（2）銷售退回，是指民間非營利組織售出的商品，由於質量、品種不符合要求等原因而發生的退貨。銷售退回應當分別情況處理：

①未確認收入的已發出商品的退回，不需要進行會計處理。

②已確認收入的銷售商品退回，一般情況下直接沖減退回當月的商品銷售收入、商品銷售成本等。按照應當沖減的商品銷售收入，借記本科目，按照已收或應收的金額，貸記「銀行存款」「應收帳款」「應收票據」等科目，按照退回商品的成本，借記「存貨」科目，貸記「業務活動成本」科目。

如果該項銷售發生現金折扣，應當在退回當月一併處理。

③報告期間資產負債表日至財務報告批准報出日之間發生的報告期間或以前期間的銷售退回，應當作為資產負債表日後事項的調整事項處理，調整報告期間會計報表的相關項目；按照應沖減的商品銷售收入，借記「非限定性淨資產」科目；如果所調整收入屬於限定性收入，應當借記「限定性淨資產」科目；按照已收或應收的金額，貸記「銀行存款」「應收帳款」「應收票據」等科目；按照退回商品的成本，借記「存貨」科目，貸記「非限定性淨資產」科目。

如果該項銷售已發生現金折扣，應當一併處理。

（3）現金折扣，是指民間非營利組織為了盡快回籠資金而發生的理財費用。現金折扣在實際發生時直接計入當期籌資費用。按照實際收到的金額，借記「銀行存款」等科目；按照應給予的現金折扣，借記「籌資費用」科目，按照應收的帳款，貸記「應收帳款」「應收票據」等科目。

購買方實際獲得的現金折扣，沖減取得當期的籌資費用。按照應付的帳款，借記「應付帳款」「應付票據」等科目；按照實際獲得的現金折扣，貸記「籌資費用」科目；按照實際支付的價款，貸記「銀行存款」等科目。

（4）銷售折讓，是指在商品銷售時直接給予購買方的折讓。銷售折讓應當在實際發生時直接從當期實現的銷售收入中抵減。

（5）期末，將本科目的餘額轉入非限定性淨資產，借記本科目，貸記「非限定性淨資產」科目。如果存在限定性商品銷售收入，則將其金額轉入限定性淨資產，借記本科目，貸記「限定性淨資產」科目。

（六）投資收益

關於投資收益的會計核算詳見第 5 章。

（七）其他收入

其他收入是指除上述主要業務活動收入以外的其他收入，如固定資產處置淨收入、無形資產處置淨收入等。民間非營利組織應當按照其他收入種類設置明細帳，進行明細

核算。其他收入的會計核算如下：

（1）現金、存貨、固定資產等盤盈的，根據管理權限報經批准後，借記「現金」「存貨」「固定資產」「文物文化資產」等科目，貸記科目「非限定性收入」明細科目，如果存在限定性其他收入，應當貸記科目「限定性收入」明細科目。

（2）對於固定資產處置淨收入，借記「固定資產清理」科目，貸記本科目。

（3）對於無形資產處置淨收入，按照實際取得的價款，借記「銀行存款」等科目，按照該項無形資產的帳面餘額，貸記「無形資產」科目，按照其差額，貸記本科目。

（4）確認無法支付的應付款項，借記「應付帳款」等科目，貸記本科目。

（5）在非貨幣性交易中收到補價情況下應確認的損益，借記有關科目，貸記「其他業務收入」科目。

（6）期末，將本科目的餘額轉入非限定性淨資產，借記本科目，貸記「非限定性淨資產」科目。如果存在限定性的其他收入，則將其金額轉入限定性淨資產，借記本科目，貸記「限定性淨資產」科目。

以上所有收入科目在期末結轉後，均應無餘額。

【例4-1】A為某民間非營利組織，2019年3月A的某項目接受附條件捐款銀行存款50,000元，該捐款需償還10%。6月通過銀行存款收到會費10,000元，均為非限定性收入。6月末提供服務獲得非限定性收入8,000元，7月通過銀行收到該服務收入。7月收到政府限定性補助60,000元，銷售商品收到非限定性價款4,000元，銷售當日收到銀行存款。期末對存貨進行檢查時，非限定性存貨盤盈1,000元。請根據以上信息，編製相關會計分錄。

解：根據題中信息編製會計分錄如下：

1. 3月收到需部分償還的捐款時，

借：銀行存款　　　　　　　　　　　　　　　　　50,000
　　貸：捐贈收入——限定性收入　　　　　　　　　　50,000
借：管理費用　　　　　　　　　　　　　　　　　5,000
　　貸：其他應付款　　　　　　　　　　　　　　　5,000

2. 6月收到會費時，

借：銀行存款　　　　　　　　　　　　　　　　　10,000
　　貸：會費收入——非限定性收入　　　　　　　　10,000

3. 6月末提供服務獲得收入時，

借：應收帳款　　　　　　　　　　　　　　　　　8,000
　　貸：提供服務收入——非限定性收入　　　　　　8,000

4. 7月收到服務收入時，

借：銀行存款　　　　　　　　　　　　　　　　　8,000
　　貸：應收帳款　　　　　　　　　　　　　　　　8,000

5. 7月收到政府補助時，

借：銀行存款　　　　　　　　　　　　　　　　　60,000
　　貸：政府補助收入——限定性收入　　　　　　　60,000

6. 7月銷售商品時，
借：銀行存款 4,000
　貸：商品銷售收入——非限定性收入 4,000
7. 期末存貨盤盈時，
借：存貨 1,000
　貸：其他收入——非限定性收入 1,000
8. 期末進行結轉時，
借：捐贈收入——限定性收入 50,000
　　政府補助收入——限定性收入 60,000
　貸：限定性淨資產 110,000
借：會費收入——非限定性收入 10,000
　　提供服務收入——非限定性收入 8,000
　　商品銷售收入——非限定性收入 4,000
　　其他收入——非限定性收入 1,000
　貸：非限定性淨資產 23,000

第二節　民間非營利組織項目資金的支出管理

一、項目資金的支出管理制度

建立項目資金的支出管理制度，應該從項目資金的預算、使用、項目結算及資金使用效果的績效評價四個環節進行。完善並細化各環節的實施辦法及操作流程，形成一整套行之有效的項目資金支出管理機制，使項目的開展和專項資金的使用做到公開透明。民間非營利組織可以通過完善項目設立申報階段的支出管理機制、項目實施階段的支出管理機制和項目驗收考評階段的支出管理機制，來提高項目資金的使用效率。具體而言：

(一) 建立資金預算項目庫，減少立項隨意性

預算項目庫是指對申請預算項目進行規範化、程序化管理的數據庫系統，系統中完整地反應項目名稱、總投資、補助額、項目執行情況以及資金使用績效等信息，並實現與預算編製系統銜接，每年列入預算的項目須從項目庫中選取。對各類項目申請，從立項依據、可行性論證等方面進行嚴格審核，按照規模均衡的要求進行篩選、分類、排序，建立項目庫。根據工作任務、事業發展目標，確定當年項目安排的原則和重點，結合當年度財力狀況和項目排序、項目資金結餘情況，按輕重緩急分類擇優篩選，統籌安排項目支出預算。在中國現行的項目資金支出預算管理辦法的要求下，根據本單位自身的實際情況和數據支撐，對項目支出資金的需求量進行科學合理的預測，提高預算編製的科學化水準，使得項目資金的支出預算具有可操作性。

（二）細化預算支出內容，做實資金預算

細化預算支出是當前推進項目支出資金精細化管理的重要手段，應逐步建立一套項目支出預算的定額標準，切實推行「零基預算」。做實資金預算就是要使預算落實到每一個項目和每項支出的每一科目，原則上不應安排尚未明確具體支出內容的預算。因客觀因素年初確實無法細化到具體項目的，可以預留一個預算控制額度，待具體方案明確後，再編製該項目的明細化預算。

（三）規範預算調整程序，強化預算約束力

為了保持項目支出資金預算的嚴肅性，必須按照批復下達的預算項目、科目和數額執行，不得隨意變動，嚴格控制預算調整。如遇到難以預見的特殊情況確需調整的，必須按照規定的程序辦理調整手續。

對於確需調整且隨時提請審批執行難度較大的情況，可以改進預算調整的程序和方法，確定預算調整的比例或絕對額，實行總量控制，在規定範圍內採取備案制和審批制相結合的預算調整方式。對一定標準內的預算調整，採取備案制，將調整事項送相關審批部門備案存查；而對於超出標準的預算調整，則採取審批制，先將預算調整方案提交相關審批部門審查批准，維護預算的剛性約束力。

（四）加強資金支出管理，保證專款專用

加大對項目資金使用團隊相關人員的宣傳教育，提高對項目支出資金「專款專用」的重要性和必要性的認識。財務管理部門要嚴格規範資金的支付管理，嚴格執行財經紀律，確保項目支出資金做到專款專用。加強預算執行改革，推行集中支付管理制度，將項目支出資金納入財務管理體系，由財務部門直接支付到最終受益人，使每一筆項目支出資金去向都在財務部門的監控之下，防止挪用移用現象發生。

（五）及時撥付資金，改善資金結餘管理

加快對項目支出的審核速度，對資料齊全、符合條件的項目，縮短在業務部門流轉的過程，盡快撥付資金。將項目支出資金申報作為日常工作常年受理，及早受理，不斷提高項目審核和資金撥付效率，加快項目支出資金預算執行進度。通過實施財務直接支付改革措施，將項目支出的結餘資金留在財務帳上，實現對項目支出結餘資金的統籌管理，從而有效控制結餘資金規模，減少資金沉澱。

二、崗位設置和人員分工

（一）崗位設置

民間非營利組織應該設置專門的項目資金管理部門或者崗位對項目資金的支出進行有效的管理。項目資金管理部門應當加強與人事部門的溝通與合作，聯合人事部門統一培訓和安排項目資金的管理人員，提高民間非營利組織項目資金管理的工作效率。具體包括：

第一，項目資金管理部門應積極配合人事部門統一招聘相關資金管理人員，吸納專業素養優秀、勝任能力強的高素質人才加入本單位的項目資金管理工作中。第二，財務部門應根據本單位特點和實際情況制定項目資金管理人員培訓和輪崗制度，通過定期的培訓和輪崗制度，使得相關人員不僅能勝任某一個具體崗位的資金管理工作，還能夠熟

悉民間非營利組織整個項目涉及的其他管理工作，從而提升民間非營利組織項目資金管理的整體工作水準。

（二）人員分工

民間非營利組織應提高項目管理人員對項目資金管理的重視程度，將項目資金管理的工作職能定位於全面參與項目資金的使用決策與控制。項目資金管理人員應該參與項目資金管理的全過程，對整個過程進行統籌規劃，以保證資金使用的高效率。

民間非營利組織在項目資金的管理過程中，要充分發揮財務部門在項目資金管理過程中的作用。推進項目資金管理人員的能力建設，全面提高項目資金管理人員的綜合素質。具體包括：一是加強業務學習和培訓。項目資金的管理人員應及時更新知識，全面掌握會計核算、目標管理和分析預測方法，掌握社會科學領域相關知識，瞭解學科發展情況，以適應現代管理的需要。二是轉變觀念，確立先進的資金管理理念。這是提高項目資金管理人員綜合素質的關鍵。三是充分利用財務管理信息系統，全面提高項目資金管理的工作效率，提高項目資金管理能力和執行能力，靈活運用現代財務管理辦法，努力使項目管理人員成為複合型的人才。

三、會計核算

項目支出包括業務活動成本、管理費用、籌資費用和其他費用。對於不同的支出，需採用不同的會計核算。

（一）業務活動成本

業務活動成本，是指民間非營利組織為了實現其業務活動目標、開展其項目活動或者提供服務所發生的費用。如果民間非營利組織從事的項目、提供的服務或者開展的業務比較單一，可以將相關費用全部歸集在「業務活動成本」項目下進行核算和列報；如果民間非營利組織從事的項目、提供的服務或者開展的業務種類較多，民間非營利組織應當在「業務活動成本」項目下分別項目、服務或者業務大類進行核算和列報。民間非營利組織發生的業務活動成本，應當按照其發生額計入當期費用。其會計處理如下：

（1）發生的業務活動成本，借記本科目「業務活動成本」，貸記「現金」「銀行存款」「存貨」「應付帳款」等科目。

（2）期末，將本科目「業務活動成本」的餘額轉入非限定性淨資產，借記「非限定性淨資產」科目，貸記本科目。

（二）管理費用

管理費用是指民間非營利組織為組織和管理其業務活動所發生的各項費用，包括民間非營利組織董事會（或者理事會或者類似權力機構）經費和行政管理人員的工資、獎金、福利費、住房公積金、住房補貼、社會保障費、離退休人員工資與補助，以及辦公費、水電費、郵電費、物業管理費、差旅費、折舊費、修理費、租賃費、無形資產攤銷費、資產盤虧損失、資產減值損失、因預計負債所產生的損失、聘請仲介機構費和應償還的受贈資產等。其中，福利費應當依法根據民間非營利組織的管理權限，按照董事會、理事會或類似權力機構等的規定據實列支。民間非營利組織發生的管理費用，應當

在發生時按其發生額計入當期費用，且應當按照管理費用種類設置明細帳，進行明細核算。其會計處理如下：

（1）現金、存貨、固定資產等盤虧，根據管理權限報經批准後，按照相關資產帳面價值扣除可以收回的保險賠償和過失人的賠償等後的金額，借記本科目「管理費用」；按照可以收回的保險賠償和過失人賠償等，借記「現金」「銀行存款」「其他應收款」等科目；按照已提取的累計折舊，借記「累計折舊」科目；按照相關資產的帳面餘額，貸記相關資產科目。

（2）對於因提取資產減值準備而確認的資產減值損失，借記本科目「管理費用」，貸記相關資產減值準備科目。衝減或轉回資產減值準備，借記相關資產減值準備科目，貸記本科目「管理費用」。

（3）提取行政管理用固定資產折舊時，借記本科目「管理費用」，貸記「累計折舊」科目。

（4）攤銷無形資產時，借記本科目「管理費用」，貸記「無形資產」科目。

（5）發生的應歸屬於管理費用的應付工資、應交稅金等，借記本科目「管理費用」，貸記「應付工資」「應交稅金」等科目。

（6）對於因確認預計負債而確認的損失，借記本科目「管理費用」，貸記「預計負債」科目。

（7）發生的其他管理費用，借記本科目「管理費用」，貸記「現金」「銀行存款」等科目。

（8）期末，將本科目的餘額轉入非限定性淨資產，借記「非限定性淨資產」科目，貸記本科目「管理費用」。

（三）籌資費用

有關籌資費用的會計核算詳見第 5 章。

（四）其他費用

其他費用是指民間非營利組織發生的，無法歸屬到上述業務活動成本、管理費用或者籌資費用中的費用，包括固定資產處置淨損失、無形資產處置淨損失等。民間非營利組織發生的其他費用，應當在發生時按其發生額計入當期費用，應當按照費用種類設置明細帳，進行明細核算。其會計處理如下：

（1）發生的固定資產處置淨損失，借記本科目「其他費用」，貸記「固定資產清理」科目。

（2）發生的無形資產處置淨損失，按照實際取得的價款，借記「銀行存款」等科目；按照該項無形資產的帳面餘額，貸記「無形資產」科目；按照其差額，借記本科目「其他費用」。

（3）期末，將本科目的餘額轉入非限定性淨資產，借記「非限定性淨資產」科目，貸記本科目「其他費用」。

以上費用類科目在期末結轉後，均應無餘額。

【例 4-2】A 為某民間非營利組織，2019 年 A 發生的業務活動成本為 20,000 元，因提取固定資產減值準備而確認的固定資產減值損失 5,000 元，發生固定資產處置淨損

失 1,000 元。請根據以上信息，編製相關會計分錄。

解：根據題中信息編製會計分錄如下：

1. 發生業務活動成本時，

借：業務活動成本 20,000
　貸：銀行存款 20,000

2. 確認資產減值損失時，

借：管理費用 5,000
　貸：固定資產減值準備 5,000

3. 發生固定資產處置淨損失時，

借：其他費用 1,000
　貸：固定資產清理 1,000

4. 期末結轉時，

借：非限定性淨資產 26,000
　貸：業務活動成本 20,000
　　　管理費用 5,000
　　　其他費用 1,000

第三節　民間非營利組織項目資金的評估

一、項目績效考核機制的建立

項目績效考核機制中包括合理的考評標準和專業的評價團隊。建立一個由居於中立地位的專家組成的評審機構，根據項目的不同特點訂立不同的切實可操作的評價指標，對項目資金進行事前、事中、事後的評價，能夠保證項目績效考核機制的有效運轉。項目績效考核機制包括了對項目的事前評價、事中評價、事後評價。具體而言：

（1）事前評價。事前評價是對項目資金使用的必要性也就是對這些資金產生的財務、經濟、社會和生態環境等方面效益進行的全面和系統的分析，促進預算編製的科學性、合理性，促使項目資金結構優化。

（2）事中評價。事中評價主要是分析項目在進展過程中的運行情況，研究項目的具體進展，及時處理進展工作中的一些問題，保證項目資金的使用效率。

（3）事後評價。事後評價是通過審查和評價項目支出成果是否符合目標要求，作為以後年度項目資金審批的依據。對完成得好的項目組，可以將項目的結餘資金留歸該項目組使用，以示對有貢獻的個人和項目團隊給予適當的物質獎勵。對於造成組織資產流失的項目組，可以暫時不再安排項目，以示懲罰。

二、建立項目的審計制度

項目審計的目的是通過審計明確項目資金的使用是否按批准的預算進行。對項目資

金的審計重點主要是資金的實際使用效果和資金結餘兩個方面。在建立項目審計制度時，需要重點注意以下方面的內容：

（一）項目審計具有一定的特殊性

民間非營利組織項目的特殊性，決定了實施項目審計有別於一般審計的內容。審計客體是項目承擔（實施）部門（單位）；審計的內容涵蓋了項目實施的全過程（立項可行性、費用支出、效益等）；審計的重點是項目的績效性。

（二）項目審計中包括了對項目可行性研究結論的再審計

該措施是把運用審計監督方法來控制項目管理的關口，從目前較為普遍的對項目績效與實施階段的審計管理前移到前期對項目源頭的可行性研究階段，對可行性研究的主要內容進行審計，用項目評估和可行性研究審計的「雙保障」措施來確保項目決策的準確、科學與操作程序的規範性，是從源頭治理項目決策失誤的一條極其有效的途徑。

（三）審計方法的多樣性

應針對不同項目的特點開展分層次、分階段的效益審計，選擇相適應的多種審計方法，保證審計結果的可靠性。審計方法主要包括：審計與審計調查相結合的方法，審計專家經驗與行業專家經驗相結合的方法，項目立項形式審核與專家評估和事前審計相結合的方法，項目預算執行審計與經濟責任審計相結合的方法，項目預算審計與項目決算審計相結合的方法，項目預算執行審計、經濟（離任）責任審計與效益審計相結合的方法，項目審計與項目評估相結合的方法，項目財務數據審計與項目業務資料（包括項目成果報告）審計相結合的方法等。

（四）項目支出預算審計

項目支出預算是支出預算審計的一個重點，在審查過程中應重點關注是否存在違規轉移項目經費、克扣或延押項目資金；是否存在將項目經費挪用或擠占用作他途；是否嚴格按照項目經費的預算申請書安排使用資金，是否切實做到「專款專用」等內容。具體包括：

（1）審查是否存在克扣或截留下屬單位專項資金，延押和滯撥專項資金。防止因資金撥付不到位、不及時，造成專項事業任務得不到及時完成和順利落實。

（2）審查是否存在分解項目到下屬單位的情況。重點審查被審計單位項目預算申報編製時，未在預算說明中明確項目具體承擔單位或部門，項目決算時資料與實際執行不符的情況。

（3）審查是否按照項目預算執行經費收支。重點審查項目申報文件內容與實際執行情況，審查實際支出與預算的一致性。防止未按規定的時效落實項目的建設、項目自籌資金不到位、套取上級財政資金，防止項目支出中超預算或列支無預算支出等情況。

（4）審查是否存在超範圍支出或公用經費擠占項目經費的情況。重點審查項目經費簽訂的合同合約條款、實際採購的項目設備材料與預算中的項目明細、招標文件中合同條款是否相符，審查項目實際執行與預算內容是否相符的情況，防止擠占和挪用項目經費。

（5）審查是否存在基本經費與項目經費調劑使用、項目打包的情況。重點審查項目之間相互調劑使用資金、項目打包合用資金的情況，審查調劑項目和打包項目的原因、資金數額和使用情況，防止專款不專用的情況發生。

本章復習思考題

1. 民間非營利組織的項目活動主要集中在哪幾個領域？
2. 民間非營利組織如何申報項目？
3. 民間非營利組織如何提高項目資金的利用效率？
4. 對項目資金的運用進行事前、事中、事後評價的具體內容是什麼？
5. 民間非營利組織項目活動的審計方法包括哪些？
6. 民間非營利組織項目評估的內容和步驟包括哪些？
7. A為某民間非營利組織，2019年6月發生以下業務：
(1) 解除限定性捐贈收入10,000元的限制。
(2) 通過銀行存款收到會費8,000元，其中20%為限定性收入。
(3) 處置固定資產獲得淨收入1,000元。
(4) 發生業務活動成本5,000元，暫未支付。
(5) 提取行政管理用固定資產折舊500元。
(6) 處置帳面餘額為80,000元的無形資產，收到銀行存款71,000元。
請根據以上信息，編製相關會計分錄。

第五章
民間非營利組織籌資管理與投資管理

學習目標

- 瞭解民間非營利組織籌資管理和投資管理的相關概念
- 瞭解籌資管理和投資管理的相關會計核算
- 理解籌資管理和投資管理的原則

第一節 民間非營利組織籌資管理概述

一、籌資管理的含義與目的

籌資管理是指民間非營利組織根據其持續經營和業務活動的需要，通過籌資渠道，運用籌資方式，依法經濟有效地為組織籌集所需要的資金的財務行為。民間非營利組織籌資管理可為組織的存在和發展提供可持續的資源，包括兩個具體目標：第一，為保證組織的基本運作提供資源。這是民間非營利組織籌資管理的基本目標。民間非營利組織的設立、生存都需要資金來支撐，滿足組織的基本運作是民間非營利組織籌資需達到的第一個目標，也是實現組織社會使命的基礎。第二，為可持續且有效地開展業務活動提供資源。

二、影響民間非營利組織籌資的因素

（一）內部因素

1. 民間非營利組織的非營利性特徵

民間非營利組織的非營利性特徵是影響其籌資的重要因素。民間非營利組織不以營利為目的，並且其財產歸公益法人所有，資金擁有者在投資、捐贈民間非營利組織時，不得以獲取投資回報為條件。這些非營利性的特徵導致民間非營利組織在籌資時經濟利益驅動機制不足，不能通過實施投資報酬吸引投資者的關注，籌集資金的方式較少，籌資渠道相對於企業等營利性組織而言，相對單一，籌資比較困難。

2. 民間非營利組織的主要業務類型

不同民間非營利組織有不同的社會使命。有些民間非營利組織的社會使命單一，且不被社會廣泛關注，導致了一些民間非營利組織籌資困難。而有些民間非營利組織由於承擔了廣泛的社會使命，受關注度較高，籌資渠道通暢，籌資相對容易。

3. 民間非營利組織的治理結構

合理的治理結構有利於民間非營利組織籌資的實現。治理結構的優劣會影響組織的運行效率和透明度，會影響委託—代理成本的高低，會對籌資渠道有深入的影響。一個擁有良好治理結構的民間非營利組織，不僅具有高效的管理能力，而且籌資能力也較強。

4. 民間非營利組織的社會公信力

接受捐贈是民間非營利組織籌資的主要渠道之一。如果組織缺乏社會公信力，會導致組織向社會募款的能力下降，籌資效果變差，也不容易實現籌資渠道的多元化。相反，如果組織的社會公信力強，社會募捐能力會提高，籌資效果較好。

當然，還有其他一些內部影響因素會影響民間非營利組織的籌資，比如民間非營利組織的歷史背景、與政府和其他組織或個人聯繫的緊密程度、組織的透明度水準、組織的宣傳力度等，都會對民間非營利組織的籌資產生一定的影響。

（二）外部因素

1. 國家有關法律法規和政策

國家有關法律法規和政策對民間非營利組織籌資也有較大的影響，如工會的籌資、國家稅收政策等。這些法律法規和政策可能是針對民間非營利組織自身的規定，也可能是面向民間非營利組織捐贈者的規定。比如稅法對於企業捐贈的免稅比率的規定，直接影響企業對民間非營利組織的捐贈水準。

2. 國民經濟發展水準與民眾的收入水準

國民經濟發展水準與民眾收入水準直接影響了人們的捐贈能力和投身公益事業的熱情。目前而言，動員企業進行捐贈的機制比較強，而動員個人捐贈的機制較弱。

3. 文化和地域因素

中國大多數地區都有著自身的傳統觀念，在接受捐贈的問題上，只有為特定文化習慣所接受的籌資方式才能被民間非營利組織使用。同時，地域因素也影響著籌資渠道。例如在發達地區的民間非營利組織，能夠較容易地尋求到國內社會和國際社會的捐助，

而在一些不夠發達的地區，民間非營利組織籌資渠道則相對單一。

當然，還有一些其他外部影響因素會影響民間非營利組織的籌資，比如社會輿論、媒體曝光度等，均會在不同程度上影響民間非營利組織的籌資。

三、籌資渠道

籌資渠道是指民間非營利組織籌集資金來源的方向與通道，能夠體現出資金的源泉和流量。現行的民間非營利組織籌資渠道主要有接受捐贈、財政補助、出資者提供、向金融機構借款、業務活動收入、境外相關組織援助和會費收入。

（一）接受捐贈

接受捐贈是指民間非營利組織從其他組織或公眾募集資金，可以分為組織捐贈和個人捐贈。組織捐贈是社會上的企業、政府組織或其他組織，用組織的資金向特定民間非營利組織提供的捐贈。個人捐贈是社會公眾根據自身的生活水準和收入情況，自願地向民間非營利組織提供的捐贈。這裡所說的捐贈可以是貨幣資金，也可以是各種物品、設備等實物資產。

（二）財政補助

財政補助是各級政府向民間非營利組織提供的資金。各級政府的資金主要通過稅收等無償方式取得，原則上是取之於社會、用之於社會。而民間非營利組織提供的是公益性社會服務，與政府組織的社會管理有著共同的目標，因此為了保證社會穩定發展，政府有義務向民間非營利組織提供資金，支持社會公益活動的發展。

（三）出資者提供

出資者提供的資金是民間非營利組織的基本資金來源。根據中國民間非營利組織相關註冊登記條例的規定，任何社會組織都需要依法設立，需要具有與其業務活動相適應的經費來源，即每一個民間非營利組織一般都有出資者，負責啓動資金的注入。對於民間非營利組織，其出資者只能是民間的社會其他組織或個人，由民間的社會組織或個人提供經費來源。

（四）向金融機構借款

向金融機構借款是民間非營利組織一項重要的籌資渠道，根據借款期限的長短可以分為長期負債和短期負債。民間非營利組織取得銀行借款也需要有一定的條件，符合銀行貸款的各項要求。首先由民間非營利組織向金融機構提出借款申請，金融機構按規定進行審批，審批通過後與金融機構簽訂借款合同，取得銀行借款，並按規定時間償還借款本息。

（五）業務活動收入

業務活動收入是指民間非營利組織在向服務對象提供服務或商品時取得的資金。民間非營利組織的業務活動收入不以營利為目的，其主要是用於彌補業務活動資金的不足。民間非營利組織提供的服務或商品可以分為有償和無償兩種，有償提供的收入，可作為民間非營利組織的業務活動收入。民間非營利組織的業務活動收入應以低於成本或成本補償為原則，不可超出規定的標準，其目的是通過收取一定的補償費用來維持民間非營利組織的正常營運，以便為更多的公民提供更好的服務。

（六）境外相關組織援助

在全球化的今天，民間非營利組織除了從境內各社會組織及社會公眾取得資金外，還可以從境外相關組織取得資金。在國際上存在著一些專門向世界各地提供國際援助資助的組織，每一個國際援助資助組織都有其相應的宗旨和確定的援助方向，要取得其援助首先必須符合其標準，其次向該組織提出申請並獲得批准。

（七）會費收入

會費收入是指民間非營利組織根據章程等規定向會員收取的會費，通常屬於非交換交易收入。一般情況下，民間非營利組織的會費收入為非限定性收入，除非相關資產提供者對資產的使用設置了限制。

四、籌資管理的原則

（一）時間的配比性原則

籌資管理需要考慮的時間包括資金需求時間、費用支付時間和還本時間。籌集資金時，以資金的需要時間確定合理的籌集時間，保證資金及時到位，這樣可以避免因資金過早取得而導致資金的閒置和不必要的浪費，或者由於籌資滯後影響資金的使用，從而影響業務活動的開展。同時還需要考慮費用支付時間和還本時間，避免還債高峰期對現金流量的影響。

（二）籌資數目的合理性原則

民間非營利組織應該合理確定需要籌集的資金，充分考慮籌資管理的兩個目標，避免資金的浪費與不足，避免由於過分籌資而降低民間非營利組織的公信度，喪失持續籌資能力。

（三）籌資風險的適當性原則

民間非營利組織在籌資的時候需要考慮風險的存在，以組織所能承擔風險的程度作為組織籌措多少資金的依據，防止因債務過多而造成組織的財務風險過高。

（四）籌資成本的最小化原則

民間非營利組織在籌措資金的時候，要做到既滿足資金預算的需要，又盡量降低資金總成本。因為在收入一定的情況下，籌資總成本支出越小，能提供給組織用於生存與發展的資金也就越多。因此在考慮不同來源的資金成本時，要盡可能選擇經濟、可行的籌資渠道與方式，並且不僅考慮利率風險，還需要考慮匯率風險，權衡利弊，盡量使籌資成本最低。

（五）籌資途徑的合法化原則

民間非營利組織的籌資行為和籌資活動必須遵循國家的相關法律法規。依法履行法律法規和合同約定的責任，合法合規地進行籌資，依法進行信息披露，維護各方的合法權益，是實現有效籌資管理的必要條件。

第二節　民間非營利組織籌資管理制度

一、籌資費用管理的內容

民間非營利組織籌資費用，是指民間非營利組織為籌集業務活動所需資金而發生的費用，包括民間非營利組織為了獲得捐贈資產而發生的費用以及應當計入當期費用的借款費用、匯兌損失（減匯兌收益）等。民間非營利組織為了獲得捐贈資產而發生的費用包括舉辦募款活動費、準備、印刷和發放募款宣傳資料費以及其他與募款或者爭取捐贈資產有關的費用。民間非營利組織發生的籌資費用，應當在發生當期按其發生額如實計入當期費用。以上籌資過程中發生的各項費用，均應納入民間非營利組織籌資費用管理體系中。

二、崗位設置與人員分工

為了提高籌資效率，降低籌資成本，增加籌資金額，民間非營利組織應對籌資所涉及的崗位和人員，進行專門的崗位設置與人員分工，實行相應的籌資激勵與約束機制。例如，可以設置籌資管理委員會，專門負責資金籌募、管理和項目實施。該籌資管理委員會的委員一般由民間非營利組織的創始發起人、捐贈方代表等利益相關者組成，通常包括主任委員 1 人，執行主任委員 1 人，副主任委員和委員若干，由執行主任主持管理委員會的工作。管理委員會的職責具體如下：

（1）對籌資方面有關章程進行制定和修改；
（2）選舉和罷免執行主任委員、副主任委員、一般委員；
（3）對項目計劃書和項目預算進行審核，提交民間非營利組織相關管理部門審批；
（4）擬定工作報告和財務報告，提交民間非營利組織理事會等決策機構審議；
（5）對擬開展項目活動的立項和相應的執行方案、項目預算進行審核，提交民間非營利組織理事會等決策機構審批；
（6）對資金的募集、資金使用情況和項目實施進行審核、監督與管理；
（7）擬定籌資方案的終止及其他重大事項，報民間非營利組織理事會等決策機構審議。

一般而言，管理委員會須有 2/3 以上委員出席方能召開，其決議須經到會委員 2/3 以上表決通過方能生效。

三、籌資管理的會計核算

（一）科目設置

為了核算民間非營利組織的籌資費用，應當按照籌資費用種類設置明細帳，進行明細核算，並設置「籌資費用」科目，科目編號第 5301 號。發生籌資費用時，借記「籌

資費用」科目，貸記「預提費用」「銀行存款」「長期借款」等科目。發生應衝減籌資費用的利息收入、匯兌收益時，借記「銀行存款」「長期借款」等科目，貸記「籌資費用」科目。期末，將本科目的餘額轉入非限定性淨資產，借記「非限定性淨資產」科目，貸記「籌資費用」科目。結轉後，「籌資費用」科目應無餘額。

(二) 會計核算

1. 為獲得捐贈資產而發生籌資費用的會計核算

民間非營利組織發生的為獲得捐贈資產的籌資費用，應當在發生時按其發生額計入當期籌資費用。發生捐贈費用時，借記「籌資費用」科目，貸記「現金」「銀行存款」等科目。

2. 借款費用的會計核算

民間非營利組織發生的借款費用，應當在發生時按其發生額計入當期籌資費用。發生借款費用時，借記「籌資費用」科目，貸記「預提費用」「銀行存款」「長期借款」等科目。發生的應衝減籌資費用的利息收入，借記「銀行存款」「長期借款」等科目，貸記「籌資費用」科目。

3. 匯兌損失的會計核算

民間非營利組織在籌資過程中發生匯兌損失時，應借記「籌資費用」科目，貸記「銀行存款」「長期借款」等科目；發生的應衝減的匯兌收益，借記「銀行存款」「長期借款」等科目，貸記「籌資費用」科目。

4. 籌資費用科目的結轉

期末，應將「籌資費用」科目餘額轉入「非限定性淨資產」。結轉後，「籌資費用」科目無餘額。

【例5-1】A為某民間非營利組織，2019年6月5日A因獲得捐贈資產產生費用2,000元，通過現金支付。6月30日A通過銀行存款支付借款費用5,000元。期末，籌資費用科目借方餘額為10,000元。根據以上信息，編製相關會計分錄。

解：根據題中信息編製會計分錄如下：

1. 因獲得捐贈資產產生費用時，

借：籌資費用　　　　　　　　　　　　　　　　　　　　　2,000

　　貸：現金　　　　　　　　　　　　　　　　　　　　　　2,000

2. 支付借款費用時，

借：籌資費用　　　　　　　　　　　　　　　　　　　　　5,000

　　貸：銀行存款　　　　　　　　　　　　　　　　　　　　5,000

3. 期末結轉籌資費用時，

借：非限定性淨資產　　　　　　　　　　　　　　　　　　10,000

　　貸：籌資費用　　　　　　　　　　　　　　　　　　　　10,000

第三節　民間非營利組織投資管理概述

一、投資管理的含義與目的

投資是指用某種有價值的資產，包括資金、人力、知識產權等投入某個企業、項目或經濟活動中，以獲取未來收益的經濟行為。廣義的投資包括股票投資、債券投資、房地產投資、期貨投資、固定資產投資、存貨投資等。籠統來看，投資可分為實物投資、資本投資和證券投資。投資管理是指投資者對投資方向、投資金額以及何時投資進行決策的過程。對於民間非營利組織而言，證券投資是其主要的投資領域之一，即以貨幣購買企業發行的股票和公司債券，間接參與企業的利潤分配。

民間非營利組織投資管理一般分五個步驟進行，如圖5-1所示。

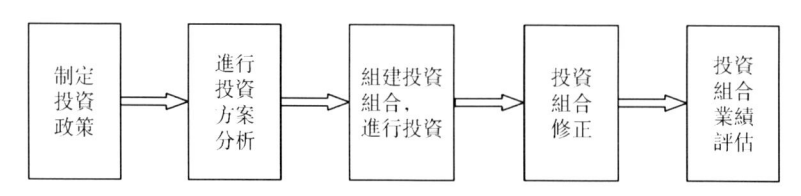

制定投資政策 → 進行投資方案分析 → 組建投資組合，進行投資 → 投資組合修正 → 投資組合業績評估

圖5-1　民間非營利組織投資管理步驟圖

二、投資的分類

（一）按投資回收期限分類

按投資回收期限的長短，投資可分為短期投資和長期投資。短期投資是指民間非營利組織持有的能夠隨時變現並且持有時間不準備超過1年（含1年）的投資，包括股票、債券投資等。長期投資是指不滿足短期投資條件的投資，即民間非營利組織持有的超過1年的投資。短期投資具有容易變現、風險較低、收益較低的特點。長期投資一般不易變現，風險比短期投資要高，但收益也較高。

（二）按投資行為的介入程度分類

按投資行為的介入程度，投資可分為直接投資和間接投資。直接投資包括民間非營利組織內部直接投資和對外直接投資，前者形成民間非營利組織內部直接用於運作的各項資產，後者形成民間非營利組織持有的各種股權性資產。間接投資是指通過購買被投資對象發行的金融工具而將資金間接轉移交付給被投資對象使用的投資，如購買特定投資對象發行的股票、債券、基金等。

（三）按投資的性質分類

按投資的性質，投資可分為債權性投資、權益性投資和混合性投資。債權性投資是指定期獲得固定數額的利息，並在債權期滿時收回本金的投資，民間非營利組織可通過購買債務證券獲得債權性投資。權益性投資是指為獲取其他企業的權益或淨資產所進行

的投資，如對其他企業的普通股股票投資。混合性投資是指同時兼有債務性和權益性的投資，民間非營利組織可通過購買混合性債券獲得，如購買可轉換債券。

三、投資方案的評價方法

投資方案的評價方法，根據是否考慮貨幣時間價值，可以分為靜態投資評價方法和動態投資評價方法。靜態投資評價方法，或叫做非貼現法，通常不考慮貨幣時間價值，主要包括投資回收期法和會計收益率法。動態投資評價方法，需要充分考慮貨幣時間價值，主要包括淨現值法、盈利指數法、內部收益率法等。

（一）靜態投資評價方法

1. 投資回收期法

投資回收期是指回收初始投資所需要的時間。即投資項目經營淨現金流量抵償原始總投資所需要的全部時間。一般以年為單位。這種方法比較簡單，實用性強。該方法主要用於多項目之間的篩選和初評。

投資回收期的計算，視每年的營業現金淨流量是否相等而有所不同。

（1）如果每年的營業現金淨流量相等，其計算公式如下：

$$投資回收期＝原始投資額／每年營業現金淨流量$$

（2）如果每年的營業現金淨流量不等，那麼，計算回收期要根據每年末尚未回收的投資額加以確定。其計算公式如下：

$$投資回收期＝前幾年收回的原始投資額部分＋最後一年尚未回收原始投資額部分／次年營業現金淨流量$$

在運用投資回收期法進行投資項目的分析時，其判定原則是：項目回收期小於預期回收期，項目可行；如果存在若干項目，則選擇回收期最小的投資項目。投資回收期法的優點：

（1）可作為衡量備選方案風險程度的指標。回收期越短，風險越小。

（2）可以衡量方案的投資回收速度。

（3）計算簡便，容易掌握，決策成本較低。

投資回收期方法的缺點在於：忽視投資方案的獲利能力；沒有考慮資金時間價值；忽視回收期滿後發生的現金流量。

2. 會計收益率法

會計收益率法，也稱為平均報酬率法，是用投資項目壽命週期內年平均報酬率來評估投資項目的一種方法。其計算公式如下：

$$會計收益率＝年平均現金淨流量／初始投資額$$

在採用會計收益率這一指標時，需事先確定一個組織要求達到的會計收益率，或稱必要報酬率。在進行決策時，只有高於必要報酬率的投資方案才是可行的。而在有多個方案的互斥投資方案選擇中，應選用會計收益率最高的方案。會計收益率法的優點：

（1）考慮了方案壽命期的全部現金流量所體現出來的獲利能力。

（2）計算簡單，容易理解。

會計收益率法的缺點：

(1) 忽視各年現金流量的差異。
(2) 沒有考慮風險因素。
(3) 沒有考慮資金的時間價值。
(二) 動態投資評價方法
1. 淨現值法

淨現值法是運用投資項目的淨現值進行投資評估的基本方法，是利用經營淨現金流量的現值之和與投資額現值的差額，來判斷投資方案是否可行的一種投資方案評價方法，通常用 NPV 表示。其具體計算公式如下：

NPV＝未來各年的淨現金流量的現值之和
＝各年淨現金流量的折現值之和－初始投資現值之和

在運用淨現值法進行投資方案選擇時的決策規則是：NPV>0 時，投資項目可行；否則，投資項目不可行。對於多種投資方案的篩選，應選擇 NPV 最大的投資項目。

運用淨現值法進行投資方案分析時的計算步驟如下：
(1) 計算各種備選投資方案的每年營業現金淨流量。
(2) 計算各種備選投資方案的未來報酬的總現值（各年淨現金流量的折現值之和）。其計算步驟：

第一步，將每年的營業現金淨流量折成現值。如果每年的淨現金流量相等，則按年金法折成現值；如果每年的淨現金流量不等，則先對每年的淨現金流量用複利法折成現值，然後加以合計。

第二步，將終結現金流量折算成現值。

第三步，計算各年淨現金流量的折現值之和。

(3) 計算淨現值。其計算公式如下：

淨現值＝各年淨現金流量的折現值之和－初始投資現值之和

2. 盈利指數法

盈利指數法，又稱獲利指數法或現值指數法，是指用項目未來現金流量總現值與初始投資額現值之比來衡量投資項目經濟效益的一種方法，通常用 PI 表示。其計算公式如下：

PI＝經營期各年現金流量的現值合計／原始投資額的現值合計

盈利指數法的判定原則：投資項目的獲利指數應大於 1。若投資項目的獲利指數大於 1，投資項目可行；否則，不可行；獲利指數越大，投資方案越好。

3. 內部收益率法

內部收益率法，也稱為內部報酬率法或內涵報酬率法，是通過計算使項目的淨現值等於零的貼現率來評估投資項目的一種方法。這個貼現率即是該投資方案本身的報酬率，通常用 IRR 表示。內部收益率既是項目投資實際期望達到的內部報酬率，也是投資項目的淨現值等於零時的折現率。其計算步驟如下：

(1) 建立淨現值等於零的關係式。
(2) 採用試錯法和插值法，計算內部收益率。

採用內部收益率法進行投資方案分析時，具體的判定原則是：內部收益率大於資本

成本，該投資方案可行；否則，方案不可行。內部收益率指標越大，投資方案就越好。

運用內部收益率法進行投資方案分析時，其優點在於計算非常準確，能夠瞭解投資項目自身的報酬率，有利於做出正確的投資決策。其缺點在於運用內部收益率法進行投資方案分析時，計算難度較大。

其計算方法可以分兩種情況：

（1）每年現金淨流量相等時的計算方法：

第一步，求出使淨現值為零時的年金現值系數。

第二步，查附錄中的表格，確定內部報酬率的範圍，在表中找出對應的貼現率，即內部報酬率。

第三步，如查不到正好對應的貼現率，則在表中找出相鄰的兩個數字，用插值法求出內部報酬率。

（2）年現金流量不等時，採用試算法，預估幾個貼現率計算淨現值：

第一步，估算貼現率 i_1，並以此來計算淨現值。如果計算出的淨現值為正數，則表示預估的貼現率（資本成本率）小於實際的內部報酬率，應提高貼現率，再進行測算，最終使 $NPV_1>0$ 又最接近於 0。

第二步，如果計算出的淨現值為負數，則表明預估的貼現率大於該方案的實際的內部報酬率，應降低貼現率，再進行測算，最終估算出另一個貼現率 i_2，使得用 i_2 計算出來的 $NPV_2<0$ 又最接近於 0。

第三步，用插值法求出介於這兩個（使淨現值一正一負且最接近於 0 的）貼現率之間的（使淨現值等於 0 時的）內部報酬率。

四、投資管理的原則

（一）收益與風險最佳組合原則

投資是一個收益與風險並存的經濟活動，因此投資方案應該遵循收益與風險最佳組合原則，即風險一定的前提下，盡可能使收益最大化；或收益一定的前提下，盡可能使風險最小化。

（二）分散投資原則

分散投資也稱為組合投資，是指同時投資在不同的資產類型或不同的證券上。分散投資引入了對風險和收益均衡原則的一個重要的改變，分散投資相對於單一證券投資的優勢在於，分散投資可以在不降低收益的同時降低風險。

（三）理性投資原則

投資時需要考慮到投資資金被占用的時間、機會成本、預期的通貨膨脹率以及未來收益等一系列因素，分析比較後審慎地投資。

（四）適度原則

民間非營利組織的主要任務並不是投資營利，因此在投資時要量力而行，考慮到自身的資金狀況，不能由於過度投資而影響組織業務活動的正常開展。

第四節　民間非營利組織投資管理制度

一、崗位設置與人員分工

投資管理的崗位設置一般有挑選、決策、評估、財務、監督五個。其中，挑選崗位的職責主要是在眾多可供選擇的投資方案中，結合組織的實際情況以及其他相關信息，挑選出最合適的投資方案，並交予決策者進行決策。決策崗位的職責主要是根據挑選崗位給出的方案，進行投資方案的決策。評估崗位的職責主要是對投資的效果進行評估。財務崗位的職責主要是在投資方案確定後，負責投資時的相關財務事宜，如銀行開戶、支付手續費等。監督崗位的職責主要是對投資進行日常管理，並監管投資是否根據國家相關法規進行。

二、投資管理的會計核算

根據《民間非營利組織會計制度》的規定，在投資管理中涉及的會計核算有短期投資、短期投資跌價準備、長期股權投資、長期債權投資、長期投資減值準備、投資收益六個科目。

（一）短期投資

「短期投資」科目應按照短期投資種類設置明細帳，進行明細核算，其資產負債表中科目編號為1101，主要用於核算民間非營利組織持有的能夠隨時變現並且持有時間不準備超過1年（含1年）的投資，包括股票、債券投資等，其期末借方餘額反應民間非營利組織持有的各種股票、債券等短期投資的成本。如果民間非營利組織有委託貸款或者委託投資（包括委託理財）且作為短期投資核算的，也應當在短期投資科目下單設明細科目核算。其會計核算主要包括：

（1）在取得短期投資時應當按照投資成本計量。以現金購入的短期投資，按照實際支付的全部價款，包括稅金、手續費等相關費用作為其投資成本，借記「短期投資」科目，貸記「銀行存款」等科目。如果實際支付的價款中包含已宣告但尚未領取的現金股利或已到付息期但尚未領取的債券利息，則按照實際支付的全部價款減去其中已宣告但尚未領取的現金股利或已到付息期但尚未領取的債券利息後的金額作為短期投資成本，借記「短期投資」科目；按照應領取的現金股利或債券利息，借記「其他應收款」科目；按照實際支付的全部價款，貸記「銀行存款」等科目。接受捐贈的短期投資，按照所確定的投資成本，借記「短期投資」科目，貸記「捐贈收入」科目。

（2）收到被投資單位發放的利息或現金股利時，按照實際收到的金額借記「銀行存款」等科目，貸記「短期投資」科目。但是，實際收到在購買時已記入「其他應收款」科目的利息或現金股利時，借記「銀行存款」等科目，貸記「其他應收款」科目。需要注意的是，持有股票期間所獲得的股票股利，不做帳務處理，但應在輔助帳簿中登

記所增加的股份。

（3）出售短期投資或到期收回債券本息，按照實際收到的金額，借記「銀行存款」科目；按照已計提的減值準備，借記「短期投資跌價準備」科目；按照所出售或收回短期投資的帳面餘額，貸記「短期投資」科目；按照未領取的現金股利或利息，貸記「其他應收款」科目；按照其差額，借記或貸記「投資收益」科目。

（二）短期投資跌價準備

「短期投資跌價準備」科目是用於核算民間非營利組織提取的短期投資跌價準備，在資產負債表中科目編號為1102，期末貸方餘額反應民間非營利組織已計提的短期投資跌價準備。民間非營利組織應當定期或者至少於每年年度終了，對短期投資是否發生了減值進行檢查。如果短期投資的市價低於其帳面價值，即發生了減值，則應當按照市價低於帳面價值的差額計提短期投資跌價準備。如果短期投資的市價高於其帳面價值，應當在該短期投資期初已計提跌價準備的範圍內轉回市價高於帳面價值的差額，衝減當期費用。其會計核算如下：

（1）如果短期投資的期末市價低於帳面價值，按照市價低於帳面價值的差額，借記「管理費用——短期投資跌價損失」科目，貸記「短期投資跌價準備」科目。

（2）如果以前期間已計提跌價準備的短期投資的價值在當期得以恢復，即短期投資的期末市價高於帳面價值，按照市價高於帳面價值的差額，在原已計提跌價準備的範圍內，借記「短期投資跌價準備」科目，貸記「管理費用——短期投資跌價損失」科目。

（3）民間非營利組織出售或收回短期投資，或者以其他方式處置短期投資時，應當同時結轉已計提的跌價準備。

【例5-2】民間非營利組織A於2019年1月買入按年付息的B企業債券50,000元，擬作為短期投資持有，2月收到2018年債券利息3,000元，3月A將B企業債券以55,000元賣出。請根據以上信息，編製相關會計分錄。

解：根據題中信息編製會計分錄如下：

1. 2019年1月購買短期債券時，

借：短期投資——B債券　　　　　　　　　　　　　　47,000
　　其他應收款　　　　　　　　　　　　　　　　　　3,000
　貸：銀行存款　　　　　　　　　　　　　　　　　　50,000

2. 收到2018年債券利息時，

借：銀行存款　　　　　　　　　　　　　　　　　　　3,000
　貸：其他應收款　　　　　　　　　　　　　　　　　3,000

3. 3月將債券賣出時，

借：銀行存款　　　　　　　　　　　　　　　　　　　55,000
　貸：短期投資——B債券　　　　　　　　　　　　　　47,000
　　　投資收益　　　　　　　　　　　　　　　　　　8,000

（三）長期股權投資

「長期股權投資」科目應當按照被投資單位設置明細帳，進行明細核算，其主要用於核算民間非營利組織持有時間準備超過1年的各種股權性質的投資，包括長期股票投

資和其他長期股權投資，在資產負債表中的科目編號為1401，其期末借方餘額，反應民間非營利組織持有的長期股權投資的價值。

民間非營利組織如果有委託貸款或者委託投資（包括委託理財）且作為長期股權投資核算的，應當在長期股權投資科目下單設明細科目核算。同企業一樣，民間非營利組織也應當對長期股權投資進行區別對待，分別採用成本法或者權益法核算。如果民間非營利組織對被投資單位沒有控制、共同控制和重大影響，長期股權投資應當採用成本法進行核算；如果民間非營利組織對被投資單位具有控制、共同控制或重大影響，長期股權投資應當採用權益法進行核算。長期股權投資的會計核算如下：

（1）在取得長期股權投資時，應當以取得時的實際成本作為初始投資成本。以現金購入的長期股權投資，按照實際支付的全部價款，包括稅金、手續費等相關費用作為其初始投資成本，借記「長期股權投資」科目，貸記「銀行存款」等科目。如果實際支付的價款中包含已宣告但尚未領取的現金股利，則按照實際支付的全部價款減去其中已宣告但尚未領取的現金股利後的金額作為其初始投資成本，借記「長期股權投資」科目；按照應領取的現金股利，借記「其他應收款」科目；按照實際支付的全部價款，貸記「銀行存款」等科目。接受捐贈的長期股權投資，按照所確定的初始投資成本，借記「長期股權投資」科目，貸記「捐贈收入」科目。

（2）採用成本法核算時，除非追加（或收回）投資或者發生減值，長期股權投資的帳面價值一般保持不變。

①被投資單位宣告發放現金股利或利潤時，按照宣告發放的現金股利或利潤中屬於民間非營利組織應享有的部分，確認當期投資收益，借記「其他應收款」科目，貸記「投資收益」科目。

②實際收到現金股利或利潤時，按照實際收到的金額，借記「銀行存款」等科目，貸記「其他應收款」科目。

（3）採用權益法核算時，長期股權投資的帳面價值應當根據被投資單位當期淨損益中民間非營利組織應享有或分擔的份額，以及被投資單位宣告分派的現金股利或利潤中屬於民間非營利組織應享有的份額進行調整。

①期末按照應當享有或應當分擔的被投資單位當年實現的淨利潤或發生的淨虧損的份額，調整長期股權投資帳面價值。如被投資單位實現淨利潤，借記「長期股權投資」科目，貸記「投資收益」科目；如被投資單位發生淨虧損，借記「投資收益」科目，貸記「長期股權投資」科目，但以長期股權投資帳面價值減記至0為限。

②被投資單位宣告分派利潤或現金股利時，按照宣告分派的現金股利或利潤中屬於民間非營利組織應享有的份額，調整長期股權投資帳面價值，借記「其他應收款」科目，貸記「長期股權投資」科目。在實際收到現金股利或利潤時，借記「銀行存款」等科目，貸記「其他應收款」科目。

（4）被投資單位宣告分派的股票股利，不做帳務處理，但應當設置輔助帳簿，進行數量登記。

（5）處置長期股權投資時，按照實際取得的價款，借記「銀行存款」等科目；按照已計提的減值準備，借記「長期投資減值準備」科目；按照所處置長期股權投資的

帳面餘額，貸記「長期股權投資」科目；按照尚未領取的已宣告發放的現金股利或利潤，貸記「其他應收款」科目；按照其差額，借記或貸記「投資收益」科目。

（6）如果改變投資目的，將短期股權投資劃轉為長期股權投資，應當按短期股權投資的成本與市價孰低結轉，並以此確定的價值作為長期股權投資的成本，借記「長期股權投資」科目；按照已計提的相關短期投資跌價準備，借記「短期投資跌價準備」科目；按照原短期股權投資的帳面餘額，貸記「短期投資」科目；按照其差額，借記或貸記「管理費用」科目。

（四）長期債權投資

「長期債權投資」科目用於核算民間非營利組織購入的在1年內（含1年）不能變現或不準備隨時變現的債券和其他債權投資，在資產負債表中的科目編號為1402，期末借方餘額反應民間非營利組織持有的長期債權投資價值。民間非營利組織可以根據具體情況設置明細科目，進行明細核算，如果有委託貸款或者委託投資（包括委託理財）且作為長期債權投資核算的，應當在本科目下單設明細科目核算。其會計核算如下：

（1）在取得長期債權投資時，應當以取得時的實際成本作為初始投資成本。以現金購入的長期債權投資，按照實際支付的全部價款，包括稅金、手續費等相關費用作為其初始投資成本，借記「長期債權投資」科目，貸記「銀行存款」等科目。

如果實際支付的價款中包含已到付息日但尚未領取的債券利息，則按照實際支付的全部價款減去其中已到付息日但尚未領取的債券利息後的金額作為其初始投資成本，借記「長期債權投資」科目；按照應領取的利息，借記「其他應收款」科目；按照實際支付的全部價款，貸記「銀行存款」等科目。

接受捐贈的長期債權投資，按照所確定的初始投資成本，借記「長期債權投資」科目，貸記「捐贈收入」科目。

（2）長期債權投資持有期間，應當按照票面價值與票面利率按期計算確認利息收入。如為到期一次還本付息的債券投資，借記「長期債權投資」科目「債券投資（應收利息）」明細科目，貸記「投資收益」科目；如為分期付息、到期還本的債權投資，借記「其他應收款」科目，貸記「投資收益」科目。

長期債券投資的初始投資成本與債券面值之間的差額，應當在債券存續期間，按照直線法於確認相關債券利息收入時攤銷。如初始投資成本高於債券面值，按照應當分攤的金額，借記「投資收益」科目，貸記「長期債權投資」科目。如初始投資成本低於債券面值，按照應當分攤的金額，借記「長期債權投資」科目，貸記「投資收益」科目。

（3）購入的可轉換公司債券在轉換為股份之前，應當按一般債券投資進行處理。可轉換公司債券轉換為股份時，按照所轉換債券投資的帳面價值減去收到的現金後的餘額，借記「長期股權投資」科目；按照收到的現金等，借記「現金」「銀行存款」科目；按照所轉換債券投資的帳面價值，貸記「長期債權投資」科目。

（4）處置長期債權投資時，按照實際取得的價款，借記「銀行存款」等科目；按照已計提的減值準備，借記「長期投資減值準備」科目；按照所處置長期債權投資的帳面餘額，貸記「長期債權投資」科目；按照未領取的債券利息，貸記「長期債權投資」科目「債券投資（應收利息）」明細科目或「其他應收款」科目；按照其差額，

借記或貸記「投資收益」科目。

（5）如果改變投資目的，將短期債權投資劃轉為長期債權投資，應當按短期債權投資的成本與市價孰低結轉，並以此確定的價值作為長期債權投資的成本，借記「長期債權投資」科目；按照已計提的相關短期投資跌價準備，借記「短期投資跌價準備」科目；按照原短期債權投資的帳面餘額，貸記「短期投資」科目；按照其差額，借記或貸記「管理費用」科目。

（五）長期投資減值準備

「長期投資減值準備」科目用於核算民間非營利組織提取的長期投資減值準備，在資產負債表中的科目編號為1421，期末貸方餘額反應民間非營利組織已計提的長期投資減值準備。民間非營利組織應當定期或者至少於每年年度終了，對長期投資（包括長期股權投資和長期債權投資）是否發生了減值進行檢查。如果長期投資的市價低於其帳面價值，即發生了減值，則應當按照市價低於帳面價值的差額計提長期投資跌價準備。如果長期投資的市價高於其帳面價值，應當在該長期投資期初已計提跌價準備的範圍內轉回市價高於帳面價值的差額，衝減當期費用。其會計核算如下：

（1）如果長期投資的期末可收回金額低於帳面價值，按照可收回金額低於帳面價值的差額，借記「管理費用——長期投資減值損失」科目，貸記「長期投資減值準備」科目。

（2）如果以前期間已計提減值準備的長期投資價值在當期得以恢復，即長期投資的期末可收回金額高於帳面價值，按照可收回金額高於帳面價值的差額，在原計提減值準備的範圍內，借記「長期投資減值準備」科目，貸記「管理費用——長期投資減值損失」科目。

（3）民間非營利組織出售或收回長期投資，或者以其他方式處置長期投資時，應當同時結轉已計提的減值準備。

【例5-3】A為某民間非營利組織，2019年3月接受捐贈的長期債權投資，捐贈方提供的有關憑證表明該長期債權投資金額為5,000元，但該長期債權投資公允價值為10,000元，二者相差較大。4月購入3年期票面利率為6%的B企業長期債權100,000元，該債權每年年末付息，到期還本。6月以貨幣資金200,000元購入C企業5%的股權，採用成本法進行計量，9月C企業宣告發放現金股利100,000元，10月A收到該現金股利。年末在對長期投資是否發生減值進行檢查時，發現長期投資可回收金額為300,000元，帳面價值290,000元，已計提長期投資減值準備7,000元。請根據以上信息，編製A在2019年的相關會計分錄。

解：根據題中信息編製會計分錄如下：

1. 收到捐贈的長期債權投資時，
  借：長期債權投資　　　　　　　　　　　　　　　　　　　10,000
  　　貸：捐贈收入　　　　　　　　　　　　　　　　　　　　　10,000
2. 購入B企業長期債權時，
  借：長期債券投資——B　　　　　　　　　　　　　　　　100,000
  　　貸：銀行存款　　　　　　　　　　　　　　　　　　　　100,000

3. 購入 C 企業股權時，

借：長期股權投資——C　　　　　　　　　　　　　200,000
　　貸：銀行存款　　　　　　　　　　　　　　　　　　200,000

4. C 企業宣告發放股利時，

借：其他應收款——C 股利　　　　　　　　　　　　5,000
　　貸：投資收益　　　　　　　　　　　　　　　　　　5,000

5. A 收到現金股利時，

借：銀行存款　　　　　　　　　　　　　　　　　　5,000
　　貸：其他應收款——C 股利　　　　　　　　　　　　5,000

6. 年末對長期投資是否減值進行檢查時，

借：長期投資減值準備　　　　　　　　　　　　　　7,000
　　貸：管理費用——長期投資減值損失　　　　　　　　7,000

7. 年末應收 B 企業長期債權利息時，

借：其他應收款——B 長期債權　　　　　　　　　　6,000
　　貸：投資收益　　　　　　　　　　　　　　　　　　6,000

（六）投資收益

「投資收益」科目核算民間非營利組織對外投資取得的投資淨損益，其在業務活動表中的科目編號為 4601。一般情況下，民間非營利組織的投資收益為非限定性收入，除非相關資產提供者對資產的使用設置了限制。對於短期投資、長期股權投資和長期債權投資涉及的投資收益科目的結轉，前面會計核算中已經有詳細描述，這裡不再贅述。除此之外，關於投資收益的會計核算如下：

期末，將本科目的餘額轉入非限定性淨資產，借記「投資收益」科目，貸記「非限定性淨資產」科目。如果存在限定性投資收益，則將其金額轉入限定性淨資產，借記「投資收益」科目，貸記「限定性淨資產」科目。期末結轉後，本科目應無餘額。

【例 5-4】 民間非營利組織 A 在 2019 年年末的投資收益貸方餘額為 80,000 元，其中有限定性投資收益 10,000 元。請據此編製相關會計分錄。

解：根據題中信息編製會計分錄如下：

1. 結轉限定性投資收益時，

借：投資收益　　　　　　　　　　　　　　　　　　10,000
　　貸：限定性淨資產　　　　　　　　　　　　　　　　10,000

2. 結轉非限定性投資收益時，

借：投資收益　　　　　　　　　　　　　　　　　　70,000
　　貸：非限定性淨資產　　　　　　　　　　　　　　　70,000

本章復習思考題

1. 民間非營利組織進行籌資管理的目的是什麼？
2. 民間非營利組織籌資渠道主要有哪些？

3. 民間非營利組織籌資管理的原則有哪些？
4. 如何對籌資費用管理進行評價？
5. 為何民間非營利組織多選擇進行債權性投資？
6. 民間非營利組織進行投資時應遵循哪些原則？
7. 民間非營利組織投資管理的人員崗位設置與分工是怎樣的？
8. A為某民間非營利組織，2019年9月發生如下業務：

（1）收到應衝減前期長期借款籌資費用的利息收入2,000元。

（2）發生匯兌損失1,800元。

（3）對短期投資是否發生了減值進行檢查時，發現短期投資的市價低於帳面價值1,000元。

（4）購入5年期票面年利率為8%的B企業長期債權100,000元，該債權每年年末付息，到期還本。

（5）以銀行存款300,000元購買H公司2%的股權，採用成本法計量。

（6）收到G公司宣告並於當期發放的現金股利8,000元。

（7）F公司宣告發放現金股利500,000元，其中屬於A的為3%。

請根據以上信息，編製相關的會計分錄。

第六章
民間非營利組織財務報告與分析

學習目標

- 瞭解民間非營利組織財務報告的概念和目的
- 理解民間非營利組織財務報告編製的原則
- 掌握民間非營利組織財務報告的分析方法

第一節　民間非營利組織財務報告的目標

一、財務報告的概念

　　財務報告也稱財務報表，是民間非營利組織提供的反應某一特定日期財務狀況和某一會計期間業務活動和現金流量等情況的書面報告。財務報告是民間非營利組織會計核算的最終成果，是民間非營利組織對外提供會計信息的主要形式和信息載體。

二、財務報告的目的

　　由於民間非營利組織的特殊性，其財務報告的目的和企業財務報告的目的有一定的差別。根據《民間非營利組織會計制度》的規定，民間非營利組織財務報告的目標是如實反應民間非營利組織的財務狀況、業務活動情況和現金流量等信息，並且所提供的信息應當能夠滿足會計信息使用者（如捐贈人、會員、監管者等）的需要。

第二節　民間非營利組織財務報告的編製

一、財務報告的分類

（一）按報告的服務對象分類

民間非營利組織的財務報告按所服務對象的不同，可以分為內部報告和外部報告。內部報告是指為適應民間非營利組織內部管理經營需要而編製的不對外公開的會計報告，不要求統一格式，也沒有統一的標準。外部報告是指民間非營利組織向外公開報送的，主要供政府部門、其他組織、捐贈者等利益相關者使用的會計報告，通常有統一的編製格式、規定的指標體系和編製時間等要求。

（二）按報告編製的時間分類

民間非營利組織的財務報告按編報時間的不同，可分為年度財務報告和中期財務報告。以短於一個完整的會計年度的期間（如半年度、季度和月度）編製的財務報告稱為中期財務報告，一般包括資產負債表和業務活動表，半年財務報告還應包括簡略的報表附註。年度財務報告則是以整個會計年度為基礎編製的財務報告，包括資產負債表、業務活動表、現金流量表和報表附註等。

（三）按報告編製的主體分類

民間非營利組織的財務報告按編製主體的不同，可分為個別財務報表和合併財務報表。個別財務報表是以民間非營利組織本身為會計主體而編製的單獨反應民間非營利組織本身的財務狀況和經營成果的會計報表，包括對外的和對內的會計報表。合併財務報表是指民間非營利組織對外投資，而且占被投資單位資本總額 50% 以上（不含 50%），或者雖然占該單位資本總額不足 50% 但具有實質上的控制權的，或者對被投資單位具有控制權的，應當將被投資單位與本民間非營利組織視為一個會計主體，編製能夠反應其整體財務狀況和經營成果的會計報表。

（四）按報告所提供信息的重要程度分類

民間非營利組織的財務報告按所提供信息重要程度的不同，可分為主要會計報表和附屬會計報表。主要會計報表又稱主表，是指所提供的會計信息比較具體、完整，能基本滿足各種信息需要者的不同需求的財務報表，主要用於全面反應民間非營利組織現金流量、業務成果和財務狀況信息，主要有資產負債表、業務活動表和現金流量表。附屬會計報表又稱附表，是進一步補充說明主表不能或難以具體反應的一些重要信息的會計報表。

二、財務報告的編製原則

（一）以持續經營為基礎

持續經營是會計確認、計量和編製財務報表的基礎。如果民間非營利組織不能夠持

續經營，那麼其所依據的持續經營基礎就不存在，以持續經營為前提編製財務報表也就不再合理。

（二）會計政策前後期保持一致

民間非營利組織採用的會計政策前後各期應當保持一致，不得隨意變更，除非符合下列條件之一：法律或會計制度等行政法規、規章的要求；這種變更能夠提供有關民間非營利組織財務狀況、業務活動情況和現金流量等更可靠、更相關的會計信息。並且如有必要變更，應當在會計報表附註中披露變更的內容和理由、變更的累積影響數，以及累積影響數不能合理確定的理由等。

（三）區別資產負債表日後事項

資產負債表日至財務會計報告批准報出日之間發生的需要調整或說明的有利或不利事項，屬於資產負債表日後事項。對於資產負債表日後事項，應當區分調整事項和非調整事項進行處理。

調整事項，是指資產負債表日至財務會計報告批准報出日之間發生的，為資產負債表日已經存在的情況提供了新的或進一步證據，有助於對資產負債表日存在情況有關的金額做出重新估計的事項。民間非營利組織應當就調整事項，對資產負債表日所確認的相關資產、負債和淨資產以及資產負債表日所屬期間的相關收入、費用等進行調整。

非調整事項，是指資產負債表日至財務會計報告批准報出日之間才發生的，不影響資產負債表日的存在情況，但不加以說明將會影響財務會計報告使用者做出正確估計和決策的事項。民間非營利組織應當在會計報表附註中披露非調整事項的性質、內容，以及對財務狀況和業務活動情況的影響。如無法估計其影響，應當說明理由。

（四）報表披露時間與計量貨幣要求

民間非營利組織的年度財務會計報告至少應當於年度終了後 4 個月內對外提供。如果民間非營利組織被要求對外提供中期財務會計報告，應當在規定的時間內對外提供。會計報表的填列，以人民幣「元」為金額單位，「元」以下填至「分」。

（五）報表格式的規範化

民間非營利組織對外提供的財務會計報告應當依次編定頁數、加具封面、裝訂成冊、加蓋公章。封面上應當註明：組織名稱、組織登記證號、組織形式、地址、報表所屬年度或者中期、報出日期，並由單位負責人和主管會計工作的負責人、會計機構負責人（會計主管人員）簽名並蓋章；設置總會計師的單位，還應當由總會計師簽名並蓋章。

（六）需要編製合併會計報表的要求

民間非營利組織對外投資，而且占被投資單位資本總額 50% 以上（不含 50%），或者雖然占該單位資本總額不足 50% 但具有實質上的控制權時，或者對被投資單位具有控制權時，應當編製合併會計報表。

（七）資產負債表和業務活動表應列報所有科目的前期比較數據

民間非營利組織當期財務報表中的資產負債表和業務活動表的列報，至少應提供所有列報項目上一會計期間的比較數據，目的是向報表使用者提供對比數據，提高信息在會計期間的可比性，以反應民間非營利組織的財務狀況、業務活動和現金流量的發展趨

勢，以滿足使用者的信息需求。

（八）保證財務報告數據的真實可比性

對於交易或者事項應按照規定的會計處理方法進行，會計信息應當口徑一致，相互可比。同一會計期間內的各項收入和與其相關的費用，應當在該會計期間內確認，並使得所發生的費用與其相關的收入相配比，同時應當合理劃分應當計入當期費用的支出和應當予以資本化的支出。另外，財務報表各個項目的列報和分類應在各期間保持一致，不得隨意變更。

三、財務報告編製的具體要求

（一）會計報表

會計報表是指根據日常會計核算資料定期編製的，綜合反應民間非營利組織某一特定日期財務狀況和某一會計期間業務情況、現金流量的總結性書面報告。它包括三張報表：資產負債表、業務活動表、現金流量表。

1. 資產負債表

（1）資產負債表反應民間非營利組織某一會計期末全部資產、負債和淨資產的情況。

（2）資產負債表「年初數」欄內各項數字，應當根據上年年末資產負債表「期末數」欄內數字填列。如果本年度資產負債表規定的各個項目的名稱和內容同上年度不相一致，應按照本年度的規定對上年年末資產負債表各項目的名稱和數字進行調整，填入資產負債表「年初數」欄內。

（3）資產負債表包括資產類科目、負債類科目以及淨資產類科目，並且資產總計＝負債合計＋淨資產合計。與企業的資產負債表相比，資產類科目增加了文物文化資產和受託代理資產科目；負債類科目，除與受託代理資產相對應的受託代理負債科目外，其他科目與一般小企業財務會計制度科目設置基本一致。淨資產類科目是民間非營利組織資產負債表中的特殊項目，其將全部淨資產劃分為限定性淨資產和非限定性淨資產。

2. 業務活動表

（1）業務活動表反應民間非營利組織在某一會計期間內開展業務活動的實際情況。

（2）業務活動表「本月數」欄反應各項目的本月實際發生數。在編製季度、半年度等中期財務會計報告時，應當將本欄改為「本季度數」「本半年度數」等本中期數欄目，反應各項目本中期的實際發生數。在提供上年度比較報表時，應當增設可比期間欄目，反應可比期間各項目的實際發生數。如果本年度業務活動表規定的各個項目的名稱和內容同上年度不相一致，應對上年度業務活動表各項目的名稱和數字按照本年度的規定進行調整，填入業務活動表上年度可比期間欄目內。

業務活動表「本年累計數」欄反應各項目自年初起至報告期末止的累計實際發生數。

業務活動表「非限定性」欄反應本期非限定性收入的實際發生數、本期費用的實際發生數和本期由限定性淨資產轉為非限定性淨資產的金額；業務活動表「限定性」欄反應本期限定性收入的實際發生數和本期由限定性淨資產轉為非限定性淨資產的金額

(以「-」號填列)。在提供上年度比較報表項目金額時，限定性和非限定性欄目的金額可以合併填列。

(3) 業務活動表主要包括四個一級科目，即「收入」「費用」「限定性淨資產轉為非限定性淨資產」和「淨資產變動額」(若為淨資產減少額，以「-」號填列)。收入類科目包括「捐贈收入」「會費收入」「提供服務收入」「商品銷售收入」「政府補助收入」「投資收益」「其他收入」幾類，與其他會計制度相比，比較特殊的是「捐贈收入」「會費收入」和「提供服務收入」；費用類科目設置構成比較簡單，僅設「業務活動成本」「管理費用」「籌資費用」「其他費用」幾類科目，其中「業務活動成本」和「籌資費用」科目比較特殊。

3. 現金流量表

(1) 現金流量表反應民間非營利組織在某一會計期間內現金和現金等價物流入和流出的信息。

(2) 現金流量表所指的現金，是指民間非營利組織的庫存現金以及可以隨時用於支付的存款，包括現金、可以隨時用於支付的銀行存款和其他貨幣資金；現金等價物，是指民間非營利組織持有的期限短、流動性強、易於轉換為已知金額現金、價值變動風險很小的投資（除特別指明外，以下所說的現金均包含現金等價物）。

民間非營利組織應當根據實際情況確定現金等價物的範圍，並且一貫性地保持其劃分標準。如果改變劃分標準，應當視為會計政策變更。民間非營利組織確定現金等價物的原則及其變更，應當在會計報表附註中披露。

(3) 現金流量表應當按照業務活動產生的現金流量、投資活動產生的現金流量和籌資活動產生的現金流量分別反應。現金流量表所指的現金流量，是指現金的流入和流出。

(4) 民間非營利組織應當採用直接法編製業務活動產生的現金流量。採用直接法編製業務活動現金流量時，有關現金流量的信息可以從會計記錄中直接獲得，也可以在業務活動表收入和費用數據基礎上，通過調整存貨和與業務活動有關的應收應付款項的變動、投資以及固定資產折舊、無形資產攤銷等項目後獲得。

(二) 會計報表附註

民間非營利組織的會計報表附註至少應當包括下列內容：

(1) 重要會計政策及其變更情況的說明。

(2) 董事會（或者理事會或者類似權力機構）成員和員工的數量、變動情況以及獲得的薪金等報酬情況的說明。

(3) 會計報表重要項目及其增減變動情況的說明。

(4) 資產提供者設置了時間或用途限制的相關資產情況的說明。

(5) 受託代理交易情況的說明，包括受託代理資產的構成、計價基礎和依據、用途等。

(6) 重大資產減值情況的說明。

(7) 公允價值無法可靠取得的受贈資產和其他資產的名稱、數量、來源和用途等情況的說明。

（8）對外承諾和或有事項情況的說明。
（9）接受勞務捐贈情況的說明。
（10）資產負債表日後非調整事項的說明。
（11）為有助於理解和分析會計報表，需要說明的其他事項。
（三）財務情況說明書
民間非營利組織的財務情況說明書至少應當對下列情況做出說明：
（1）民間非營利組織的宗旨、組織結構以及人員配備等情況。
（2）民間非營利組織業務活動基本情況，年度計劃和預算完成情況，產生差異的原因分析，下一會計期間業務活動計劃和預算等。
（3）對民間非營利組織運作有重大影響的其他事項。

第三節　民間非營利組織財務報告分析

一、財務報告分析的意義

民間非營利組織財務報告分析是指財務報告的使用者通過財務報表提供的基礎數據資料，結合其他有關的信息，運用專門的分析方法，對民間非營利組織的財務狀況、業務活動情況和現金流量等情況進行綜合比較和評價，以獲得相關決策信息的一項工作。

（1）對捐贈者的意義。通過對民間非營利組織的財務報告進行分析，捐贈者可以取得自己所關心的民間非營利組織資金的使用及其業務開展情況的信息，進而合理地進行捐贈，使得捐贈的效用最大化。

（2）對內部管理者的意義。對民間非營利組織本身的內部管理者而言，通過對民間非營利組織的財務報告進行分析，能夠充分瞭解組織財務狀況和報告期內的業務成果，剖析民間非營利組織經濟情況，進一步找出組織營運過程中的薄弱環節，總結報告期內的經驗與教訓，從而優化與改進管理方式，確定發展方向和做出正確決策。

（3）對國家有關部門和社會監督部門的意義。對國家有關部門和社會監督部門而言，通過對民間非營利組織的財務報告進行分析，能夠更好地掌握民間非營利組織業務活動和財務收支狀況，檢查民間非營利組織資金運用情況，考查民間非營利組織對財經紀律、法規、制度的遵守情況，分析不同類型、不同地區、不同規模民間非營利組織經濟營運中存在的問題，並以此作為促進民間非營利組織發展的依據，便於進行宏觀調控。

（4）對債權人的意義。通過對民間非營利組織的財務報告進行分析，債權人可以從財務報告中取得他們關心的民間非營利組織的償債能力信息，為債權人的借貸決策提供依據。

二、財務報告的分析方法

（一）比較分析法

比較分析法是將同一項數據或指標在不同的時間和空間進行對比，揭示客觀存在的

差異，並進一步分析產生差異的原因的一種方法。具體包括：

1. 絕對差異分析

絕對差異分析主要用來觀察差異的規模，其計算公式為：

$$絕對差異＝實際值－標準值$$

2. 相對差異分析

相對差異分析主要用於觀察差異的水準，其計算公式為：

$$相對差異＝（實際值－標準值）／標準值\times100\%$$

3. 差異百分點分析

差異百分點分析主要用於觀察差異的程度，其計算公式為：

$$差異百分點＝實際百分點－標準百分點$$

模型中的標準值通常有歷史標準、預期標準和同類非營利組織標準等。對於標準的選擇不同，分析揭示的意義也會有差異。歷史標準主要指以前各期實現的數據或歷史最好水準。將其實際值與歷史標準對比，可以揭示該指標的變化方向與變化程度，進而分析其影響因素，把握變動規律，最終預測出未來的發展趨勢。預期標準主要指民間非營利組織制定的關於工作的預算、計劃等指標，將其實際值與歷史標準對比可明確預期指標的完成情況。同類非營利組織標準是指規模、類別等與自己類似的民間非營利組織的平均水準，將其實際值與同類民間非營利組織標準進行對比，可以瞭解該非營利組織與同類民間非營利組織的差距，明確該民間非營利組織在同類型組織中的地位。

（二）比率分析法

比率分析法是比較分析法的發展，是指將影響某個指標的兩個相關因素聯繫起來，通過計算比率來分析它們之間的關係，進而分析和評價民間非營利組織財務狀況和業務績效的一種方法。具體包括：

1. 相關比率

相關比率，是根據經濟指標之間存在相互依存、相互聯繫的關係，將兩個性質不同但又相互聯繫的指標加以對比而計算出的具有另一個經濟含義的比率。如流動資產和流動負債是兩個性質不同的財務指標，但二者之間又存在著密切的內在聯繫，通過將收入和資產進行對比，可以計算出流動比率指標。

2. 構成比率

構成比率，是指將某項經濟指標的組成部分與該經濟指標的總體進行對比，計算出組成部分占總體的比重而形成的比率。如將民間非營利組織各項收入與收入總額相比較，可計算出各項收入占總收入的比重，能夠反應出組織的收入結構，有利於進一步分析組織收入結構的科學性和合理性，以改善組織的收入結構。

3. 動態比率

動態比率是指將不同時期具有同一性質和類別的財務變量或指標進行對比，從而計算得出的比率。動態比率可以反應某項經濟活動的變動方向、變動程度以及發展趨勢。運用動態比率進行分析的方法也稱趨勢分析法，根據比較標準的時期不同，具體可分為定基比率法和環比比率法。定基比率法是指將分析期的財務變量與固定基期的財務變量進行對比，計算出比率，以反應當前財務變量與基期財務變量的變動及趨勢。環比比率

法是將不同分析期的財務變量分別與前一分析期的財務變量相對比，計算出比率，以反應每相鄰時期的財務指標變動情況。

(三) 因素分析法

因素分析法是當某項綜合指標可表示為若干項相互聯繫的因素的乘積時，按照一定的程序和方法，計算確定各因素的變動對綜合指標的影響程度的分析方法。綜合指標往往是由多個相互依存的因素構成的，由於每個因素的變化不同，所產生的影響也不同，因此通過因素分析法可以找出主要的影響因素，為進一步分析和評價非營利組織的財務狀況和業務績效提供依據。一般而言，因素分析法可分為比率因素分解法、連環替代法和差額分析法。

1. 比率因素分解法

比率因素分解法，是指把一個財務比率分解為若干個影響因素的方法。在實際的分析中，通常比率因素分解法和比較分析法是結合使用的。比較之後需要分解，以便深入瞭解差異的原因；分解之後還需要比較，以便進一步認識其特點。

2. 連環替代法

連環替代法是指根據因素之間的內在依存關係，依次測定各因素變動對經濟指標的影響的一種分析方法。其計算程序一般分為以下五個步驟：

(1) 確定分析對象。運用比較法計算出分析指標的實際值和標準值的總差異。

(2) 找出影響指標的各種因素，建立指標和因素之間的關係式。

(3) 按照關係式的排列順序，依次用各種因素的實際值替代標準值，計算出替代結果。

(4) 比較相鄰兩次的替代結果，得到各因素變動對分析指標的影響方向和程度。

(5) 檢驗分析結果。將各因素變動對分析指標的影響值相加，其代數和應等於分析對象，即總差異。

用代數形式來表達上面的步驟可列示如下：

設某一分析指標 M 是由相互聯繫的 A、B、C 三個因素相乘得到的，下標「0」為計劃值，下標「1」為實際值。

第一步，確定分析對象：

$$M_1 - M_0 = 總差異$$

第二步，建立關係式：

$$計劃指標\ M_0 = A_0 \times B_0 \times C_0$$

$$實際指標\ M_1 = A_1 \times B_1 \times C_1$$

第三步，進行連環替代：

$$計劃指標：A_0 \times B_0 \times C_0 = M_0$$

$$第一次替代：A_1 \times B_0 \times C_0 = M_2$$

$$第二次替代：A_1 \times B_1 \times C_0 = M_3$$

$$第三次替代：A_1 \times B_1 \times C_1 = M_1$$

第四步，計算影響方向和程度：

$$A \text{ 因素變動對 M 的影響 } \Delta A = M_2 - M_0$$
$$B \text{ 因素變動對 M 的影響 } \Delta B = M_3 - M_2$$
$$C \text{ 因素變動對 M 的影響 } \Delta C = M_1 - M_3$$

第五步，檢驗分析結果：

$$M_1 - M_0 = \Delta A + \Delta B + \Delta C$$

3. 差額分析法

差額分析法是連環替代法的簡化計算方法，計算原理與連環替代法完全一致，唯一的不同之處在於差額法是直接用各因素的實際值與標準值的差額來計算其影響數額，亦即將連環替代法中的第三步與第四步兩步合為一步進行。

（四）綜合分析與評價法

綜合分析與評價法主要是在對民間非營利組織已經做了一系列的分析後，對組織財務狀況和業務績效做出綜合分析和評價時所採用的方法。常見的主要有綜合指數法和綜合評分法。

1. 綜合指數法

綜合指數法，是指將綜合分析與評價的結果用綜合指數表示。首先確定影響綜合指數的各項指標，然後將反應綜合指數的指標數通過統計學處理，使不同計量單位、性質的指標值標準化，得到各項指標的個體指數，最後考慮各項指標在評價綜合結果時具有不同的重要性，給各項指標指數以不同的權重，加權匯總各項指標指數得到綜合指數，以這個綜合指數的高低反應評價結果的好壞。該方法的基本思路是利用層次分析法計算的權重和模糊評判法取得的數值進行累積，然後相加，最後計算出綜合評價指數。

2. 綜合評分法

綜合評分法是在確定影響綜合評價的各項指標後，分別按不同指標的評價標準對各評價指標進行評分，然後匯總得出綜合評價分數，以這個綜合評價分數的高低反應評價結果的好壞。其適用於評價指標無法用統一的量綱進行定量分析的場合。

本章復習思考題

1. 民間非營利組織財務報告的目的是什麼？
2. 民間非營利組織財務報告可以按哪些標準進行分類？
3. 民間非營利組織財務報告的編製應遵循哪些原則？
4. 對民間非營利組織財務報告進行分析有何意義？
5. 民間非營利組織財務報告的分析方法有哪些？

第七章
民間非營利組織財務績效評估

學習目標

- 瞭解民間非營利組織財務績效評估的相關概念
- 理解民間非營利組織財務績效評估的方法
- 掌握民間非營利組織財務績效的評價指標

第一節 民間非營利組織財務績效評估概述

一、績效與財務績效評估的內涵

(一) 績效的內涵

對於民間非營利組織而言，績效是指民間非營利組織作為一個整體，在管理和服務等行為中所取得的業績、成就和影響等。運用「績效」概念衡量民間非營利組織活動的效果，其外延不僅涉及組織的營運效率層面，還應該包括營運成本、社會影響力、發展預期等多元目標的實現。

(二) 財務績效評估的內涵

評估，是指對管理的對象採用相應的科學方法，以確認的某些標準為尺度進行衡量，將所得到的結果與原預定的目標相比較，從而獲得最佳結果的過程。民間非營利組織績效評估是指運用科學的標準、方法和程序，通過對組織的管理效率、服務質量、公

共責任、公眾滿意度等方面進行評價和判斷,對民間非營利組織在運作管理過程中投入、產出、最終結果所體現出來的績效進行評定和認可的過程。

第二節　民間非營利組織財務績效評估體系

一、民間非營利組織財務績效評估的目標

（一）滿足內部需求

（1）提高組織的管理效率。正確評估民間非營利組織的財務狀況,不僅可以幫助組織管理者及時發現當前管理模式的不足,而且有利於及時糾正管理效率低下的問題。

（2）實現項目的高效運轉。財務績效評估可以從財務的視角反應出當前正在運行項目的可行性和有效性,為及時調整項目的運行模式提供依據。

（3）更好地履行受託責任。通過將財務績效評估的相關結果向外公布,有利於管理者更好地履行受託責任,促使組織更好地完成其社會使命。

（二）滿足外部需求

（1）滿足社會公眾對組織瞭解和認同的需要。通過對財務績效的評估和對評估結果的充分披露,可以增加組織的透明度,提高其公信力,與組織外部建立一種良好的互動機制,增進社會公眾對組織的認同感。

（2）滿足相關部門的監管要求。監管部門的主要責任是對民間非營利組織在開展業務過程中的合規性、合法性實施監督。而民間非營利組織開展各項活動是否符合相關法律、法規的要求,往往可以通過財務績效評估的結果進行一定程度的反應。因此,開展民間非營利組織財務績效評估有利於實現相關部門對其的監管。

二、民間非營利組織財務績效評估的主體

民間非營利組織財務績效評估的主體包括政府、專業評估機構、民間非營利組織自身等。

（一）政府

政府作為民間非營利組織的監管方和資源提供方,需要通過對民間非營利組織的財務績效評估來評價和判斷其資源的配置效率。一方面,政府作為資金的提供方,需要通過對民間非營利組織的財務績效評估,進行資源配置效率的評價,以確定持續性給予哪些民間非營利組織以資金支持;另一方面,政府作為民間非營利組織的監督者,需要通過對民間非營利組織財務績效的評估,判斷其資源使用效率,以及資源的使用是否符合社會價值最大化的需求,以確定資源的配置對象。

（二）專業評估機構

專業化的評估機構是民間非營利組織財務績效評估的又一主體。專業評估,通常指聘請專家組成績效考評小組,依據特定的評估標準,對評估對象進行評估。它作為獨立

第三方的評估代表，在評價過程中發揮著重要作用。專業評估機構通常包括兩類：一類是民間非營利組織聘請的外部專家；另一類是始終處於獨立第三方的專業性評估機構。例如1996年中國青少年發展基金會委託中國科技促進發展會對「希望工程」的績效進行了評估。

（三）民間非營利組織

民間非營利組織的財務績效評估，即自我評估，是指民間非營利組織自身充當評估主體，對自己的財務工作績效進行評估。通過組織內部進行財務績效評估，有利於提高資源的使用效率，獲取更多的資源支持。

三、民間非營利組織財務績效評估的客體

（一）非營利性

民間非營利組織「不以營利為目的」的含義是指該組織以服務於社會、團體的公益事業為目的，以社會使命作為組織的宗旨，同時從分配上來看，非營利活動過程中所得到的收入，不能作為利潤分配給資金提供者。進行民間非營利組織財務績效評估時，首先需要對組織的「非營利性」進行評價。

（二）籌資能力

民間非營利組織的籌資能力是指通過自身的努力，從政府及其他渠道獲得資金的能力。籌資能力直接決定民間非營利組織是否能夠可持續發展。籌資能力是民間非營利組織績效評估的重要內容之一，它能夠反應民間非營利組織在一定的規模基礎上，通過提高服務質量和水準，擴大社會影響力來努力爭取更多資源的能力。

（三）營運能力

營運能力是指投入與產出的比率。營運能力既體現在組織的事業活動中，也體現在日常管理活動中。民間非營利組織在營運過程中，主要通過提高營運能力，樹立良好的社會形象，努力爭取各種形式的資助，進行自我宣傳和項目申請來獲得經費支持。在開展公益性活動的同時，開展與自身業務相符並且不以營利為目的的合法經營活動，努力做到自食其力。營運能力的強弱，充分體現了民間非營利組織的競爭能力，是財務績效評估的核心內容之一。

（四）發展能力

發展能力反應了民間非營利組織的發展潛力。通過對一系列相關指標的分析，可以評價和判斷民間非營利組織的發展動力是否充足。隨著市場經濟體制的逐步完善，民間非營利組織的發展與壯大已成為必然趨勢，組織之間的競爭越來越激烈。要想在激烈的社會組織的競爭中取勝，組織必須要有長遠的發展眼光，並且不斷增強自身的競爭力。因此，全面考核和評價民間非營利組織的發展能力，成為民間非營利組織財務績效評估的重要內容之一。

四、民間非營利組織財務績效評估的依據

民間非營利組織財務績效評估通常依據財務報告進行。財務報告是反應民間非營利組織財務狀況、收支營運情況、現金流量等信息的書面報告。其基本功能在於：①提供

本期如何獲得和使用資金的信息；②提供期末可供未來使用的資金信息；③報告組織在將來持續提供服務的能力。經過審計後合法公允的財務報告是民間非營利組織進行財務績效評估的依據。

五、民間非營利組織財務績效評估的標準

（一）內部評估標準

1. 預算標準

預算標準是使用較為廣泛的評估標準。它具有良好的可比性，可以量化，易於操作。預算指標，在制定過程中應遵循嚴密性和制定標準成員的獨立性。預算標準是比較理想的評價標準，對於民間非營利組織而言，具有較強的適用性。

2. 組織的歷史平均水準

以組織的歷史平均水準為參照，可以進行組織內部的縱向比較。由於民間非營利組織之間業務活動的差異性，使得組織之間難以恰當地按照某一特定標準進行比較，從而組織自身的歷史數據對於評價民間非營利組織的財務績效更具有說服力。歷史數據標準按照基期的不同可分為同比和環比兩種，其優點是數據容易獲得，獲取數據的成本較小。

（二）外部評估標準

1. 行業主管部門或政府頒布的數據標準

由行業主管部門或政府頒布的數據標準，多是針對民間非營利組織的非營利性要求提出來的。這種標準一般具有強制力，是民間非營利組織必須共同遵守的強制性規定。例如，中國國務院令第400號公布的《基金會管理條例》第29條明確規定：「公募基金會每年用於從事章程規定的公益事業支出，不得低於上期總收入的70%；非公募基金會每年用於從事章程規定的公益事業支出，不得低於上一年基金餘額的8%。基金會工作人員工資福利和行政辦公支出不得超過當年總支出的10%。」這些強制性的規定，為民間非營利組織進行財務績效評估提供了一定的標準。

2. 同類型組織的平均水準

按照不同的標準對民間非營利組織進行分類，再按照不同類型的民間非營利組織設置不同類型組織的平均水準，作為財務績效評估的標準，能夠對民間非營利組織進行很好的定位，以評估組織的財務績效，確定其發展水準和方向。

八、民間非營利組織財務績效評估報告

評估報告是評估人員在完成評估工作後，向進行評估工作的委託方提交的說明評估目的、程序、標準、依據、結果以及基本結構分析等情況的文件。它是財務績效評估系統的成果體現。民間非營利組織的財務績效評估是一個綜合系統（見表6-1），系統內各因素之間相互影響、相互聯繫。不同的財務績效評估目標決定了不同的評估對象、評估指標和評估標準，其評估報告的形式也不同。

表 6-1 民間非營利組織財務績效評估框架圖

民間非營利組織財務績效評估框架	評估目標	內部需要
		外部需要
	評估主體	政府
		專業評估機構
		民間非營利組織本身
	評估客體	非營利性
		籌資能力
		營運能力
		發展能力
	評估依據	財務報告
	評估指標	組織層級
		項目層級
	評估方法	單指標分析法
		財務績效綜合評估法
	評估報告	財務績效評估報告

九、民間非營利組織與營利性組織財務績效評估框架的比較

（一）評估主體不同

營利性組織的績效評估主要來源於組織內部。民間非營利組織的評估主體較為複雜，包括政府、組織外部專業性評估機構等。評估主體的不同，表明了民間非營利組織對外部環境的廣泛影響力，同時也說明了構建民間非營利組織財務績效評估體系的複雜性。

（二）評估客體不同

營利性組織的財務績效評估以提高組織的營利能力為根本目的。民間非營利組織在進行財務績效評估的過程中，重點關注組織的財務營運狀況，是否在完成組織使命的同時，保證了資金的合理有效使用。

（三）評估過程不同

營利性組織的經營活動在一定的時期內具有相對穩定性和重複性，這就使得對營利性組織的評估可以實現相對的模式化和固定化。而民間非營利組織主要通過項目開展活動，而且項目的重複度較低，使得組織在進行財務績效評估過程中的標準化程度較低，所建立的各項財務指標針對不同的項目不具有廣泛的適用性，不同的財務指標在不同的組織之間甚至在同一組織的不同時期的可比性均較低。

（四）評估指標不同

相對於營利性組織，民間非營利組織不以營利為目的，它所提供的貨物或服務通常只是象徵性地收取部分費用甚至全部免費，對其業績的評價不像營利組織那樣以「利潤

最大」為績效指標，也沒有投資獲益率、總資產收益率、市場佔有率等可明確量化的指標。對民間非營利組織的財務績效評估應從社會價值、社會投資效益、公益績效等方面進行。

第三節　民間非營利組織財務績效評估方法

一、財務績效評估指標的設計原則

（一）重要性原則

重要性原則有兩層含義：第一、全面性與重要性相結合原則。在民間非營利組織財務績效評估指標體系的建立過程中充分考慮全面性，有助於從影響績效的各個財務方面綜合評估組織的績效；第二，遵循成本效益原則。如果為獲取該項指標所需成本大於其帶來的價值，一般應放棄該項指標，轉而採用其他替代指標。

（二）系統性原則

系統分析的基本思想是整體最優化，必須考慮局部評價與整體評價的結合。因此在財務績效評估指標體系的設置上，應以構建科學、完整的評估體系為出發點，既考慮各指標對實現評估目標的重要程度，又考慮各類指標在評估指標體系中的合理構成，以及指標間的鈎稽關係和邏輯關聯，通過對指標的合理取捨和指標約束的設置，做到評估指標既能突出重點，又能保持相對的均衡統一，實現評估系統的最優化。

（三）相關性原則

相關性原則是指財務績效評估指標要能滿足民間非營利組織利益相關者的要求。無關的指標不僅不能夠反應民間非營利組織的績效狀況，而且會造成資源的浪費。

（四）可操作性原則

為了滿足評估的需要，從民間非營利組織實際情況出發，財務績效評估指標應該概念清晰，表達簡單易懂，數據易於採集，具體可操作。

二、財務績效評估指標的設計思路

設計民間非營利組織的財務績效評估體系時，應充分考慮組織的業務活動特點。

根據不同類型的民間非營利組織的活動領域和運作方式的不同，可以將民間非營利組織分為以「項目」為主要運作模式和以「流水作業」為主要運作模式兩種基本類型。在兩種基本類型的基礎上，分別建立不同的財務績效評估系統，滿足不同類型民間非營利組織的評估需要。

三、財務績效評估指標的設計步驟

（一）瞭解組織特點和外部環境

組織使命決定組織績效的範疇，以組織使命為出發點，在一定程度上保障了組織在

社會效益和經濟效益之間做出正確的權衡和取捨。同時，由於民間非營利組織類型的多樣性，造成了民間非營利組織的財務在具有共性的基礎上也具有其自身的特點。瞭解組織的特點、資金來源渠道、社會使命等，有利於更好地設計財務績效評估指標。

（二）確定影響組織財務績效的關鍵因素

對民間非營利組織的財務績效進行評估，應分析影響績效的關鍵因素。通常影響民間非營利組織財務績效的關鍵因素包括：資產結構、資產使用效果、資產使用效率、財務風險、收入結構、支出結構、收入完成情況、支出控制情況、收入彌補支出的能力等。不同類型的民間非營利組織應該根據自身的特點，分析影響其財務績效的關鍵因素。

（三）收集相關信息以設計、補充和修正指標

民間非營利組織應根據自身特點設計指標，並對某些不適用的指標進行補充和修正。民間非營利組織的財務績效評估系統是一個開放的體系，應該在充分收集信息的基礎上，不斷更新或者修正、補充評估指標，保證其符合組織發展的需要。

四、民間非營利組織財務績效評估指標體系的建立

（一）民間非營利組織財務績效評估指標

1. 非營利性指標

（1）公益事業支出占總支出的比率

這一比率高，說明民間非營利組織的支出中用於公益事業的支出多。這個指標是民間非營利組織非營利性的主要反應，也是民間非營利組織績效水準的綜合反應。該指標數值越高，說明非營利組織的績效越高。其計算公式為：

公益事業支出占總支出的比率＝年度公益事業支出額／年度支出總額

（2）公益事業支出占上年收入的比率

這一指標說明民間非營利組織上年度的收入總額中用於本年度的公益事業的比例。該指標數值越高，說明民間非營利組織的非營利性越強，績效越高。其計算公式為：

公益事業支出占上年收入的比率＝本年度公益事業支出額／上一年度收入總額

2. 籌資能力指標

（1）總收入

這一指標反應民間非營利組織年度內通過各種途徑籌集到的無須償還的資金額度。這是民間非營利組織開展非營利活動的財力保障。年度內獲得的總收入越多，說明民間非營利組織的籌資能力越強。

（2）總收入增長率

這一指標說明民間非營利組織總收入較上一年增減變化的程度。該指標數值越高，說明民間非營利組織的籌資能力越強，績效越高。其計算公式為：

總收入增長率＝（本年度收入總額－上一年度收入總額）／上一年度收入總額

（3）年度非財政補助收入額占年度收入總額的比率

民間非營利組織的收入分為財政補助收入與非財政補助收入。隨著財政體制的改革，財政對民間非營利組織的補助越來越理性，民間非營利組織應當積極自創收入並爭取社會捐贈與企業資助，從而增加非財政補助收入，擴大籌資渠道。年度非財政收入在

總收入中所占比率越高，說明民間非營利組織的籌資能力越強，績效越高。

(4) 非財政補助收入增長率

這一指標說明非財政補助收入較上一年增減變化的程度。該指標數值越高，說明非營利組織的籌資能力越強，績效越高。其計算公式為：

非財政補助收入增長率＝(本年度非財政補助收入額－上一年度非財政補助收入額) / 上一年度非財政補助收入額

(5) 籌資費用率

年度籌資總額包括民間非營利組織的全部收入，也包括通過負債籌集到的資金。該指標數值越低，則說明民間非營利組織能夠以較低的籌資費用籌集到較多的資金。該指標越低，表明其籌資能力越強，績效越高。其計算公式為：

籌資費用率＝籌資費用額/年度籌資總額

3. 營運能力指標

(1) 收入支出比率

這一指標說明年度收入對支出的保證程度。該指標數值越接近「1」，說明民間非營利組織的營運能力越強，績效越高。其計算公式為：

收入支出比率＝年度收入總額/年度支出總額

(2) 公益事業支出增長率

這一指標說明公益事業支出規模的增減變化程度。該指標數值越高，說明民間非營利組織的營運能力越強，績效越高。其計算公式為：

公益事業支出增長率＝(本年度公益事業支出額－上一年度公益事業支出額)/上一年度公益事業支出額

(3) 單位準公共產品成本

準公共產品是指民間非營利組織為社會公益提供的各種服務，是民間非營利組織生產的產品。準公共產品成本是生產並提供一定種類和數量的準公共產品所消耗的以貨幣表現的全部實有資源的總和。單位準公共產品成本越低，則一定資源所能生產和提供的準公共產品越多，說明民間非營利組織的營運能力越強，績效越高。其計算公式為：

單位準公共產品成本＝提供一定數量的公共產品所耗費的成本/所提供的準公共產品數目

(4) 單位準公共產品成本降低率

這一指標說明單位準公共產品成本的降低程度。該指標數值越高，說明民間非營利組織的營運能力越強，績效越高。其計算公式為：

單位準公共產品成本降低率＝(上年單位準公共產品成本－本年單位準公共產品成本) / 上年單位準公共產品成本

(5) 經營收入增長率

經營收入是指民間非營利組織在其實現社會使命的業務活動之外開展經營活動取得的收入，經營收入的增加能補充資金以支持公益事業的發展。因此，經營收入增長率越高，說明民間非營利組織的營運能力越強，績效越高。其計算公式為：

經營收入增長率＝(年度經營收入額－上一年度經營收入額) / 上一年度經營收入額

(6) 經營收入成本費用率

經營收入成本費用率較低,說明民間非營利組織經營能力越強,也一定程度上反應出民間非營利組織的績效越高。其計算公式為:

經營收入成本費用率＝年度內為獲取經營收入而發生的成本費用/年度經營收入額

(7) 人均創收額

人均創收額越高,說明民間非營利組織的營運能力越強,績效越高。其計算公式為:

人均創收額＝年度收入總額/年度內員工平均人數

(8) 管理費用占總支出的比率

這一比率低,說明民間非營利組織營運能力強,績效高。但這一比率也並非越低越好,因為任何一個組織開展活動都會有一定的行政開支,民間非營利組織也應當注重自身的管理能力建設,包括對管理人員的培訓。只有民間非營利組織的管理能力得到提高,資金才能被更為有效地使用。其計算公式為:

管理費用占總支出的比率＝年度管理費用總額/年度支出總額

4. 發展能力指標

(1) 資產負債率

這一指標反應民間非營利組織的資產負債情況。資產負債率低,說明民間非營利組織發展能力強,績效高。但這個比率也並非越低越好,因為適度負債,可以較好地解決資金瓶頸問題,獲取更多的發展資源。其計算公式為:

資產負債率＝年末負債總額/年末資產總額

(2) 總資產增長率

資產增加意味著提供服務的能力增強。該指標越高,說明民間非營利組織的發展能力越強,績效越高。其計算公式為:

總資產增長率＝(年末資產總額−年初資產總額)/年初資產總額

(3) 人均培訓費用增長率

加強培訓,提高員工的素質,有利於提高組織的發展能力。該指標越高,說明民間非營利組織發展能力越強,有利於其績效的提高。其計算公式為:

人均培訓費用增長率＝(本年度人均培訓費用−上一年度人均培訓費用)/上一年度人均培訓費用

(4) 淨資產增長率

淨資產是衡量民間非營利組織是否具有可持續發展能力的重要指標之一。可以通過對淨資產的期末餘額與初始註冊資金進行比較,來判斷民間非營利性組織的發展情況。淨資產增長率充分反應民間非營利組織的淨資產的增減變化情況,有利於分析其發展能力。其計算公式為:

淨資產增長率＝(期末淨資產總額−期初淨資產總額)/期初淨資產總額

具體的財務績效評估指標如表6-2所示。

表 6-2　民間非營利組織財務績效評估指標

目標層	準則層	指標層
民間非營利組織財務績效評估指標	非營利性	公益事業支出占總支出的比率
		公益事業支出占上年收入的比率
	籌資能力	總收入增長率
		非財政補助收入占總收入的比率增長率
		非財政補助收入增長率
		籌資費用率
	營運能力	收入支出比率
		公益事業支出增長率
		單位準公共產品成本
		單位準公共產品成本降低率
		經營收入增長率
		經營收入成本費用率
		人均創收額
		行政支出占總支出的比率
	發展能力	資產負債率
		總資產增長率
		人均培訓費用增長率
		淨資產增長率

(二) 民間非營利組織財務績效的綜合評估方法

民間非營利組織可以借鑑營利性組織的一些財務績效評估方法，比如雷達圖法、沃爾比重評分法等方法，進行綜合評估。

1. 雷達圖法

雷達圖亦稱綜合財務比率分析圖法，又稱蜘蛛網圖。雷達圖分析法是將主要財務分析指標進行匯總，繪製成一張直觀的財務分析雷達圖，從而達到綜合反應企業總體財務狀況目的的一種方法，有時又稱「判斷企業財務狀況圖」。為了充分發揮雷達圖的分析功能和作用，通常將被分析的各項財務比率指標與行業平均水準或企業自身希望達到的水準或歷史最好水準進行比較，以便進一步反應企業的財務狀況優劣，找出原因，有針對性地提出改進措施。

雷達圖法通過圖表能夠清晰地反應出數據的各種特徵，能夠比較全面、直觀、準確地反應組織的現實運行軌跡與預定發展方向的差距。但它也存在一定的不足之處，具體而言：第一，對各個指標的重要性沒有加以區分；第二，沒有對財務狀況給出一個綜合性的評價結論，無法發揮綜合評價對財務狀況總體趨勢予以反應的作用。

2. 沃爾比重評分法

沃爾比重評分法是財務綜合評價的創始人亞歷山大·沃爾提出的。當時在進行財務分析時，人們常遇到的一個主要困難是在計算出各項財務比率後，無法判定其是偏高還是偏低，將所測算比率與本企業的歷史水準或計劃、定額標準相比，也只能看出本企業自身的變化，很難評價其在市場競爭中的優劣地位。為了彌補這些缺點，沃爾在《信用預測研究》和《財務報表比率分析》等論文中提出了「信用能力指數」的概念。他把選定的流動比率、產權比率、固定資產比率、存貨週轉率、應收帳款週轉率、主權資本（即所有者權益）週轉率等七項財務比率用線性關係結合起來，並分別給定各自在總評價中所占的比重，總和為 100 分。然後確定標準比率，並與實際比率相比較，得出各項指標的得分。最後求出總評分，並根據總評分對企業的財務狀況做出綜合評價。

沃爾比重評分法最先提出了財務綜合評估的模型，該模型的思路一直影響著以後綜合評估的研究。但是沃爾比重評分法存在兩個缺陷：一是所選定的七項指標缺乏證明力。在理論上講，並沒有什麼方法可以說明為什麼要選擇這七個指標以及每個指標所占比重的合理性。二是從技術上分析，沃爾比重評分法存在一個問題，即當某項指標嚴重異常時，會對總評分產生不合邏輯的重大影響。這是由於相對比率是比重相乘引起的。例如財務比率如提高 1 倍，評分將增加 100%；而財務比率縮小 1 倍，評分只減少 50%。所以，在應用沃爾比重評分法評價民間非營利組織的綜合財務狀況時，必須注意由於技術性問題導致的總評分結果的異常問題。否則，可能會得出不正確的結論。

3. 綜合評分法

由於原始意義上的沃爾比重評分法存在一定的缺陷，人們對該方法進行了相應的改進，提出了綜合評分法，或稱為改進的沃爾比重評分法。

綜合評分法認為現代企業財務綜合評價的主要內容應該是企業的盈利能力、償債能力和成長能力，它們三者之間大致按 5：3：2 來分配比重。反應盈利能力的主要指標是總資產利潤率、銷售利潤率和資本利潤率，三個指標可按 2：2：1 來分配比重。反應償債能力的四個指標包括自由資本比率、流動比率、應收帳款週轉率和存貨週轉率，這四個指標各占 18% 的權重；反應成長能力的三個指標包括銷售增長率、利潤增長率和人均利潤增長率，這三個指標各占 6% 的權重；測量企業財務綜合評分的總評分仍以 100 分為準。

綜合評分法在技術上對沃爾評分法進行了改進，通過對最高分、最低分的設定避免了某項指標異常對總評分不合邏輯的影響，使得評分趨於合理。但綜合評分法亦有它不可擺脫的缺陷，即不具有智能調節功能。綜合評分法的評價結論是，評分越高企業的財務狀況越好。而這裡就隱含了一個假設，即認定綜合評分法中所有指標都是越大越優的，而這種假定是與一些指標的特性相違背的，從而這一假設影響了該指標的綜合評估結果的可信度。

4. 多元統計評價法

作為數理統計重要分支的多元統計是採用多個變量進行統計分析的一種定量分析方法。綜合績效評估屬於一種多變量（多指標）的定量分析問題，因此各種多元統計分

析方法自然而然地被引入財務綜合評估實踐中來。特別是隨著電子計算機技術的發展，SAS、SPSS等商品化統計分析軟件得到推廣應用，使得多元統計分析方法在績效評估實踐中得到了廣泛的應用。

從目前中國綜合評估實踐來看，多元統計中的主成分法、因子分析法、聚類分析法、判別分析法等都先後被人們應用於各類綜合評價活動中。它們的主要作用是對所反應事物不同側面的許多指標進行綜合，將其合成為少數幾個因子，進而計算出綜合得分，便於我們對被研究事物進行全面認識，並找出影響事物發展現狀及趨勢的決定性因素，進而對事物有更深層次的認識。但是多元統計評估法忽視了各指標自身價值的重要性，解釋性較差。

5. 模糊綜合評價法

（1）模糊綜合評價法的基本原理

模糊綜合評價法是一種應用非常廣泛和有效的模糊數學方法。所謂模糊綜合評價法，就是運用模糊數學和模糊統計方法，通過對影響某事物的各個因素的綜合考慮，對該事物的優劣做出科學的評價。模糊數學是由美國控制論專家查德在1965年提出的。它是根據現實中大量的經濟現象具有模糊性而設計的一種評判模型和方法，在綜合評價中得到了廣泛應用。客觀事物的不確定性有兩大類：一類事物對象是明確的，但出現的規律有不確定性，如晴天、下雨，這是明確的，但出現規律是不確定的；另一類事物對象本身不明確，如年輕、年老、嚴重、不嚴重等這些程度上的差別沒有截然的分界線。後一類對象的不確定性與分類的不確定性有關，即一個對象是否屬於某一類不能確定，可以是也可以不是。所以首先要對集合的概念予以拓展，引入模糊集合的概念，一個元素X可以屬於A集合，也可以不屬於A集合；再引入隸屬度，運用隸屬函數這一概念，進行模糊評價。

（2）模糊綜合評價法的基本步驟

第一，建立因素集U（U1，U2，U3，…，Un），因素是對象的一種屬性或性能，人們通過這些因素來評價對象，也就是說建立指標體系。

第二，建立權系數矩陣W =（W1，W2，…，Wn），對每個因素賦予不同的權數。權重的大小受評價目的、評價主體的偏好、價值觀等因素的影響。

第三，建立評價集V =（V1，V2，V3，…，Vn），它由事物不同等級的評語組成。

第四，通過對單因素進行評價，建立起U與V之間的模糊關係矩陣R。

$$R = \begin{bmatrix} R_1 \\ R_2 \\ \cdots \\ R_n \end{bmatrix} = \begin{bmatrix} r_{11} & r_{12} & \cdots & r_{1m} \\ r_{21} & r_{22} & \cdots & r_{2m} \\ \cdots & \cdots & \cdots & \cdots \\ r_{n1} & r_{n2} & \cdots & r_{nm} \end{bmatrix}$$

其中，r_{ij}表示從第i個因素開始，被評價對象獲得第j種評語的可能性（$0<r_{ij}<1$，i=1，2，…，n；j=1，2，…，m）。

第五，進行模糊綜合評價，B = Wr。綜合考慮所有因素，對事物做出最後評價，其

中的數字是這樣確定的：將 W 中從左到右的每個數字與 r 中第 j 列從上到下相對應位置的數字相比，取較小者，再從這 n 個較小者中取最大者。在模糊綜合評價中，評價過程是可以循環的。這一過程的綜合評價結果，可以作為後一過程中綜合評價的投入數據。

本章復習思考題

1. 民間非營利組織財務績效評估的目的是什麼？
2. 民間非營利組織財務績效評估的方法有哪些？
3. 民間非營利組織財務績效評估的基本指標有哪些？

第八章
民間非營利組織財務監督

學習目標

- 瞭解民間非營利組織財務監督的相關概念
- 理解民間非營利組織的政府財務監督機制
- 理解民間非營利組織的社會財務監督機制
- 理解民間非營利組織的內部財務監督機制

第一節　民間非營利組織財務監督概述

一、民間非營利組織財務監督的內涵

民間非營利組織財務監督是指特定的監督主體對民間非營利組織財務活動和經濟關係的合法性、合理性及其資源利用效率的監察和督促。民間非營利組織財務監督的重點是社會公益資財的合理利用。

民間非營利組織財務監督的具體內涵包括：①監督主體。監督主體即監督行為的實施者，可以是組織的利益相關者，包括政府、社會資財提供者、仲介組織、內部經營管理者和員工等。②監督客體。監督客體即被監督對象，通常指民間非營利組織資金運動過程中涉及的各項經濟活動。③監督內容。財務監督是對民間非營利組織財務活動、財務關係、資源利用進行的監督。

二、民間非營利組織財務監督機制的構建

(一) 構建目標

構建民間非營利組織財務監督機制的總目標是建立健全民間非營利組織有效的財務監督機制，確保民間非營利組織履行社會使命，最大化保障組織的利益相關者的權益。具體目標如下：

（1）建立符合社會發展特性的民間非營利組織財務監督機制。中國社會正處於快速發展時期，社會公共事務層出不窮，社會矛盾複雜交錯。建立良好的財務監督機制，有利於民間非營利組織的健康發展。

（2）財務監督機制的建立，必須以促進組織的社會使命的實現為核心。民間非營利組織關注社會使命和社會責任的實現，以社會價值最大化為追求的目標，財務監督機制的建立是為了更好地幫助組織實現其社會使命。財務監督機制的建立必須兼顧全部利益相關者的利益，保障其監督權利的行使。

(二) 構建原則

1. 系統性原則

財務監督機制是一個大的系統，由許多小系統構成，這些小系統之間互相聯繫又互相制約，為實現一個共同的目標而存在。民間非營利組織的財務監督機制應該是有眾多特定目標，各要素之間相互聯繫又相互區別，並且能夠與外部環境進行信息交換的開放性的系統。

2. 成本效益原則

在構建民間非營利組織財務監督機制時，必須考慮成本效益原則。對民間非營利組織財務活動的監督需要在政府主體和非政府主體監督之間找到一個合適的平衡點，以實現監督的成本效益原則。

3. 動態性原則

從系統角度來看，事物隨時間的推移而發生變化。任何事物都是靜態和動態的統一，對系統的把握就在於對動態和靜態的認識。民間非營利組織財務監督是一個動態發展的系統。

(三) 構建思路

特定的監督主體與監督客體之間形成基於特定內容的監督與被監督關係。從範圍上看，通常存在兩種類型的監督關係：一種是存在於組織外部的監督關係；另一種是存在於組織內部的監督關係。由此也形成兩種監督機制，即構成了民間非營利組織的外部監督機制和內部監督機制，外部監督機制又可以進一步細分為政府監督機制和社會監督機制。

1. 民間非營利組織的外部財務監督機制

外部財務監督機制包括政府財務監督機制和社會財務監督機制。

政府財務監督機制包括政府監督的組織機制、政府監督的運行機制、政府監督的信息反饋機制。政府作為社會組織的管理者和民間非營利組織資金來源的提供者，有必要對組織的財務活動及財務關係的合法、合理、有效性進行監督。與其他監督主體相比，

政府擁有公共權力，對民間非營利組織財務進行監督的效力高，能夠對民間非營利組織的發展起到關鍵性的引導作用。

社會財務監督機制包括社會財務監督保障機制、社會財務監督實施機制、社會財務監督信息反饋機制。社會財務監督主體與政府財務監督主體同屬於外部監督主體，但是社會財務監督的權威性與後者相比較弱。社會財務監督保障機制是提高社會財務監督動力和效力的有效途徑。社會財務監督實施機制主要是解決各外部利益相關者在保障權利的情況下如何開展對民間非營利組織財務的監督工作。社會財務監督信息反饋機制是強化社會財務監督效果的有效方式。

2. 民間非營利組織內部財務監督機制

民間非營利組織的內部財務監督機制與外部財務監督機制是相輔相成的關係。規範民間非營利組織的財務行為，必須將外部約束性監督與內部規律性監督結合起來。民間非營利組織內部監督包括理事會、監事會、組織各職能部門和員工等按照權責和層次劃分的監督。內部財務監督機制主要包括：完善非營利組織治理結構；建立內部職能部門對組織財務進行日常監督制度；通過內部財務監督激勵機制提高內部監督的動力。

第二節 民間非營利組織外部財務監督機制

一、民間非營利組織的政府財務監督機制

（一）建立政府財務監督機制的必要性

1. 有利於實現資源的優化配置，維護國家和人民的利益，統籌外部各種監督關係

譬如政府審計部門對2008年「5/12」汶川特大地震的救災物資的籌集、分配、撥付、使用情況進行了跟蹤審計，並發布了審計情況公告以接受社會各方面的監督，充分體現了政府財務監督機制在資源的優化配置、維護國家和人民的利益，以及統籌內外部各種監督機制之間關係中的作用。

2. 政府審計的權威性有利於實施對民間非營利組織的財務監督，並對註冊會計師的審計進行適當的再監督起到積極作用

國家審計部門可以對某些規模較大的民間非營利組織進行審計，必要時對組織進行經濟責任審計，以督促民間非營利組織高層管理人員履行職責。政府有關部門對被審計對象所在的部門、單位的財政收支、財務收支真實性、合法性和效益性等情況進行檢查，進而評價被審計對象對本單位、本部門存在的各種經濟問題所應承擔的責任，對降低組織代理成本，規範組織財務運作都有較大的作用。

3. 有利於對民間非營利組織的免稅資格、撥款規模等持續評估，為相關部門的決策起到一定的積極作用

在完成政府部門的審計工作後，政府相關審計部門會將結果告知財政、稅務等其他部門，政府各部門根據審計結果，可以對以後是否應該對該民間非營利組織進行撥款捐

助、該組織是否繼續享受免稅優惠進行更加合理的評價。

(二) 政府財務監督機制的職責分工

1. 財政監督

財政部門作為政府的理財部門，應當對享受財政資金補助的民間非營利組織進行財務監督，確保財政資金被有效地運用於社會公益事業。為了加強財政部門對民間非營利組織的監督，各級財政部門應該明確規劃，根據各地區民間非營利組織的規模和發展狀況，考慮是否在當地財政部門內設立專門機構以加大對民間非營利組織的管理和監督力度，關注民間非營利組織運行中的財務問題，制定針對民間非營利組織的具體財務管理制度，充分發揮財政監督的作用。

2. 稅務監督

民間非營利組織由於其公益特徵而可以享受多種減免稅等優惠措施。稅務部門應當加強對民間非營利組織的財務監督，適當提高非營利組織免稅資格的認定標準，每年不定期地進行稅務抽查，利用公眾資源對民間非營利組織財務狀況進行核查，建立健全賞罰機制，對執行較好的組織適當進行稅收補貼，對違反稅收徵管規定的民間非營利組織進行相應的處罰，充分發揮稅務的監督作用。

3. 政府審計監督

2006年修訂的《中華人民共和國審計法》，已經將「國家的事業組織和使用財政資金的其他事業組織的財務收支」以及「其他單位受政府委託管理的社會保障基金、社會捐贈資金以及其他有關基金、資金的財務收支」納入政府審計監督的範圍。這使得一部分民間非營利組織已經被納入政府審計監督的範圍。政府審計監督有利於促使民間非營利組織更好地利用資源，實現其社會價值。

二、民間非營利組織的社會財務監督機制

(一) 民間非營利組織社會財務監督保障機制

1. 社會財務監督的制度保障

為了增強社會財務監督的權威性，首先應該通過正式制度來維護社會財務監督主體的權利。社會財務監督的正式制度主要包括國家按照一定的目的和程序制定的一系列法律法規，它們共同構成對行為主體的激勵和約束。

2. 社會財務監督的信息保障

社會財務監督的信息保障包括信息渠道的多樣性和信息來源的可靠性。監督主體對民間非營利組織財務活動和財務行為進行監督，可以通過以下途徑獲取相應的材料信息：

(1) 通過民間非營利組織登記管理機構或者業務主管部門取得相關的資料。這種方式能夠瞭解組織的申報情況、免稅資格、財務運行情況等，但是程序比較繁瑣。

(2) 翻閱民間非營利組織印發的書面報告。民間非營利組織的書面報告通常具有清晰、準確的特點，符合人們通過閱讀報告獲取信息的習慣。

(3) 信息化網路渠道。通過網路化財務信息的披露，可以發揮電子媒體時效性強、容量大的特點，使信息使用者及時查閱民間非營利組織的財務信息。

3. 社會財務監督的組織保障

民間非營利組織社會財務監督主體廣泛，僅靠單個組織對民間非營利組織進行監督，不但會加大監督成本，影響監督效率，而且監督效果也難以保證。通常可以通過強化第三方審計的審計監督作用，來進行民間非營利組織的社會財務監督。譬如可以由國家授權會計師事務所代表分散的社會監督主體對民間非營利組織財務進行監督，並且通過成立專項基金用於支付審計費用，充分發揮社會審計對民間非營利組織的財務監督作用。

（二）民間非營利組織社會財務監督實施機制

1. 以註冊會計師審計為主的社會監督

國家可以完善對民間非營利組織的相關審計制度，強制要求民間非營利組織每年至少接受一次以註冊會計師審計為主的外部審計。同時，民間非營利組織自身也應強化聘請外部審計機構對組織進行財務審計的意識。

2. 其他外部利益相關者的監督

應發揮其他外部利益相關者對民間非營利組織的監督作用。金融機構作為民間非營利組織的債權人，可以通過瞭解民間非營利組織的內部財務狀況，監督其資金營運情況。捐贈人作為民間非營利組織的重要資金提供方，可以通過瞭解組織資金的運作，查閱組織財務資料，對有疑問的地方提出質疑，對組織進行監督，以提高資源的使用效率。社會公眾作為資源的享有者，可以通過監督其資源的利用情況，對民間非營利組織進行財務監督。新聞媒體可以加強宣傳民間非營利組織存在的重要性，增強公眾對非營利組織的瞭解，為後續的監督打好基礎。還有其他一些外部利益相關者，比如研究人員可以通過對民間非營利組織的研究，間接地發揮對組織財務的監督作用。

（三）民間非營利組織社會財務監督的信息反饋機制

民間非營利組織社會財務監督的信息反饋機制是保證監督效果的重要舉措。在中國，註冊會計師審計監督發現的民間非營利組織財務問題都會通過審計報告的形式反應出來，有關管理部門會據此採取相應的措施。民間非營利組織的資金提供者發現組織問題後能夠通過停止資助等方式加強對組織的約束。作為社會監督的各個群體，尤其是社會公眾，可以依靠網路手段，建立統一的信息反饋網路，讓大眾對民間非營利組織有更多瞭解，提高對民間非營利組織的關注，一旦發現可疑的問題或者有好的建議，便可以通過信息反饋網路與政府等主管部門進行溝通，促進民間非營利組織更好地發展。

第三節　民間非營利組織內部財務監督機制

一、組織的內部治理結構是內部財務監督的基礎

（一）組織治理結構中多層次的財務監督主體

民間非營利組織的內部治理結構通常涉及發起人、理事會、秘書長及其他管理人員、一般員工等，設計一套制度機制來處理以上這些不同利益主體之間的關係，是民間

非營利組織內部財務監督機制的基礎，即組織的治理結構是內部財務監督機制的基礎。運用不同的內部治理模式，決定著不同類型的內部財務監督機制的建立。民間非營利組織與企業等營利性組織的內部治理結構的對比見表8-1。

表8-1 民間非營利組織與營利性組織內部治理結構對比

機構	組織類型	名稱	主要職能
最高法定權力機構	營利性組織	股東大會	決定經營方針與投資計劃
			選舉董事
			批准公司財務決策
			決議公司清算、分立、合併
			審核董事會報告、審查監事會報告
	民間非營利組織（社會團體）	會員大會或會員代表大會	行使制定、修改章程和會費標準，制定、修改負責人、理事和監事選舉辦法，審議批准理事會的工作報告和財務報告，決定社會團體的終止事宜，以及章程規定的其他職權
決策機構	營利性組織	董事會	具體財務戰略
			預算決算
			設置內部管理機構和具體管理制度
	民間非營利組織（基金會）	理事會	具體財務戰略
			預算決算
			設置內部管理機構和具體管理制度
			聽取秘書長報告，檢查其工作
執行機構	營利性組織	經理人員	擬訂各項計劃
			具體日常財務管理
			財務分析與報告
			實施財務預算
	民間非營利組織	秘書處或秘書長或其他高管	擬訂各項計劃
			具體日常財務管理
			協調各分支機構開展工作
監管機構	營利性組織	監事會	檢查公司財務
			監督董事、高管行為
			對異常活動進行調查或請會計師事務所協助調查
	民間非營利組織	監事會	檢查財務和會計資料
			監督理事會遵守法律和章程情況
			提出質詢和建議並向登記機關、業務主管單位以及稅務、會計主管部門反應

民間非營利組織的治理與財務監督有著密切的關係，二者相輔相成。有效的治理機制，能夠為財務監督營造良好的運行環境，為財務監督提供制度保證與實施基礎。嚴格履行財務監督職能，也有利於民間非營利組織治理機制的完善。

(二) 完善組織內部治理結構，發揮內部財務監督職能

進一步規範民間非營利組織治理結構中不同權利主體的職責和行為，充分發揮內部財務監督職能。具體而言：

(1) 建立理事會財務監督框架。民間非營利組織應該建立以理事會為核心的財務監督框架。在以理事會為核心的治理模式下，制定明確的財務監督制度性框架，進行有效的財務監督。

(2) 引入利益相關者財務監督主體，建立獨立理事制度。獨立理事的職責包括：審查理事會提交的財務會計報告以及查核監事會報告，對重要決策享有決議權，評價理事會、監事會及其他高管的業績。

(3) 強化監事會的財務監督職能。民間非營利組織應該強化監事會的財務監督作用，充分保證其獨立性。首先，保證監事會在民間非營利組織中的地位是獨立的，監事會成員的任免由業務主管部門、捐贈人等分別選定，人員構成主要以外部監事為主。其次，加強監事會成員的素質，尤其是道德品質和財務會計專業知識。監事會的職能主要是檢查組織的財務會計資料和監督其他高管的行為，這就要求監事會成員必須對民間非營利組織的財務會計制度以及相關的國家法律、法規非常熟悉，才能充分發揮其監督作用。最後，為了保障利益相關者的利益，無論組織是否存在問題，監事會都應該將監督的具體信息進行披露，包括組織機構、工作開展情況、財產的管理和使用情況。

二、民間非營利組織的日常財務監督部門

(一) 財務監督委員會

在民間非營利組織內部建立財務監督委員會，有利於實施有效的財務監督。根據民間非營利組織的內部治理結構特徵，可以在理事會下設立財務監督委員會。它的主要職能包括：建立監督制度、分析和判斷組織目前的財務情況、對新的財務決策提出建議、審查組織內部不合理的違規違法行為、對可能發生的財務風險進行預警並提出解決措施等。對於財務監督委員會成員的選聘，應該遵從公開、公正的原則，其成員的組成包括財務專家、熟悉非營利組織所在行業特徵的專家、少數非營利組織的工作人員等。

財務監督委員會通過建立相應的監督制度來保障監督執行效果的實現。監督制度的內容包括：事前監督，主要包括預算管理制度的建立；事中監督，主要包括財務分析決策和預警制度的建立；事後監督，主要包括執行效果獎懲制度的建立。各種制度的設計需要充分考慮組織內外部環境，強化信息溝通，既保障自主性的發揮又保護利益相關者的權益。在這個過程中，財務監督委員會的工作包括：

(1) 制定財務控制的標準。這主要通過制定合理的財務預算、細化和規範財務預算的執行來實施。

(2) 分析實際運行偏差。對偏差大小、產生原因進行分析，及時反饋和糾正。

(3) 建立財務預警系統。通過財務預警系統進行非營利組織存在的各項財務風險

的防範，即通過預警系統防範財務管理目標風險、籌資領域的風險、資金支出方面的風險、投資方面的風險。

（4）衡量財務執行效果。民間非營利組織根據自身特點，可利用平衡計分卡等綜合績效評估方法來建立適合自身發展的評價體系。

（二）內部審計

民間非營利組織內部審計由組織內部審計人員承擔，直接服務於部門和單位最高管理部門。內部審計的職能包括：獨立監督和評價本單位及所屬單位財務收支、經濟活動行為的真實、合法和效益，包括工作質量和效率，提出改進建議，以促進組織管理和組織目標的實現。內部審計立足於提高效益，側重於專業化、系統化、程序化的分析、跟蹤、審計，在增強工作質量的前提下，力求決策的科學性，尋求解決弊端的有效性，評判績效的客觀性，樹立追究責任的權威性。它的特點包括：

（1）人員構成的專業性。內部審計的人員在內部人員中挑選產生，一般應具有審計、會計等基礎知識。

（2）工作內容的綜合性。內部審計的主要工作內容是採用系統化、規範化的方法對風險管理控制及治理程序進行評價，提高它們的效率從而幫助實現組織目標。內部審計將組織的財務制度制定及執行情況、財務收支合理性、是否存在財務違規現象等信息，及時地與國家審計、社會審計進行信息溝通，有利於更好地保障民間非營利組織財務信息透明度的提高，提升財務監督的可靠性。

本章復習思考題

1. 民間非營利組織的財務監督如何分類？
2. 民間非營利組織的外部財務監督機制包含哪些內容？
3. 民間非營利組織的政府財務監督機制與社會財務監督機制有何差異？
4. 民間非營利組織的內部財務監督機制的主要內容有哪些？

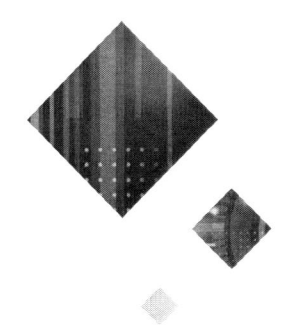

下篇
民間非營利組織財務管理案例與實務

第九章
民間非營利組織籌資管理案例與實務

案例一 「愛心衣櫥」
—— 從網上競拍到認購等多種籌資方式的創新

學習目標

- 理解「愛心衣櫥」的運作模式以及其優缺點
- 理解「愛心衣櫥」項目為何能得到公眾的信任
- 掌握不同籌資方式在不同項目中的適用性

一、案例概述

2011年5月9日,中央電視臺財經頻道著名主持人王凱發表了一條微博:「每個主持人都有一大堆淘汰下來的出鏡裝,也有很多朋友問過我能不能買一模一樣的。我突然有個想法:開個網店,把每件衣服配上原主持人的出鏡照片在網上賣掉,然後把錢捐給民間慈善團體。」為何王凱會發這樣一條微博呢?原來,在王凱眼裡,衣櫥裡「擁擠」的出鏡服裝成了「雞肋」,因為它們「很可能再也沒有其他合適的機會被穿上了」,可「丟了它們又非常可惜」,畢竟,這些專為主持人定做的服裝從款式到搭配都是由中央電視臺專業造型師傾力打造的。能不能一起在網上開個網店,把每件衣服配上原主持人的出鏡照片在網上賣掉,然後把錢捐給像「天使媽媽」這樣的民間公益機構呢?於是,王凱將自己的這一想法發表在了微博上。而令他沒想到的是,這條微博在短短幾小

— 099 —

時內就被轉發了上千次，博友中更多的是那些對慈善抱有最樸素想法的普通老百姓，當然也不乏演藝界、主持界等圈內「名人」。與此同時，他的好友馬洪濤也表示非常願意「出手相助」。微博上洋溢著的善良熱情和好友的加盟讓王凱內心「沸騰」不已，他決定立即把這個想法付諸實踐。於是，2011年6月9日，一個名為「愛心衣櫥」的慈善項目宣布成立；7月，愛心衣櫥新浪微博公益版上線試運行，網友可以在這一平臺上瞭解到「愛心衣櫥」的各類信息。7月22日14時，掛靠在中國青少年發展基金會下的「愛心衣櫥」公益基金也宣布正式啟動。啟動儀式上，中國青少年發展基金會和德勤會計師事務所聯合宣布，對「愛心衣櫥」進行全程審計，並對校服的採購及資助進行延伸審計。同時，「愛心衣櫥」的財務帳目和「愛心衣櫥」捐款對應發放新衣學校也會在官網和微博公示，所有愛心人士都可以直接查詢、核對。「愛心衣櫥」管委會成員如表9-1所示。

表9-1 「愛心衣櫥」管委會成員

姓名	職位
王凱	中央電視臺財經頻道主持人
馬洪濤	中央電視臺財經頻道主持人
文晉	中央電視臺財經頻道「大集大利」製片人、總導演
葛亞	中央電視臺財經頻道「對手」欄目總導演
餘武	西典集團董事長
王旭東	中國青少年發展基金會人力資源部部長
喬穎	「愛心衣櫥」執行總監

　　2011年8月初，微博拍賣平臺正式上線，每一件拍品都有單獨的拍賣頁面。微博拍賣平臺是王凱最初想法的實現，其拍賣規則主要為：拍品上線後，由各位愛心網友自由競拍，出價最高者掛「領先」標誌。此後開始倒計時，如24小時內無人加價，則此拍品被「領先人」拍得；如24小時內有其他用戶回應，出更高價錢，則從新「領先人」出價時間開始，重新倒計時24小時，直至無人加價，拍賣結束。出價前請先看清競拍須知！「愛心衣櫥」拍賣參與人，需要是達人和V用戶，如果您不是達人或者V用戶，但是想參與拍賣，則可以給「愛心衣櫥」發私信，留下地址和電話聯繫方式，「愛心衣櫥」工作人員會協助大家參與競拍。

　　不得不說，這種微拍規則是很巧妙的。首先，如果有人一直在加價的話，這個衣服就會一直地往更高的價格上拍。雖然現實情況下任何物品都不可能被拍到無窮高價，但是這種競拍模式卻能最大限度地提高被拍物品的價格，實現物品本身價值的最大化。其次，這個規則讓好多人擔心24小時之內會不會有其他人出了更高的價格，把今天屬於「我」的東西「搶走」，這樣就製造了一種「競爭」的氛圍，所以有的人乾脆在最短的時間內出一個挺高的價格，讓其他人「望價生畏」，於是被拍物品在24小時之內就可塵埃落定，「花落」出價最高的人的手中，同時還不會妨礙下一件物品的拍賣進度。

　　「愛心衣櫥」新浪官方微博顯示：除了微拍之外，所有人還可以通過兩種方法參與「愛心衣櫥」的慈善活動：第一種是通過「愛心衣櫥」在新浪的官方微博，認購為孩子

們特別設計的防寒保暖衝鋒衣，一共有四個款式，錢匯總後用於為孩子們購買衣服，每套 140 元；第二種是通過官方微博發布的「愛心衣櫥」帳號進行捐款。另外，在之後，「愛心衣櫥」還和「支付寶」公益合作建立了快捷捐贈平臺，使用「支付寶」的網友們可以非常方便地在「支付寶」公益頁面上選擇「愛心衣櫥」進行捐贈；凡客誠品也在其網站製作了專門的「愛心衣櫥」活動頁面，凡客誠品會員們可以參與到「5 元團愛心認購新衣服」的愛心活動中來；優酷網為「愛心衣櫥」開設了專題頁面，展示「愛心衣櫥」去各地送新衣的即時視頻資料。

在 2011 年 11 月 20 日 17 點 30 分，「愛心衣櫥」在凱賓斯基飯店宴會廳舉行「2011 遠東慈善晚宴」，為甘肅會寧、四川涼山、貴州黔西南等地區的貧困小學生募集善款，以資助孩子們的保暖冬衣。此次晚宴現場共籌集善款 570.983 萬元，為 4 萬餘名貧困學生解決了冬裝的問題。鑒於這次慈善晚宴的成功，「愛心衣櫥」在 2012 年 11 月 24 日舉行了第二屆慈善晚會，此次慈善晚會以「37°C 溫暖」為主題，在寒冬降臨之時匯聚社會各界愛心，以捐贈物品義拍的形式為貧困地區的孩子添置防風防雨保暖透氣的新衣。

經過對質量、性價比等各方面的考量，「愛心衣櫥」選定凡客誠品為項目的戰略合作夥伴和唯一指定的服裝供應商，凡客誠品將義務承擔服裝的設計及物流配送，同時承擔一部分生產成本。

凡客誠品將邀請第三方檢品中心在交貨前對所有衣物進行全面檢查，並對外發布質檢報告，以保證衣服的質量。同時，每一個環節都公開透明。世界四大會計師事務所之一的德勤會計師事務所對整個生產成本進行獨立審計，並發布報告。至 2012 年「六一」兒童節，新衣服項目的進展情況如表 9-2 所示。

表 9-2 「愛心衣櫥」新衣服項目進展情況

時間	衣服數量	資助的具體對象
2011 年 10 月 16-18 日	2,086 套新衣服	甘肅省會寧縣新添鄉、土高鄉、草灘鄉、翟所鄉
2011 年 11 月 23-27 日	2,329 套新衣服	貴州省威寧縣下屬 6 所小學
2011 年 12 月 24-30 日	1,950 套新衣服	雲南文山的 2 所小學、貴州興仁的 1 所學校、四川攀枝花的 1 所學校、四川涼山彝族自治州越西的 23 所小學
2012 年 3 月	1,551 套新衣服	青海省囊謙縣吉曲鄉的 7 所學校
2012 年 4 月 16 日-5 月 15 日	1,079 套新衣服	西藏自治區阿里地區的改則縣察布鄉小學和改則縣先遣鄉小學，河北省保定市望都縣中韓莊鄉中韓莊小學
2012 年「六一」期間	4,376 套新衣服	新疆維吾爾自治區喀什地區學校

截至 2012 年 5 月 31 日，已經通過微博線上拍賣了 72 件各界愛心人士、愛心企業捐贈的拍品，籌款 814,921 元。其中，歐陽奮強在 1987 年版電視劇《紅樓夢》中飾演寶玉時所穿的戲服最終以 109,001 元成交，創下當年「愛心衣櫥」網上拍賣服裝最高價。「支付寶」公益「愛心衣櫥」頁面籌款 113,428.46 元；凡客誠品團購愛心籌款 25,900 元；微公益捐款 209,280 元；青基金帳戶籌款 7,421,904.32 元；籌款合計

8,585,433.78 元。「愛心衣櫥」團隊還獲得了多項公益慈善獎項,包括《京華時報‧公益周刊》頒發的「2011 京華公益獎年度創新公益項目獎」(2011 年 12 月 16 日);中國慈善年會組委會頒發的「2011 年度中國慈善推動者」(2012 年 1 月 8 日);王凱獲得「2011 中國杯帆船賽藍色盛典暨時代騎士勛章授勛儀式」的「中國愛騎士」勛章(2011 年 11 月 5 日);馬洪濤獲得新浪微博「2011 年度微博創新微公益人物」榮譽(2012 年 1 月 4 日)。

截至 2018 年 7 月,「愛心衣櫥」已將防風防雨保暖透氣的新衣服送到全國 28 個省(市、區)的 371 個區縣的 1,901 所學校,共計 200,916 個孩子穿上了溫暖新衣。

2018 年 3 月 16 日,「愛心衣櫥」團隊與中華社會救助基金會合作設立中華社會救助基金會「愛心衣櫥公益基金」。2018 年 3 月 17 日,「愛心衣櫥」團隊結束與中國青少年發展基金會合作設立的「愛心衣櫥基金」。

財政部、國家稅務局〔2004〕39 號文件規定:納稅人通過中國境內非營利的社會團體、國家機關向教育事業的捐贈,准許在企業所得稅和個人所得稅前全額扣除。因此「愛心衣櫥」項目的參與人,也享受稅收優惠政策:捐贈人可以憑捐款收據申請免稅。

二、案例思考

1. 「愛心衣櫥」的資金籌集方式有哪些?各種資金籌集方式的優缺點是什麼?
2. 「愛心衣櫥」閒置衣物的特色是什麼?為何「愛心衣櫥」可以獲得公眾的信任?
3. 該項目的運行效果如何?對你有什麼啟示?

三、案例分析

(一)微博助力

「愛心衣櫥」起源於 2011 年 5 月 9 日中央電視臺財經頻道著名主持人王凱發表的一條微博。在「愛心衣櫥」成立之初,就推出了「愛心衣櫥」新浪微博公益版上線試運行,網友可以在這一平臺上瞭解到「愛心衣櫥」的各類信息,之後,微博拍賣平臺正式上線,每一件拍品都有單獨的拍賣頁面。同時,「愛心衣櫥」從啟動到之後的每一步的帳目都放在微博上公示,每週二是財務公開日。誰捐的,何時到帳,都是公開的,所有人都可以看到。等這些捐款變成孩子們身上的衣服的時候,每個拿到衣服的孩子都要簽字或按手印,還要攝像存檔,然後公布到網上。這些信息披露措施,讓公眾看到了「愛心衣櫥」項目的公開與透明。

微博在中國已經成了互聯網世界最具人氣的話語表達平臺之一,具有傳播快、時效性強、見效快的特點。通過這個平臺,「愛心衣櫥」很容易聚集海量的資源,讓更多人釋放善意。王凱在 2011 年 5 月 9 日發布這條微博後,立刻產生了「蝴蝶效應」,微博發出後僅僅幾個小時,就被轉發了幾千次,在王凱身邊形成了一場「愛心龍捲風」。參與「愛心衣櫥」的,除了主持人、演員、歌手、運動員、模特之外,更多的是那些對慈善抱有最樸素想法的普通老百姓。有的網友直接在微博上@他,並且點名說想要誰的衣服不惜拋出重金,更有很多朋友表示願意成為他的義工。之後「愛心衣櫥」微博拍賣平臺的成功也證明了這一點。而且在微博這個平臺上,大家都是平等的,儘管互相不認

識，但是所有參與「愛心衣櫥」的人們，都具有對公益事業的利他主義精神。在「愛心衣櫥」的運轉過程中，任何人一旦發現問題，都可以隨時在網上進行披露，這讓每一個參與人都充當著監督者的角色。這種充分利用網路信息公開的方式，進行公益事業募款的監督，非常有利於公益項目的順利開展。「愛心衣櫥」也正是通過微博這種網路披露信息方式，實現了對公益活動公開透明的披露目標。而且「愛心衣櫥」項目的這種信息披露，是即時動態的，有效地預防了公益項目的尋租與腐敗。可以說在「愛心衣櫥」項目實施的整個過程中，利用微博的信息披露方式，始終貫穿其中，為該項目的成功提供了保障。

(二) 不「純粹」的公益

在很多人看來，做公益就應該是「純粹」的，不應該摻雜任何商業元素。但事實上，一旦真正做了公益，就會發現如果只做純公益，不借助商業模式，不注入商業元素，公益事業很難做大做強。當然，如果「愛心衣櫥」實力足夠龐大，可以自己解決全部問題的話，也可以開一家服裝公司，成立一個慈善品牌。但是，就目前中國的公益慈善制度和環境，在現有的公益慈善模式下，很難在短時期內，創立既能立刻滿足社會需求，又能自我良性運轉的公益組織。因此「愛心衣櫥」選擇了與商業「合作」的發展道路。

「愛心衣櫥」通過與新浪、凡客誠品、遠東集團、江蘇中大、TCL 等企業合作，搭建募款、捐助平臺，讓資源在這個平臺上實現合理化「對接」，把公益的「義」和商業的「利」有機地結合起來。在「愛心衣櫥」這個項目上，利是義的基礎，義是利的昇華。如果做「純粹」的公益，會把參與其中的個人與企業考慮合理化利益的行為置於不道德的境地。長此以往，會導致做公益的人越來越少，違背了「公益」就是「公利」的公益本質。「愛心衣櫥」這個公益項目，證實了商業和公益是可以協同共生的，只要找到合適的方法，就可以實現互惠雙贏。正如湯敏博士所說：「商業的目的在於追求利潤最大化，而慈善則是要最大限度地履行社會責任。二者本質不同，就要求必須界定好二者之間的關係，否則就會產生很多負面影響。二者關係應該是保持安全距離的『可親密』，簡單來說就是：需界定，可共生。」只要全程透明、全民監督、違法必究、協議為先，商業機制將會成為公益最有力的槓桿。

四、專家點評

以前的慈善方式叫做「宣傳動員」，現在的話我更願意選擇與公眾溝通的方式。單向的、政治化的募集善款方式已經不適應這個時代，微博時代提供了相互性、平等化的慈善模式。

——時任中國青基會人力資源部部長、「愛心衣櫥」策劃人之一　王旭東

對於慈善領域的行銷，「攻心」才是重中之重。很顯然，「愛心衣櫥」就是這樣一個具備公益行銷概念的基金，也許這歸功於王凱的好人緣和影響力，更歸功於微博慈善這個嶄新又親民的慈善模式。

——時任中國傳媒大學電視與新聞學院教授　李磊

五、推薦閱讀文獻

1. 艾已晴.「愛心衣櫥」開啟中國慈善「微時代」[N]. 華夏時報，2011-09-19.
2. 2012「愛心衣櫥」慈善拍賣晚會. finance.sina.com.cn/focus/2012aixinpaimai/.
3. 「愛心衣櫥」公益基金官網：www.aixinyichu.org.
4. 王堃.「愛心衣櫥」[J]. 社會與公益，2012（9）.
5. 「愛心衣櫥」新浪博客：blog.sina.com.cn/aixinyichu2011.

六、案例資料來源

1. 「愛心衣櫥」公益基金官網：www.aixinyichu.org.
2. 中華社會救助基金會官網：www.csaf.org.cn.
3. 「愛心衣櫥」新浪博客：blog.sina.com.cn/aixinyichu2011.

案例二　河仁慈善基金會

——開啓股票捐贈形式設立基金會的先河

學習目標

- 瞭解河仁慈善基金會的成立過程
- 瞭解河仁慈善基金會的資金運作模式和管理方式
- 理解股票捐贈相對於現金捐贈的優劣勢
- 理解中國現行慈善基金會管理制度的現狀

一、案例概述

河仁慈善基金會，是由中國第一、世界第二大汽車玻璃製造商福耀玻璃集團創始人、董事長曹德旺發起，歷時近3年後，於2011年5月5日在北京成立的，是中國第一家以捐贈股票形式支持社會公益慈善事業的基金會。「河仁」二字取自曹德旺父親的名字「曹河仁」，寓意「上善若水、厚德載物」。該基金會的成立，為探索企業家慈善之路創造了一個良好的開端。

福耀集團董事局主席曹德旺一直致力於中國慈善事業，多次獲得中國「首善」的稱號。後來他認識到，自己以往所做的公益慈善事情，一直採用的是「哪裡有災難往哪裡捐」的簡單慈善模式，很難保證自己捐出去的每一分錢都發到應該收到錢的人手中。於是，他萌生了自己籌建慈善基金會的想法。考慮到既不能拿出大量現金影響自己公司的正常經營發展，又要保證基金會資金實現高效的保值增值，他決定採用以捐贈股票形式籌建慈善基金會。

2007年，曹德旺向北京頤和律師事務所律師翟慧徵詢過捐股做慈善的建議，且組建了籌備小組，認真諮詢了民政部，但後來由於金融危機爆發，此事被擱置。

2009年2月，在福建省證監局舉行的福建轄區證券期貨監管工作會議上，曹德旺表示，他計劃捐出家族持有的福耀玻璃集團股份中的60%來成立基金會。當時，曹德旺家族通過3家殼公司（在香港註冊的三益公司和鴻僑公司以及在內地註冊的耀華公司）持有福耀玻璃集團10.8億股股份，占公司總股本的53.93%。

2009年3月，曹德旺把申請書放到了國務院僑務辦公室（以下簡稱國務院僑辦）的桌子上，希望以捐股形式設立河仁慈善基金會，掛靠在國務院僑辦之下。之所以選擇國務院僑辦，原因主要有以下兩點：一是曹德旺已取得香港永久居民身分，並在國務院僑辦主管的中國僑商投資企業協會擔任副會長，平時工作時與該機構有諸多往來；二是曹德旺看中了國務院僑辦在中央部委之間的協調能力。

2009年3月起，國務院僑辦作為河仁慈善基金會主管單位，民政部作為登記機關，邀請財政部、國家稅務總局、中國證監會、法制辦等部委相關負責人召開了兩次協調會，並將河仁慈善基金會的構想上報國務院。

2009年4月，曹德旺正式向民政部遞交申請書。然而，由於以個人捐贈股票形式成立慈善基金會在中國境內是史無前例的，河仁慈善基金會面臨註冊、納稅和上市公司控股股東等諸多體制障礙，最主要的問題有以下四個方面：

（1）財政部方面。2003年出抬的《財政部關於加強企業對外捐贈財務管理的通知》，曾明文規定，企業持有的股權和債權不得用於對外捐贈。而曹德旺計劃捐出的家族股份，正是通過3個殼公司持有的。

（2）民政部方面。按當時執行的《基金會管理條例》的規定，全國性公募基金會的原始基金不低於800萬元人民幣，地方性公募基金會的原始基金不低於400萬元人民幣，非公募基金會的原始基金不低於200萬元人民幣；原始基金必須為到帳貨幣資金。而曹德旺想捐贈股票來設立慈善基金會中的股票，本身是沒有價值的，只有在股權交易中才能形成市場價格。

（3）證監會方面。曹德旺一開始要捐出家族持有的福耀玻璃集團股份中的60%來成立基金會，而當時曹德旺家族通過3家殼公司持有福耀玻璃10.8億股股份，占公司總股本的53.93%，即曹德旺想要捐贈的股份為總股本的32.358%，這筆受讓超過了總股本的30%。《中華人民共和國證券法》規定：「通過證券交易所的證券交易，投資者持有或者通過協議，其他安排與他人共同持有一個上市公司已發行的股份達到30%時，繼續進行收購的，應當依法向該上市公司所有股東發出收購上市公司全部或者部分股份的邀約。」同時，福耀玻璃集團的大股東也變為了河仁慈善基金會，這就會導致上市公司實際控制人的變更，很可能影響上市公司的正常經營。由於曹德旺捐贈的是股票，價值取決於福耀玻璃集團的經營狀況，相應地就會影響基金會能夠投入慈善事業裡的資金情況。

（4）國家稅務總局方面。雖然曹德旺捐股是非營利行為，但按照現行法律，即使在計算了各種免稅折扣後，這筆股權的受讓仍然會產生約5億元的企業所得稅。

2009年6月，民政部副部長姜力率國務院法制辦、國務院僑辦、財政部、國家稅務總局、證監會等單位組成聯合調研組，專程前往福耀玻璃集團總部所在地——福清市，開展基金會專項調研，並考察相關基金會的運作情況。此次考察中，調研組向曹德旺提出了河仁慈善基金會註冊所面臨的問題。經考慮，曹德旺表示，把捐股數額減到4.5億股，以確保福耀玻璃集團的大股東不會變成河仁慈善基金會，這樣就解決了證監會方面的問題。在兩天的考察結束後，調研小組返京撰寫評估報告，再次遞交國務院。

2009年10月，財政部發出了《關於企業公益性捐贈股權有關財務問題的通知》，允許企業用股權做公益捐贈，但同時要求捐贈者要辦理股權變更手續，不得再行使股東權利，即不得要求受贈單位給予經濟回報。該通知的出抬，顯然為國內股權捐贈打開了大門。然而事實並非如此，在該通知出抬之後，河仁慈善基金會的註冊依然進展極其緩慢。

原來，曹德旺想要成立的河仁慈善基金會是中國國內第一家以捐贈股票形式支持社

會公益慈善事業的基金會，屬於一個全新的公益慈善基金會模式。與之配套需要進行的政策調整，難度大、週期長，各方面也不是特別成熟。如果給河仁慈善基金會特批，又會有損現行法規的嚴肅性。因此，在河仁慈善基金會註冊如何走程序這個問題上，各部門產生了分歧。

為了早日將基金會註冊成功，也為了證實自己真的是想把更多的資源用到公益慈善事業上，而不是詐捐，曹德旺通過自己控股的鴻僑海外有限公司減持了1億股福耀玻璃集團的股票，套現10億元人民幣，用於進行公益項目的捐助。2010年4月20日，在中央電視臺的玉樹賑災晚會上，出現了「曹德旺、曹暉捐款1億元」的告示牌。2010年5月，曹德旺父子通過中國扶貧基金會，向雲南、貴州、廣西、四川、重慶五省區旱災地區的災民捐贈2億元。此次捐贈不僅創下了國內一次性個人捐贈的最高紀錄，而且是中國首例簽訂協議的慈善捐贈。協議要求：要在6個月之內，讓西南五省區9萬多戶農民都拿到曹德旺父子的2億元捐款，差錯率低於1%，管理費用不超過善款總額的3%，否則，曹氏父子將收回這筆捐助。最終這次企業家挑戰行政主導的公益行動的實驗以捐助達到預期要求結束。不久之後，曹德旺又向福州市捐贈4億元修建圖書館，向福清市捐贈3億元修建中學和寺廟。

這一系列的行為，最終產生了積極作用。民政部表示：雖然我們也承認有價證券的價值，但在法律未做修改的前提下，還是必須用原始貨幣作為註冊資金。2010年6月，曹德旺出資2,000萬元，在國家民政部登記註冊成立了河仁慈善基金會，按照章程，這個基金會將在中國的教育、醫療、環保、緊急災害和災後重建等領域發揮作用。同時，國務院僑辦幫曹德旺把捐贈過程的稅務問題再次上交國務院。

2010年10月，財政部和國家稅務總局根據國務院的批示，對曹德旺捐股成立慈善基金會的事項專門下了一個通知：允許曹德旺不必立即繳納稅款，而是在基金會成立的5年內繳齊。

2010年12月9日，河仁慈善基金會在京召開首次準理事、監事會議，通過了基金會章程、組織結構、議事規則、工作規程、理事、監事、執行管理團隊資格認定辦法等內容，並誕生了首屆理事會、監事會名單。會議宣布，河仁慈善基金會法定註冊地為中國北京，法定代表人為基金會理事長，業務主管單位為國務院僑務辦公室。管理模式為理事會領導下的秘書長負責制。曹德旺特別強調，本基金會的財產及其他收入屬於「中國全民財產」，任何單位、個人不得侵占、私分、挪用。對於所謂「中國全民財產」之說，與會專家表述為「社會公共財產」，此為該基金會的最大特色。

2011年4月11日，福耀玻璃集團接到第一大股東三益發展有限公司、第二大股東福建省耀華工業村開發有限公司通知，兩大股東與河仁慈善基金會簽署了捐贈協議書，將合計持有的福耀玻璃3億股捐贈給河仁慈善基金會，占福耀玻璃總股本的14.98%。2011年4月14日，河仁慈善基金會在中國證券登記結算有限公司上海分公司完成了上述股票的過戶手續，以當日收盤價計算，該捐贈股票總價值人民幣35.49億元。

2011年5月5日，河仁慈善基金會在北京舉行成立儀式，開闢了中國慈善基金會用股權代替現金的註資新模式。

「之所以成立中國河仁慈善基金會，就是主張用管理企業的方式來管理慈善機構。」

曹德旺表示，「因為國際上的慈善基金，大多數都是用章程來約束管理的。」因此，河仁慈善基金會在管理模式上也將不同於以往慈善基金會的管理模式，基金會採取理事會領導下的秘書長負責制，理事會閉幕期間秘書長主持日常工作。基金會還邀請13名知名人士擔任理事，基金會的重大事項均由理事會決策，理事會接受監事會的監督。基金會聘請國際知名會計師事務所參與審計，每年定期公開審計報告及慈善項目名單。同時，河仁慈善基金會的章程顯示，基金會成立後不直接面向貧困人群，而是委託慈善機構進行救助，符合條件的機構都可以向基金會申請款項，但要無條件接受河仁慈善基金會的監督。

基金會下設四個管理機構，分別負責預算和財務管理、慈善項目管理、資產直接項目投資和間接項目投資。在今後基金會的運作上，曹德旺表示，基金會將秉承「公開、公正、公平」的原則運作，為保證「每一分錢的去向都讓社會知道」，基金會將像國際上市公司一樣規範管理，定期公開審計報告和慈善項目名單，基金會的每一件事都會向社會公告。

按曹德旺的設想，捐贈股權後，將徹底與曹家剝離，基金會擁有完整股權。曹德旺表示：「這樣做，首先，國家和民眾的感情都得到了最充分尊重；其次，可保證基金會的利益以後不受到侵害；最後，可保證我的孩子今後不會跟社會大眾發生糾紛。」

來自中國基金會中心網的數據統計顯示，截至2011年10月31日，非公募基金會已有1,279家，首次超過有1,179家的公募基金會。而身處這上千家非公募基金會中，出生不到半年的河仁慈善基金會顯得如此與眾不同。作為中國第一家以捐贈股票形式支持社會公益慈善事業的基金會，其不僅在資金注入方式、運作模式和管理規則等方面開創了中國基金會的先河，更是用行動推動了中國慈善事業向著更加健康、合理的方向發展。

二、案例思考

1. 河仁慈善基金會的管理方式與運作模式是怎樣的？有何優勢？
2. 分析股權捐贈相對於傳統捐贈的優劣勢。
3. 從河仁慈善基金會的案例中，反應出了中國在慈善制度方面的哪些問題？有什麼建議？
4. 河仁慈善基金會的成立對中國慈善事業的發展有何具體意義和影響？
5. 河仁慈善基金會的股權捐贈涉及的「應交稅金」是多少？最後怎麼處理的？有什麼啟示？

三、案例分析

（一）制度破冰

河仁慈善基金會是中國第一家以捐贈股票形式支持社會公益慈善事業的基金會，也是中國目前資產規模非常大的公益慈善基金會。曹德旺創建河仁慈善基金會的申請始於2007年，但由於史無前例且存在很大的法律障礙，加上涉及民政部、財政部、國家稅務總局、證監會等多個部門的有關程序，耗時3年多，才得以成立。

在河仁慈善基金會成立之前，很多企業家採用簡單的捐贈「真金白銀」的方式來做慈善，這個做法有很大的局限性。首先，如果出資太多，將會影響企業的發展；其次，很難確認捐贈款項的「落地」和使用效果。而河仁慈善基金會採用股權捐贈模式，既可以保障基金會的資本保值增值，又可以將捐贈對利益相關者的傷害降到最低程度，也就是說，既支持了慈善事業的發展，又不影響企業的正常營運。這為中國企業家探索公益慈善之路，提供了一個良好的開端，是中國慈善領域的一次重大變革，有可能成為今後中國慈善事業發展的一大趨勢。正如曹德旺先生所說：「我想用這個方式來影響、修改這個相關規定，因為我預測，後面會有很多企業家捐款。國家應該創造各種條件來接受這類捐款，讓富豪把口袋裡的錢捐出來。」

河仁慈善基金會從申請到成立，雖然花了 3 年多的時間，但是不得不說中國政府部門的效率還是很高的。因為中國原本對股權捐贈沒有法律上的規定，而要把這樣一件嶄新的事物，在不改變國家現有法律體系的情況下進行解決和處理，需要非常多的國家相關部委的參與、組織和協調，這些都需要不斷討論、論證、修改和完善，才能真正提出解決問題的方案和措施，而這往往需要花費大量的時間。因此，中國各個相關部委，能夠在這麼短的時間內，解決河仁慈善基金會捐贈股權的問題，無疑表明中國政府對這種新的股權捐贈模式的認可和信任，也意味著我們國家公益慈善事業的快速進步。

(二) 靠制度來運作

河仁慈善基金會不僅開創了以捐贈股票形式支持社會公益慈善事業的先河，還在運作模式和管理規則上進行了變革。比如：基金會採取理事會領導下的秘書長負責制，理事會閉幕期間秘書長主持日常工作。邀請 13 名知名人士任理事，基金會的重大事項均由理事會決策，理事會接受監事會的監督。基金會還將聘請國際知名會計師事務所參與審計，每年定期公開審計報告及慈善項目名單。同時河仁慈善基金會章程顯示，基金會成立後不直接面向貧困人群，而是委託慈善機構進行救助，符合條件的機構都可以向基金會申請款項，但要無條件接受河仁慈善基金會的監督。

以上這些章程規定，充分體現了河仁慈善基金會制度導向的運作模式。河仁慈善基金會將在日常管理中引入市場機制，在向其他基金會進行資助時簽訂諸如協議之類的契約，盡量保證所資助的每一分錢都發到應該收到錢的人手中，以達到對資金投入效能的最大化利用目的。在管理上，河仁慈善基金會引入管理企業的思想來管理慈善機構，就像國際上市公司一樣，規範而高效，靠制度來進行管理，保證了基金會的財務狀況的透明度，杜絕了一些人通過基金會牟取個人利益的行為。在國際上的慈善基金，大多數都是用章程來約束基金會的內部管理，這使得河仁慈善基金正在與國際接軌，推動中國慈善事業向更健康、更合理的方向發展。

四、專家點評

在中國資本市場不斷發展壯大的形勢下，如何保護捐贈人的合法權益，確保捐贈資產的依法管理、持續增值和有效使用，將成為中國公益慈善立法領域的新課題。

——時任全國人大常委會副委員長　路甬祥

以股票形式捐助基金會從事慈善事業可以有效避免直接動用現金過多而給企業本身發展帶來的負面影響。河仁慈善基金會的成立標誌著中國慈善事業邁出了新的步伐。

——時任全國政協副主席、全國工商聯主席　黃孟復

此基金會的成立，對於拓展慈善資金的來源渠道，增強公益基金會的工作活力和發展基礎影響深遠，也傳遞了政府對待慈善事業積極的政策信號——做慈善可突破法律、政策等方面的部分限制。

——時任北京師範大學公益研究院院長　王振耀

方案很漂亮，曹德旺幫中國企業打開這扇門之後，很多企業都會慢慢考慮往這個方向走。

——時任中歐國際工商學院管理學教授　肖知興

五、推薦閱讀文獻

1. 劉運國，徐前. 上市公司股權捐贈財務與稅務問題研究——基於福耀玻璃與哈撒韋公司的比較案例分析［J］. 財會通訊，2012（22）.

2. 費國平. 股權捐贈操作指南——從法律角度解讀股權捐贈路徑與手段［J］. 中國企業家，2009（22）.

3. 張銀俊. 理念、現狀與前瞻——關於慈善事業發展的幾點體會［J］. 社團管理研究，2012（9）.

4. 馬廣志.「吃螃蟹」的曹德旺［N］. 華夏時報，2012-03-05.

六、案例資料來源

河仁慈善基金會官網：www.hcf.org.cn.

案例三 「免費午餐」
——從民間到政府的多種籌資方式選擇

學習目標

- 瞭解「免費午餐」的資金運作模式和監督方法
- 理解「免費午餐」成功的原因
- 理解「免費午餐」從民間到政府的意義

一、案例概述

2011年2月，國務院發展研究中心中國發展研究基金會的一項關於中國貧困地區學生營養狀況的調查報告揭示，中西部貧困地區兒童營養攝入嚴重不足，受調查的學生中12%發育遲緩，72%上課期間有饑餓感。學校男、女寄宿生體重分別比全國農村學生平均水準低10千克和7千克，身高低11厘米和9厘米。該報告指出，中國兒童貧困將導致其未來人力資本巨大損失，形成貧困代際傳遞，政府應把兒童營養干預作為基本職責之一。

2011年2月，在天涯論壇組織的一場活動中，調查記者鄧飛遇到了來自貴州畢節黔西縣素樸小學的支教老師蔡加芹，從蔡老師那裡得知在一些貧困地區，絕大多數小朋友吃不上午飯，只有下午4點半放學回家後才能吃上飯，但很多小孩回去的山路超過5千米。得知這些後，鄧飛心裡很不是滋味，他想親自去看一下小朋友們的情況。恰在這時，《新世紀周刊》和中央電視臺等媒體報導了貧困地區孩子營養不良的問題，讓人心酸。鄧飛還得知，印度政府為解決小學生吃飯問題，早在10年前就推出了免費校園午餐制度，已讓1.2億名小學生午餐吃飽，還提高了教育普及率，而中國目前還沒有這樣的計劃。他意識到，應該匯聚力量，保障中國貧困地區孩子的福利，他們需要一頓「免費的午餐」。

2011年3月26日，鄧飛到黔西縣進行實地考察，不僅去了素樸鎮，還去了更窮的太來鄉，調研了那裡的烏江小學。實地考察以後，鄧飛覺得十分難過。烏江小學有149名學生和30名幼兒，都沒有午飯吃，只能靠喝涼水充饑。老師說，因為餓，很多學生下午上課注意力不集中。鄧飛當時一共考察了四五所學校，其中就有後來的第一所「免費午餐」全覆蓋的沙壩小學。

那段時間，鄧飛在微博上關注了很多不幸的孩子。他發現，每次一介紹他們，就有不少人給他發私信，表示願意捐款或者收養，也有醫院等機構跟他聯繫，願意免費治療這些孩子；還有很多機構來找他探討病患兒童救助的制度化、常規化問題。後來鄧飛在

微博上發布烏江小學的情況後，很快就有人打來電話，說他已經說服一批企業家迅速籌集了一筆善款，以支持發起針對中國貧困山區學生的「免費午餐」計劃。這讓鄧飛很感動，也讓他看到了微博世界中所釋放出來的巨大善意。如果好好地利用這些善意，可以做更多的事情去幫助那些需要幫助的孩子們。這將是一件非常有意義的事情。這也堅定了鄧飛開展「免費午餐」計劃的決心。

之後，鄧飛等人結合考察的情況，決定將黔西縣花溪鄉沙壩小學作為「免費午餐」的第一個試點項目。2011年4月2日，在沙壩小學正式點火做飯，給169名孩子提供一碗米飯、一碗菜湯和一個雞蛋。在沙壩小學，鄧飛決定雞蛋、大米和油鹽由當地供貨商供應，蔬菜就在學校周邊地區採購，這些都一定要接受老師和家長的監督，確保食品安全。經過討論，最終確定一個孩子一次午餐的花費為3元，由鄧飛他們來負責募捐。也就是在這一天，鄧飛宣布，聯合全國500多名記者，正式發起「免費午餐」公益項目。當天晚上9點，鄧飛在微博上號召對「免費午餐」項目捐款。但他從一開始就認識到：他們不能碰錢。因為個人公募有法律和道德風險，也無法為孩子們提供長期支持，所以他聯繫了中國社會福利教育基金會（2011年7月更名為「中國社會福利基金會」），由他們提供專門帳戶接受捐款，中國社會福利教育基金會收取5%的管理費——這已經是他能找到的性價比最高的平臺了。在此次呼籲募捐時，鄧飛強調，每一筆捐款和每一分錢的流向，都將全部詳盡公開，並表示會隨機選出50名捐款網友成立監事會，監督「免費午餐」的全過程。在鄧飛發出捐贈呼籲的24小時內就募集了4.6萬元。他們也設立了「免費午餐」官方微博，詳細披露項目的每一步進展，力求公開、透明。

他們還採取了一些有創意的籌資方式，如：拍賣與某些明星共進午餐的機會；開淘寶商城公益店，把網友們捐贈的閒散器物集中對外標價銷售或者競拍銷售，將所得收入捐贈出來；全國各地的網友可以在線拍下並支付一個標價為3元的虛擬產品，為孩子們提供一頓免費的午餐。同時，「免費午餐」也吸引了一些企業家的參與。例如，廣州企業家劉嶸，一向熱心公益，他為了支持「免費午餐」，發了一條微博，說該微博被轉發一次，他就向「免費午餐」捐贈9元，結果一天之內該微博被轉發了10萬次，他也履行了承諾，向「免費午餐」捐款90萬元。有一些藥業公司也參與了「免費午餐」項目，它們給每個學校配一個藥匣子，裡面有感冒藥、紅花油、瀉立停、創可貼等。還有一些小額貸款公司也要跟著「免費午餐」下鄉，推出每個享受「免費午餐」的孩子的父母可以申請小額貸款項目。還有一些視頻公司主動要求錄製北京最好的老師講課視頻，希望把視頻放給貧困地區的孩子們觀看。

就在「免費午餐」項目如火如荼進行的時候，「郭美美事件」曝光所引起的對公共慈善組織的不信任情緒，也蔓延到了「免費午餐」。有人開始問鄧飛：吃一碗面多少錢，雞蛋在山裡的價格是多少，活動組織者是打車還是坐公交車，等等。這些懷疑並非沒有來由，志願者在實地考察中也發現，個別學校的確出現了蹭飯情況，學生把家裡年幼的弟弟、妹妹帶來一起進餐，或者用飯盆帶飯回家去給老人吃，甚至周邊村民都去吃，把「免費午餐」變成了「大鍋飯」。同時，對於一些當地政府而言，孩子從家帶飯，或者乾脆餓著肚子，都不會出大事，可一旦集體用餐出了食品安全問題，很可能會影響當地領導的仕途。而且「免費午餐」與學校之間的協議很明確，校長需要承擔全

部食品的安全責任。面對公眾的種種質疑，鄧飛要求每個被捐贈的學校必須開微博，校長要通過微博詳細說明，而且微博不能由負責採購的人掌管。同時「免費午餐」開始在當地發展志願者，一旦發現問題，志願者第一時間趕到現場核實，每個項目組設置一名專職人員，隨時準備出差核查。「免費午餐」還建立了老師、家長、學生一體的監督體系，讓最關心孩子的家長進行監督。項目組還鼓勵「無所不在的網友、神出鬼沒的旅友」對受資助學校進行暗訪，並且依靠當地媒體進行監督。這種嚴密的監督政策，讓學校的校長意識到，有許多「眼睛」都在盯著他，這種監督模式有利於讓校長們盡力做好「免費午餐」項目。

對於鄧飛和他的團隊來說，運作「免費午餐」的這幾個月，他們把重點放在了保證公益慈善資金的透明度上面。鄧飛希望能打造一個模式：通過微博實現資金公開、透明、即時公布，有效地預防和制止貪污挪用等行為。可這又引出了一些新的問題，比如調查者認為白雲小學存在虛報就餐人數等問題，但是學校不承認，雙方各持己見。調查可能屬實，也可能不屬實，誰來認定？為了解決這一問題，鄧飛呼籲組建民間仲裁團，對「免費午餐」以及相關公益活動中可能產生的糾紛進行仲裁。結果法律界反應強烈，中國政法大學法學院副院長何兵表示願意領銜此事，他正在組建仲裁團。同時，鄧飛和他的團隊為申請「免費午餐」項目的學校定下了三條標準：第一，確為貧困學校——沒有食堂、大部分兒童中午是饑餓的；第二，學校的所在地具備基本的道路條件——方便食品運輸；第三，要有基本的信息發布渠道——方便管理和監督。如果一個學校不具備上網或其他可以接受監督的條件，寧可先放棄。

儘管在鄧飛等人的努力下，「免費午餐」項目發展得越來越好，但是鄧飛認為更理想的做法是由政府出錢，而由民間組織執行。他認為這應該是現代公益的趨勢。為此，鄧飛積極和政府部門進行協商，討論如何使當地政府和民間公益組織都能找準自己的位置，在「免費午餐」項目中各自履行自己的職責。

湖北鶴峰、湖南新晃兩縣有 89 所學校、近 6,000 名學生，成為「免費午餐」基金開餐人數最多、一次性覆蓋學校最多的兩個縣。這兩個縣的「免費午餐」都實行「1+2」模式，政府出 1 元，「免費午餐」項目出 2 元。同時，當地政府投資建設廚房、進行水、電改造、配備相應採購、炊事人員等。該模式的顯著特點是：「一把手」統籌協調，上下擰成一股繩，最終形成縣委書記、縣長、各職能部門、學校之間的工作鏈條與責任鏈條。在這一基礎上，這兩個縣又推行了一套細化措施，建立了「免費午餐」專帳制度、公示制度、責任追究制度。在「免費午餐」的實踐過程中還形成了「湖南新晃模式」，就是由新晃縣教育局成立監督委員會，各學校選舉一名教師代表、一名村委會成員、4 名家長代表共同監管「免費午餐」的經費執行。學生每天中午吃什麼、花了多少錢，全部在網路上公布。同時，設立專用帳戶，讓管帳的和用錢的分離，從制度上防止漏洞。

2011 年 10 月 26 日，國務院決定啟動實施農村義務教育學生營養改善計劃，中央每年撥款 160 多億元，按照每個學生每天 3 元的標準為農村義務教育階段的學生提供營養膳食補助，政策惠及 680 個縣（市）的 2,600 萬名在校學生。國務院的這項決定立即引起了社會的廣泛關注，被人們稱為中央政府送給貧困孩子的「免費午餐」，是廣大貧困

地區農村兒童的福音，也表明「免費午餐」項目引起了政府的重視。為了避免這筆錢被挪用或克扣，國務院還強調，要加強學生食堂管理，嚴格食品供應准入，明確數量、質量和操作標準，補助資金嚴格用於為學生提供食品，嚴禁直接發放給學生和家長，嚴防虛報冒領。並且要全面公開學校食堂帳務，接受學生、家長和社會監督。

對於這160億元的具體執行方案，很多專家提出了不同的意見和建議。有的建議採取地方政府和學校自己承擔的辦法；有的建議採取借鑒印度的做法，由中央政府招標採購，交給包括「免費午餐」團隊的非政府組織來做；還有的建議政府和非政府組織共同運作。儘管運作的方式方法上不拘一格，但是在如何確保資金專款專用，落實到位方面，專家們的觀點卻十分一致：「目前這種專項撥款補貼，遇到的最大問題是專用資金中途被截留，不能完全到位。一定要切實加強管理，嚴管中央專款補貼，杜絕私自佔用專項撥款以用於其他用途或者牟取私利，從而導致貧困學生少獲得甚至不能獲得應得的補助。」鄧飛也曾坦言：「不管最後採取哪一種模式，我們都會成為監督者，竭力看緊、保護好這個項目，不讓好事變成壞事。」

在「郭美美事件」導致傳統公益模式備受質疑、引爆慈善信任危機的當口，一個媒體人，一群知識精英，一個新媒體工具，無數名捐贈者，共同築起的民間公益項目——「免費午餐」，在短短的5個多月裡，他們用陸續募集到的1,690餘萬元善款，為77所學校的1萬多個孩子烹制了免費的午餐，並最終為政府所接力，這無疑是一個奇跡，更是中國慈善史上的一件大事。「免費午餐」讓公眾看到了參與公共政策以及政府以民為本的希望，也迎來了一個重新審視中國式慈善的時刻。我們的文化裡不缺慈善傳統，我們這個民族也不缺少愛心，但我們現在缺少合理的慈善制度。

「免費午餐」項目撥付捐贈支出的具體流程如下：

第一步，由兩位以上志願者根據得到的信息，對學校進行探訪，對符合條件的學校，輔導其填報相關資料。

第二步，在志願者探訪後半年內，學校按《免費午餐工作指導手冊》填寫完整申請信息，發至mfwucan@mianfeiwucan.org郵箱。

第三步，免費午餐專項基金行政專員審核申請表填寫是否合規，預算是否超標。如不合格，退回學校重新申請；如合格，轉下一步。

第四步，學校開通微博：

（1）校方微博公示，內容包括除學生名單外的所有申請資料。

（2）校方需在微博中回復所有質疑。

（3）校方需連續10天更新微博內容，以測試其信息公開能力是否達到要求。

（4）探訪志願者也可以在微博中說明探訪情況，答復質疑。

第五步，校方給「@免費午餐」微博發私信，申請「免費午餐」專項基金管委會審核。

第六步，管委會成員在微博中表決，若半數以上同意則通過其申請。

第七步，按基金會審批流程撥款：「免費午餐」專項基金出納人員編製申請撥款預算表→「免費午餐」專項基金會計人員審核→「免費午餐」專項基金管委會主任審批→中國社會福利基金會分管副秘書長審批→財務部審核→秘書長審批→財務部撥款。

截至 2019 年 6 月底,「免費午餐」項目累計開餐學校 1,223 所,累計受惠 316,243 人。現有開餐學校 946 所,遍布全國 26 個省、直轄市、自治區,供應 207,730 人用餐。

二、案例思考

1.「免費午餐」取得成功的原因是什麼?
2. 結合案例,分析民間慈善組織的優勢和劣勢。
3. 簡要分析案例中提到的三種對於 160 億元的具體執行方案的優缺點。
4.「免費午餐」成功以及最終被政府接力的意義何在?有什麼啟示?

三、案例分析

1. 平民慈善

在傳統公益模式備受質疑、引爆慈善信任危機的當口,「免費午餐」在短短的 5 個多月裡,他們用陸續募集到的 1,690 餘萬元善款,為 77 所學校的 1 萬多個孩子烹製了免費的午餐。其匯聚了千萬普通網友的捐款和巨大的民意,讓我們看到每個公民都是公共事務的參與者,都是社會改變的有生力量。王振耀認為:「每個公民都是公共事務的參與者並成為社會改變的有生力量已經成為普遍認同的社會治理模式。一個由公眾推動的慈善才是真正的慈善,一個由公民共同建造的社會才是公平公正的社會。」

「免費午餐」關注的是貧困兒童的溫飽問題,很容易就觸碰到了公民內心最柔軟的部分。同時,倡議每天捐贈 3 元為貧困地區學童提供免費午餐,捐助金額的門檻低,容易點燃公民內心的慈善熱情。並以此為標準,採用微博之類的網路傳播平臺,進行廣泛的社會動員,並及時在網路上展示項目效果,讓公眾感受到項目的可行性和透明度,進一步獲得公眾的認可和信任。這一系列的措施,使得「免費午餐」從創立起就開始不斷匯集社會各個方面的力量,就如同滾雪球一樣,越滾越大。隨著「免費午餐」項目的推進,知曉、參與「免費午餐」項目的公眾越來越多,而每一次社會力量的加入,又使得「免費午餐」的影響力進一步擴大,形成公益項目自身的良性循環。這也使得「免費午餐」在 2011 年中國慈善界公信力出現極大危機的時刻,依然獲得了極大的成功。可以說「免費午餐」的成功其實是「平民慈善」的成功。這種公益模式,使千萬大眾細小的參與匯聚而成巨大的公益慈善力量,這是任何富豪慈善都不能比擬的,也是中國慈善事業的又一大進步的充分體現。

2. 官民接力

2011 年 10 月 26 日,在「免費午餐」項目發起 5 個月後,國務院決定啟動實施農村義務教育學生營養改善計劃,中央每年撥款 160 多億元,按照每個學生每天 3 元的標準為農村義務教育階段學生提供營養膳食補助,政策惠及 680 個縣(市)的 2,600 萬名在校學生。這項計劃,被人們稱為中央政府送給貧困孩子的「免費午餐」,是廣大貧困地區農村兒童的福音,也表明「免費午餐」項目引起了政府的重視,成功地被「國家隊」正式接力。王振耀評價這次的官民接力是「中國慈善史上的一件大事,就是歐美一些國家也沒有」。

「免費午餐」作為一個由民間發起的慈善行動,影響和改變了國家政策的走向,在

中國是史無前例的，這對於中國慈善事業有著十分重要的意義。「免費午餐」讓公眾看到了政府以民為本的希望，也讓我們看到，公共政策的制定與執行，不僅僅是官員的事，更是多方利益的互動與博弈過程，一個普通公民完全可以成為政策制定的有力推動者。「免費午餐」行動探索出了一種新的運作模式，也展示了公眾愛心力量的強大。然而，我們也需要看到，大規模的社會進步，單靠民間捐款是不可能完成的，只能通過財政資金，只有依靠政府和國家的力量，才能真正實現社會的公平發展。在政府接手之前，「免費午餐」一直努力做一個創新模式，比如，如何通過微博實現資金公開、透明、即時公布，把他們的經驗做成新型模式。而當政府接手的時候，「免費午餐」實際上是希望政府可以把他們所創新的提高資金透明度的模式全盤吸收，使得政府能夠更加完美地介入。在政府介入後，「免費慈善」的原有項目運作團隊，可以在項目進行過程中，充當社會監督的角色，這也實現了政府與民間的良性互動，同樣也給那些不成功的民間公益行動提供了對照反思的範例。我們期待政府與民間的這種默契可以更多一些，可以在更為廣泛的社會領域得到實踐，使中國的慈善事業更快更好地發展。

四、專家點評

在如此短的時間內，得到了如此大規模的政府回應，這不僅是中國慈善史上絕無僅有的，就是歐美一些國家也沒有，起碼我沒有看到過。

——時任北京師範大學公益研究院院長　王振耀

源自草根、蓬勃而起，最終影響國家決策的公益行動，在中國的公益史上尚屬首次。無論其成長的速度、規模還是路徑，都足以載入中國公益史冊。「免費午餐」成功撬動了政府行為，也為中國民間公益慈善的發展提供了一個方向和一個改革樣板。

——2011年中國慈善年會對「免費午餐」公益項目的評價

五、推薦閱讀文獻

1. 薛榮泰.「免費午餐」可以走得更遠［J］. 福建質量管理，2012（3）.
2. 「免費午餐」官網：www.mianfeiwucan.org.
3. 張默宇.「免費午餐」：撬動官民合作的慈善奇跡［J］. 南風窗，2011（26）.
4. 王振耀.「免費午餐」模式可以複製［N］. 華夏時報，2011-11-12.

六、案例資料來源

「免費午餐」官網：www.mianfeiwucan.org.

案例四 「春雨行動」
——法人機構捐贈的典範

學習目標

- 理解法人機構捐贈的運作模式及其優點和缺點
- 理解通過機構籌資的方式募集資金的適用性
- 結合案例分析非營利組織籌資及使用情況

一、案例概述

2010年年初，本是春回大地、萬物復甦的美好時節，中國西南五省卻遭遇嚴重旱情。河水斷流、水井干涸、農田龜裂、群眾生活陷入危機，特別是雲南、貴州、廣西部分地區的旱情已達到特大干旱等級。

2010年3月23日，為了幫助特大旱災地區受災農戶渡過用水等生活難關，中國紅十字基金會（以下簡稱中國紅基會）發起「春雨行動」，倡議社會各界愛心人士伸出援助之手，幫助災區打井送水，為災區民眾捐贈急需的水、糧食等生活物資及善款，得到了愛心人士及企業的積極回應。截至2010年3月30日下午4時，「春雨行動」已到帳善款170萬元，並分3批向西南重旱災區下撥資金150萬元，用於打井及配贈「春雨禮包」（含礦泉水3箱、大米50千克，價值300元人民幣）等。

為支持西南地區開展抗旱救災工作，國務院國資委號召中央直屬企業（簡稱「央企」）支持中國紅基會發起的抗旱救災「春雨行動」。2010年3月31日，國資委下發了《關於央企進一步做好抗旱救災工作的緊急通知》，號召中央直屬企業積極履行社會責任，通過國資委在中國紅基會設立的「央企援助基金」向西南重旱災區捐款，積極參與支持中國紅基會發起的「春雨行動」。中國海洋石油總公司是回應國資委號召的第一家向中國紅基會「春雨行動」捐款的中央直屬企業，向中國紅基會「春雨行動」捐款1,000萬元，這是支援西南旱災的「春雨行動」自23日發起以來收到的最大一筆善款。

「春雨行動」捐款標準的設定如下：捐款300元，給災區一戶家庭送一個「春雨禮包」，包含50千克大米、3箱礦泉水等物資。捐款10萬元，給一個村約300戶家庭每戶送一個「春雨禮包」；捐款20萬元，幫助一個村打一口水井；小額捐款及大宗物資不限。

捐贈款物由中國紅基會統一調度配送至災區市、縣紅十字會，直接發放給災區受困家庭，水井項目由中國紅基會聯合基層紅十字會實行招標，委託專業工程隊打井。捐款總額的10%將作為項目執行、管理費用。

經國資委同意，中國紅基會決定將央企設立在中國紅基會的「央企援助基金」的首批捐款1,950萬元，分別撥付給雲南、貴州、廣西、重慶、四川紅十字會，其中援助雲南1,000萬元，援助貴州350萬元，援助廣西400萬元，援助四川和重慶各100萬元。

紅基會要求，央企首批捐款的70%用於採購「春雨行動」禮包，發放給嚴重缺水缺糧地區的農戶。也可根據當地實際需求，發放給農村敬老院、孤兒院等福利機構和一些農村中小學；央企首批捐款的30%用於援建中小型人畜飲水項目，包括資助打井、建設蓄水池、水窖、抽水飲水設施及相關設備的購置等。人畜飲水項目按照每村不超過15萬元的標準予以資助，具體資助數額可根據當地實際情況由市、縣紅十字會考察確定。

鄉村中小型人畜飲水項目要納入當地政府統一規劃，由市、縣紅十字會考察申報，經省級紅十字會審核確認後再撥付資助資金，省、市、縣三級紅十字會應與受援鄉鎮政府簽署四方援建協議，明確資助額度、援助內容、完成時間、資金撥付等基本要素，以確保援建項目規範快速實施（協議範本由中國紅基會提供）。協議簽署後，先期撥付資助額的70%，其餘30%在項目完成驗收後撥付。「春雨行動」禮包的發放要嚴格履行簽領手續，填寫登記表，留縣紅十字會存檔備查。「春雨行動」禮包的發放範圍、對象及數量等情況，於項目執行完成後10日內，由省級紅十字會以書面形式報告中國紅基會，以便向捐贈方反饋和公示，接受社會監督（見表9-3）。

表9-3 「央企援助基金」抗旱救災首批資金分配方案

序號	省（市、自治區）	援助金額（萬元）	企業捐贈金額	
			捐贈企業	捐贈金額（萬元）
1	雲南	1,000	中國海洋石油總公司	1,000
2	貴州	350	中國核工業集團公司	300
			中國鐵路通信信號集團公司	50
3	廣西	400	中國鋁業公司	400
4	重慶	100	中國化工集團公司	100
5	四川	100	中國華能集團公司	100
合計		1,950	合計	1,950

繼2010年4月9日首次向西南重旱災區撥付1,950萬元央企援助資金後，4月19日，再次從該基金中下撥4,350萬元用於雲南、貴州、廣西抗旱救災工作。其中，撥付雲南2,100萬元，貴州1,550萬元，廣西700萬元。根據中國紅基會的要求，本批撥付央企捐款的80%用於採購「春雨禮包」，發放給嚴重缺水缺糧地區的農戶、農村敬老院、孤兒院等福利機構及農村中小學；20%用於援建中小型人畜飲水項目，包括資助打井、建設蓄水池、水窖、抽水飲水設施及相關設備的購置等。「春雨禮包」的採購事宜，將按照行政事業單位大宗物資招標採購的相關規定辦理；禮包發放則嚴格履行簽領手續，填寫登記表並留縣紅十字會存檔備查。鄉村中小型人畜飲水項目納入當地政府統一規劃，由省、市、縣三級紅十字會與受援鄉鎮政府簽署四方援建協議，明確資助額度、援助項

目、完成時間、資金撥付等基本要素，以確保援建項目規範、快速實施（見表 9-4）。

表 9-4 「央企援助基金」抗旱救災第二批資金分配方案

序號	省（區）	援助金額（萬元）	企業捐贈金額	
			捐贈企業	捐贈金額（萬元）
1	雲南	2,100	國家電網公司	1,000
			中國神華能源股份公司	1,000
			中國葛洲壩集團股份有限公司	100
2	貴州	1,550	中國航空工業集團公司	1,000
			中國中煤能源集團公司	500
			中國水利水電建設集團	50
3	廣西	700	中國有色礦業集團公司	300
			中國兵器裝備集團公司	350
			珠海振戎公司	30
			中國電子科技集團公司第 32 研究所	10
			中國儲備棉管理總公司	10
合計		4,350	合計	4,350

跟隨著前兩批捐款，中國紅基會決定按照同樣的要求和模式將第三批央企捐款 3,200 萬元和第四批央企捐款 2,600 萬元撥至雲南、貴州及廣西紅十字會（見表 9-5 和表 9-6）。

表 9-5 「央企援助基金」第三批抗旱救災專項資金分配表

省份	援助金額（萬元）	捐贈企業及捐贈金額（萬元）			
		捐贈企業	捐贈金額	捐贈企業	捐贈金額
雲南	1,600	中國航天科工集團公司	364	中國船舶重工集團公司總部員工	8
		中國鐵路工程總公司	200	國營 814 廠	8
		中國鐵建股份有限公司	300	大唐國際發電股份有限公司	7
		中國船舶重工集團公司	200	中國電子科技集團公司第 34 研究所	8
		中國化學工程集團公司	150	中國電子科技集團公司第 51 研究所	5
		中國第一重型機械股份公司	50	西安核設備有限公司	4
		中國華能集團公司	43	核工業理化工程研究院工會	4
		中國第一重型機械集團公司	41	中核撫州金安鈾業有限公司工會	3
		中國西電集團公司工會委員會	32	國藥集團藥業股份有限公司	3
		中國建築設計研究院	27	中材建設有限公司	2
		中國建築科學研究院	22	中國兵器吉林 524 廠	2
		北京有色金屬研究總院	20	核工業集團第 203 研究所	2
		西南應用磁學研究所	20	普天信息技術研究院有限公司	2

— 119 —

表9-5(續)

省份	援助金額(萬元)	捐贈企業	捐贈金額	捐贈企業	捐贈金額
雲南	1,600	中國鋁業公司	17	中國電子科技集團公司第8研究所	1
		中國中紡集團公司	11	中國出國人員服務總公司	1
		中國兵器裝備集團公司	11	中船重工財務有限責任公司職工	1
		上海中核浦原總公司	10	中國華亭水力發電有限責任公司	1
		中國鋁業公司山東華宇公司	10	核工業集團大連應用技術研究所	1
		西南兵器工業公司	8	北京天同信合產權經紀諮詢有限責任公司	1
貴州	960	中國海洋石油總公司	600	中國電子科技集團公司第20研究所	20
		中國電子信息產業集團有限公司	100	中國電子科技集團公司第55研究所	10
		中國西電集團公司	50	中國電子科技集團公司第27研究所	10
		中國商用飛機有限責任公司	39	中國電子科技集團公司第7研究所	5
		中國誠通控股集團有限公司	20	中國電子科技集團公司第22研究所	5
		秦山核電公司工會委員會	19	中國電子科技集團公司第12研究所	3
		中核北方核燃料元件有限公司	15	中國電子科技集團公司第45研究所	3
		中國中材集團有限公司	15	中國電子科技集團公司第3研究所	2
		核電秦山聯營有限公司	11	中國電子科技集團公司第33研究所	2
		中核建中核燃料元件有限公司	10	中國電子科技集團公司第53研究所	2
		中國外運北京公司	4	中國電子科技集團公司第52研究所	2
		中國普天信息產業股份有限公司	3	中國兵器工業集團公司第205研究所	7
		中國水電建設集團夾江水工機械有限公司	2	中船重工財務有限責任公司職工	1
廣西	640	中國節能投資公司	300	上海中核浦原總公司	3
		中國電子信息產業集團有限公司	100	海南核電有限公司	3
		中國通用技術(集團)控股有限責任公司	80	中國兵器工業集團公司第201研究所	15
		中國國際工程諮詢公司	39	中核集團第404研究所	8
		中國國旅集團有限公司	11	三門峽核電有限公司	6
		彩虹集團公司	10	陝西鈾濃縮有限公司	6
		中國建築科學研究院	10	中核集團第5研究院	4
		中國建築設計研究院	10	中核集團416醫院	4
		中鴻信國際拍賣有限公司	8	中核集團208大隊	3
		中國普天信息產業集團公司	5	北京亞特蘭國際拍賣有限公司	5
		青海黃河水電再生鋁業有限公司	3	北京產權交易所有限公司	4
				中國水電工程顧問集團公司	3
合計	3,200	合計		3,200	

表 9-6 「央企援助基金」第四批抗旱救災專項資金分配表

省份	援助金額（萬元）	捐贈企業	捐贈金額	捐贈企業	捐贈金額
廣西	400	招商局慈善基金會	200	長城信息產業股份有限公司	10
		中國核工業集團公司	60	中國電子系統工程總公司	10
		中國電子科技集團公司第 10 研究所	30	中國長城計算機深圳股份有限公司	10
		中船重工第 716 研究所	20	長城科技股份有限公司	10
		中電廣通股份有限公司	20	中船重工物資貿易集團有限公司	10
		中國軟件與技術服務股份有限公司	20		
雲南	1,000	中國交通建設集團有限公司	500	華北計算技術研究所	10
		中糧集團	80	中國電子科技集團公司第 50 研究所	10
		中廣核工程有限公司	52	深圳市桑達實業股份有限公司	8
		中國煤炭科工集團有限公司	50	海南生態軟件園投資發展有限公司	5
		中國中化集團公司	50	上海華虹集成電路有限責任公司	5
		武昌船舶重工有限責任公司	50	中國水利水電第七工程局有限公司	3
		中國電子科技集團公司第 29 研究所	50	大亞灣核電財務有限公司	2
		中核集團中國核電工程有限公司	25	華北計算機系統工程研究所	2
		深圳長城開發科技股份有限公司	20	中國長城開拓投資管理公司	1
		中國水電建設集團國際工程有限公司	20	中國建材集團進出口公司	7
		中國船舶重工集團公司第 705 研究所	15	信息產業電子第 11 設計研究院	15
		武漢中原電子集團有限公司	10	中核清原環境技術工程有限責任公司	10
貴州	1,200	中國交通建設集團有限公司	500	中國電子產業開發公司	12
		中國航天科技集團	300	中國電子科技集團公司第 39 研究所	8
		中國航天科工集團（各直屬單位捐款合計）	272	深圳桑達電子集團有限公司	5
		南光集團	44	中國紡織科學研究院	4
		中國冶金地質總局	30	中核韶關錦原鈾業有限公司	4
		大唐移動通信設備有限公司	13	中國電子北海產業園發展有限公司	3
		中國電子科技開發有限公司	2	深圳易拓科技有限公司	3
合計	2,600	合計		2,600	

在項目進行期間，共建設「春雨行動」中國紅基會飲水工程 517 處，總計 6,371,496.7 萬元，物資捐贈 5,992,086.3 萬元。截至 2011 年 6 月 30 日，共籌得善款 13,867,525,696 萬元。其中，中國紅基會設立的「央企援助基金」四次撥款共計 12,100 萬元，可見「春雨行動」的善款主要來源於「央企援助基金」，即各大央企如中

— 121 —

海油、國家電網、中國神華能源股份公司及中國航空工業集團公司等。通過捐贈礦泉水、大米或打井、建設飲水工程的方式，緩解當地生活用水困難的問題。從籌款到撥款到落實，全程由中國紅基會監督與管理，各省級到縣級的紅十字會執行。「春雨禮包」的發放嚴格履行簽領手續，填寫登記表，留縣級紅十字會存檔備查。「春雨行動」禮包的發放範圍、對象及數量等情況，於項目執行完成後10日內，由省級紅十字會以書面形式報告中國紅基會，向捐贈方反饋和公示，並接受社會監督。中國紅基會根據實際情況，會同國資委和捐資企業參加部分地區的物資發放和飲水工程的竣工儀式，檢查捐款的使用和物資的發放情況。

「春雨行動」是中國紅基會為緩解旱災地區生活用水困難問題而發起的。善款主要用於購買礦泉水、大米或打井、建設飲水工程上，其中總款項的10%用於項目執行、管理費用。「春雨行動」的捐助對象針對性強，善款利用的項目簡單明瞭，資金來源及利用的明細均向捐贈方及時反饋且帳目計算公示清楚，清晰完整。同時，在項目執行過程中，中國紅基會社會監督委員會派出了監督巡視員進行監督巡視，以確保抗旱救災資金在使用過程中的管理規範、使用透明、執行高效（如表9-7所示）。

表9-7 「春雨行動」捐款分配總明細表　　　　　　　單位：萬元

撥款批次	雲南	貴州	廣西	重慶	四川	合計	文號
第一批	1,000	350	400	100	100	1,950	中紅基〔2010〕25號
第二批	2,100	1,550	700			4,350	中紅基〔2010〕29號
第三批	1,600	960	640			3,200	中紅基〔2010〕36號
第四批	1,000	1,200	400			2,600	中紅基〔2010〕64號
小額撥付	50(宣威)					50	中紅基〔2010〕17號
		20(晴隆)				20	中紅基〔2010〕18號
	30(雄州牟定縣、昭通市鎮雄縣和玉溪市)	30(興義市、獨山縣、織金縣)	20(巴馬縣和鳳山縣)			80	中紅基〔2010〕19號
	30(紅河)					30	中紅基〔2010〕21號
	50(麗江)					50	中紅基〔2010〕26號
其他撥付	200		100	100	100	500	中紅基〔2010〕67號
			200			200	中紅基〔2010〕65號
總計	6,060	4,110	2,460	200	200	13,030	

二、案例思考

1. 「春雨行動」的籌資動機、籌資方式及資金運作模式分別是怎樣的？
2. 央企捐贈作為「春雨行動」的主要籌資方式，其利弊如何？請對其進行評述。
3. 紅基會在「春雨行動」中所起的作用如何？政府在此項目中扮演什麼樣的角色？

4. 對於「春雨行動」在資金運作過程中是否存在監督？若有，還有哪些不足？

5.「春雨行動」對你的啟示是什麼？

三、案例分析

1. 項目籌資模式的選擇取決於項目的資金需求特徵

2010年3月，由中國紅十字基金會（簡稱中國紅基會）聯合媒體共同發起的「春雨行動」，得到了愛心人士及企業的積極回應，猶如一場「及時春雨」，幫助中國西南地區遭受特大旱災的農戶渡過用水等生活難關。「春雨行動」實質屬於由於自然災害的發生而形成的應急救助項目，其特點是：突發性、時效性、短期資金需求量大、應急性和長期性兼具等特點。這類救災應急項目的特點決定了該項目需要有能夠快速籌集大量救災資金的籌資渠道。

非營利組織的籌資方式主要有以下幾類：一是向政府申請財政撥款和補貼，申請項目支持和政策支持。政府是非營利組織籌資的主要渠道之一，特別是由政府機構演變產生的組織或在社會上具有較大影響力的非營利組織，通常可以通過各種渠道從政府手中獲得各種撥款、補貼、項目支持、特許權。非營利組織籌資依賴政府的原因是因為政府與非營利組織有著共同的使命，都是服務大眾，為大眾提供公共物品。二是向其他組織和個人收取會費，吸收捐贈，或個別進行負債籌資。三是挖掘自身潛力，利用組織資源進行合法營運，進行收益性籌資。非營利組織除了負債性籌資外，向政府、其他組織及個人進行的籌資都具有非償還性的特點。本案例「春雨行動」的籌資，主要利用了向社會募捐的方式，其中主要的籌資方式是央企的捐贈，而政府的參與是調動央企捐贈的重要手段。在「春雨行動」的籌資過程中，國資委利用於2008年建立的「央企援助基金」平臺，動員中央直屬企業（簡稱「央企」）為受災地區在短時間內籌集大量的救災資金，至2011年6月，「春雨項目」共撥善款13,030萬元，其中來自央企的善款約占總撥款數的93%。通過對本案例的學習可以發現，這種主要由央企捐贈的籌資模式，通常出現在應急救災的項目籌資過程中。而每個項目在確定其籌資模式時，必須充分考慮項目資金的需求特徵。

2. 資金的使用目的決定了項目的用資模式

應急救災項目的資金使用目的，是以最快的速度，緩解受災群眾的困難，幫助其渡過難關，強調的是一種高效快速的資金使用模式。直接撥款的用資模式能夠充分滿足應急救災項目的資金使用目的。在這種資金運用模式下，見效快且操作簡單，容易監控資金的運用，對資金運行的效果評價比較容易。

「春雨行動」的資金使用目的是幫助西南受旱地區的農戶渡過用水等生活難關。因此紅基會在「春雨行動」項目的資金運用中採用了直接用資模式，把款項直接分批次撥付給受災地區，及時有效地幫助西南旱災地區農戶解決用水等生活難題。該項目的最後實施效果，證明了其採用這種直接撥款用資模式的優勢。通過對該案例的分析可以發現，項目能否取得預期效果，其用資模式的選擇具有決定性的作用，而採用何種用資模式，需要我們對項目資金的使用目的進行判別。

四、專家點評

「春雨行動」是中國紅十字基金會聯合國務院國資委及相關媒體發起，幫助西南地區遭遇百年不遇大旱天災的農戶渡過難關的大型愛心行動。截至 2010 年年底，「春雨行動」共募集捐款 1.38 億元，為雲南、貴州、廣西、四川、重慶五省區受災群眾發放「春雨禮包」30 餘萬份，及時解決了 100 多萬災民的生活困難，先後立項援建中小型人畜飲水工程 492 個，長期受益人口超過 100 萬。為確保資金使用嚴格高效、公開透明，2010 年 4 月至 2011 年 6 月，中國紅基會還先後 11 次派出社會監督巡視小組對項目執行情況進行檢查和驗收，在捐贈信息、發放程序、物資（工程）質量等方面都進行了嚴格督導，並及時發布了相關的社會監督簡報。經過組織和個人申報、評審辦公室初評、公眾投票、評委評議、社會公示、徵求相關部門意見、民政部研究決定等環節，授予中國紅基會「春雨行動」2010 年度「中華慈善獎最具影響力公益項目」。

——中國紅基會「春雨行動」獲得了 2010 年度「中華慈善獎」，以上為「中華慈善獎」頒獎點評

五、推薦閱讀文獻

1. 中國紅十字基金會「春雨行動」官網：www.cyxd.crcf.org.cn.
2. 劉洋.「春雨行動」精神扶貧［EB/OL］.www.news.21cn.com.
3. 竇山平. 品牌創新：「春雨行動」滋潤了露露［J］. 現代經濟信息，2008（3）.

六、案例資料來源

中國紅十字基金會「春雨行動」官網：www.cyxd.crcf.org.cn.

案例五　上杭縣高齡老人及孤兒救濟項目

——中國首例由地方企業獨立向地方公共財政支付的例證

學習目標

- 瞭解上杭縣高齡老人及孤兒救濟項目的背景
- 理解上杭縣高齡老人及孤兒救濟項目的運作模式及優缺點
- 理解由地方企業獨立向地方公共財政支付的可操作性及其意義
- 從上杭縣高齡老人及孤兒救濟項目中得到的啟示

一、案例概述

根據聯合國教科文組織制定的標準，當一個國家60週歲及60週歲以上的老年人口超過該國家總人口的10%，或者65週歲及65週歲以上的老年人口超過該國家總人口的7%，那麼該國家就進入了「老年型國家」的行列。2000年，中國第五次人口普查結果顯示，中國60週歲以上人群比例已達11.21%；2001年，65週歲以上人群比例也已達到7%。也就是說，在21世紀初中國就已進入老齡化社會，並在之後老齡人口以年均約增加800萬人的速度激增。截至2009年12月底，全國老年人口有1.62億，占總人口的12.79%。從2010年開始，中國人口老齡化更是進入了快速發展階段，老年人口年均增加800多萬人。預計到2020年，中國老年人口將達到2.48億，老齡化水準將達到17%；到2050年進入重度老齡化階段，屆時中國老年人口將達到4.37億，約占總人口的30%以上，也就是說，每三四個人中就有一位老人。可以說，目前的中國，雖然並非人口老齡化最嚴重的國家，卻是人口老齡化速度最快的國家之一。由於中國人口老齡化速度之快前所未有且超乎想像，其對政治、經濟、文化和社會等諸多層面帶來了空前強烈的衝擊，在養老保障、醫療保障、養老服務等方面也出現了前所未有的挑戰。而與此同時，中國在應對人口老齡化問題上還存在著制度準備不足、老齡保障和老年服務發展滯後等薄弱環節。

人口老齡化是人類社會經濟發展到一定階段的必然產物，但是，人口老齡化過程中所形成的越來越高的老年人口比重及老年人口數量的增多，無疑會加重原有的老年人問題。中國人講究頤養天年，大家都希望晚年能過上幸福安穩的生活。對於老年人的親屬來說，家裡老人的生活問題是一件大事，老人生活得好，整個家庭都會和睦；老人問題沒解決好，整個家庭都會因此而不和諧。放到整個社會層面來講，任何人都會老，大家對於自己的老年生活有意無意地都會形成一個期望值。如果現在的人口老齡化問題沒有解決好，影響的是整個社會的情緒。而如今中國社會主要的養老模式是家庭式養老，但

隨著第一代獨生子女的父母進入老年，兩個年輕人負擔四個老人的養老重任，無力、無暇應對的養老問題日益凸顯。可以說，老齡問題是關係國計民生和國家長治久安的重大問題，而老年人口基數增大，高齡老人比例高，家庭養老功能弱化，是目前中國老齡工作面臨的嚴峻現實問題。為此，國家民政部從 2009 年就開始著手建立普惠型的失能老人護理津貼制度以及高齡老人津貼制度。

黨的十七大會議上，以胡錦濤為代表的國家領導人提出「人文關懷」。有專家解釋說：「所謂人文關懷，就是關注人的生存與發展，就是關心人、愛護人、尊重人。人文關懷，就是要讓社會上的每一個人都勞有所得、病有所醫、老有所養、住有所居。」「老吾老以及人之老，幼吾幼以及人之幼」，這是一個理想社會的最有力證明。在 2010 年召開的「兩會」上，養老問題成了一個熱點話題，多名人大代表就養老問題提出建議。其中，全國人大代表李國玲認為，養老問題的關鍵是確立政府資金投入的主渠道作用，應建立養老服務補貼制度，鼓勵有條件的地方建立困難老人、高齡老人津貼制度，推動老年福利由救助型向普惠型發展。2010 年 3 月，民政部社會福利和慈善事業促進司司長王振耀表示，民政部將統一高齡養老津貼制度，全國 80 週歲以上的老年人可享受津貼。同時，民政部還在進行相關規劃，將在全國社區普及老年人日間照料中心，並開展專業護理員的培訓工作。然而制度雖好，執行起來卻有不小的問題，首先就是地方公共財政的能力問題。

地方公共財政作為財政體系中的基礎環節，如果運轉良好，不僅有助於地方經濟社會發展，而且對國家財政經濟的穩定和壯大也具有重要的支持作用。如圖 9-1 所示，可以很明顯地發現，近年來地方財政入不敷出的情況日益嚴重，很多地方財政儘管在觀念上沒有問題，但是在經濟能力上卻碰到了大難題。這就導致高齡津貼制度在實施過程中很不平衡，規定按月給 80 週歲以上老年人發放高齡津貼，但很多地方都是零敲碎打，例如，有的地方規定是給 90 週歲以上老人發高齡津貼，有的地方規定發放高齡津貼標準是 85 週歲。

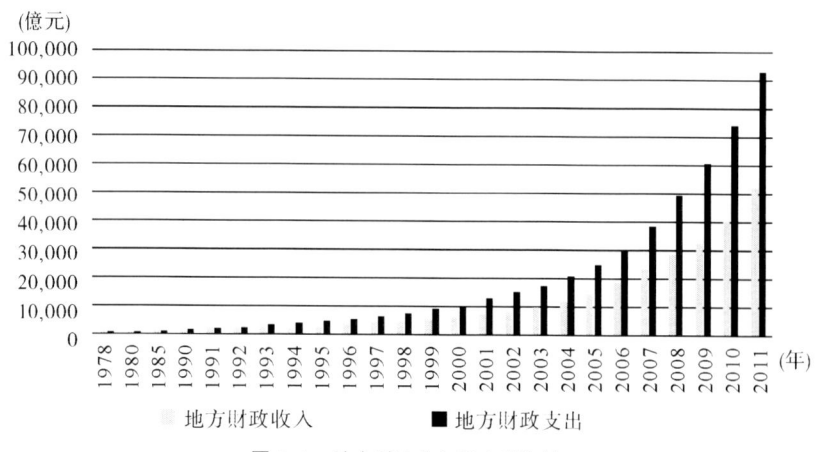

圖 9-1 地方財政收入與支出比較

第九章　民間非營利組織籌資管理案例與實務

上杭縣作為一個經濟水準尚佳的地區，自 2009 年 12 月開始實施新型農村社會養老保險試點，60 週歲以上老人每人每月領取 55 元。55 元也許不算是很大的一筆錢，但是算上其全縣 60 週歲以上老人 65,000 多人的基數，卻是一筆不小的數字，這就使得上杭縣的地方財政有了極大的負擔，因而遲遲未能很好地實施民政部提出的高齡養老津貼制度。

企業的社會責任是企業軟實力的重要組成部分，善盡社會責任是紫金礦業集團股份有限公司（以下簡稱紫金礦業）「和諧創造財富，企業、員工、社會協調發展」企業價值觀的具體體現。紫金礦業高層認識到，要把環境保護、安全生產、相關者利益、社會進步和社區發展放在與產業發展和企業自身成長壯大同等重要的位置。若非如此，則前進的道路上將障礙重重、步履維艱，並最終損害公司經營目標的實現。上杭縣作為紫金礦業集團股份有限公司的發源地，其面臨的問題得到了公司高層的關注，本著回報社會、履行企業社會責任的原則，提出了由企業獨立向地方公共財政（社會保障體系）進行長期轉移支付，以便更好地執行高齡養老津貼制度的想法。該想法恰好解決了上杭縣地方財政所面臨的經濟能力問題，得到了上杭縣地方政府的充分認可與支持。

於是，2010 年 8 月「上杭縣高齡老人及孤兒救濟項目」設立，福建省上杭縣紫金礦業集團通過民政、社保系統向上杭縣戶籍 80 週歲以上老年人發放高齡津貼每人每月 100 元；向未滿 18 週歲且失去雙親的在校孤兒每人每月發放 200 元的生活補助。管理工作由上杭縣政府全力配合，縣、鄉、村三級勞動保障部門負責。縣社保中心負責每月發放、建立高齡津貼信息管理系統、領取資格認證。上杭縣勞動和社會保障局頒發的高齡老人證，分為兩部分：左邊包括姓名、性別、出生年月、家庭住址、身分證號碼、家庭監護人等基本信息，以及編號、發證單位、發證時間和上杭縣勞動和社會保障局的印章等法定信息。右邊是說明，包括四點：一是老年人高齡津貼由紫金礦業捐贈，縣勞動和社會保障局統一發放。二是凡戶籍在上杭縣境內、年滿 80 週歲以上的老年人，從 2010 年 8 月起每月享受 100 元高齡津貼。三是憑證由縣勞動和社會保障局負責管理和發放。四是對於津貼發放情況，可持本憑證到當地鄉鎮政府或縣勞動和社會保障局查詢。

據統計，當時上杭縣 80 週歲以上老年人共 9,738 人，月發放額約 97.4 萬元，年發放額約 1,168.8 萬元。上杭縣社保中心據此專門進行了基礎數據的採集、錄入、核對和軟件開發工作。

「中華慈善獎」是中國公益慈善領域的最高獎項，屬於中央級政府獎，旨在褒揚在公益慈善領域做出突出貢獻的個人、機構及項目，在社會上具有極高的公信力和認可度。2011 年，紫金礦業向權威部門自薦申報了「上杭縣高齡老人及孤兒救濟項目」，並經由評選辦公室審核，從 737 個有效推薦中脫穎而出，進入中國公益慈善領域最高政府獎的公眾網路投票和專家評審階段。之後經過評委會評議、社會公示、徵求國務院相關部委意見和民政部部長辦公會議審定等工作程序，入圍 2010 年「中華慈善獎」最具影響力項目候選名單，同另外 44 家執行機構競爭 23 個最終獲獎名額。最終在 2011 年 7 月 17 日舉行的第六屆中華慈善獎表彰大會上，「上杭縣高齡老人及孤兒救濟項目」榮獲第六屆中華慈善獎「最具影響力的公益項目」榮譽稱號，成為紫金礦業首次榮獲的中華慈善獎，也成為福建省此次榮獲的唯一中華慈善獎的慈善項目。這充分表明了社會

公眾及權威部門對該項目的認可與支持。

　　現階段，構建和諧社會的一個重要任務是大力發展社會事業，教育、醫療、衛生、社會保障等事業的發展直接關係人民的最直接利益，也直接決定著社會安定與否、和諧與否，然而很多地方在發展社會事業上投資不足或無力投資。這就需要調動一切可以調動的資源，這就需要企業充分發揮資本優勢，履行社會責任。「上杭縣高齡老人及孤兒救濟項目」是中國首例由地方企業獨立向地方公共財政（社會保障體系）進行長期轉移支付、完成一項整體性的社會民生工程的成功案例，受惠面廣、時間長、見效快，讓當地的老年人和孤兒共享經濟社會發展的成果，感受社會大家庭的溫暖。該項目也為地方企業如何更好地履行社會責任、地方公共財政如何在執行民生政策時擺脫經濟困境提供了成功經驗。

二、案例思考

1. 民政部為何要統一高齡養老津貼制度？
2. 上杭縣在實行高齡養老津貼制度時遇到的主要問題是什麼？
3. 「上杭縣高齡老人及孤兒救濟項目」為何能榮獲中華慈善獎？
4. 由地方企業獨立向地方公共財政支付有何社會意義？

三、案例分析

（一）飲水思源，通過地方財政回報百姓

　　由於中國人口老齡化速度加快，中國在應對人口老齡化問題上存在著制度準備不足、老齡保障和老年服務發展滯後等情況。為了更好地解決高齡老人問題，為了社會的安定與和諧，民政部於2009年就開始著手建立普惠型的失能老人護理津貼制度以及高齡老人津貼制度，並於2010年統一實施高齡養老津貼制度，全國凡年滿80週歲以上的老年人均可享受高齡津貼。這本是一個能夠很好地解決高齡老人問題的一個普惠制度，然而在全國範圍統一推行的時候，卻在很多地方碰到了阻礙，主要原因就是很多地方財政捉襟見肘，缺乏充足的地方財政來源，無力執行民政部的高齡養老津貼制度。上杭縣就是這樣一個例子。上杭縣地方政府的財政狀況在當地經濟社會發展過程中，已經出現了入不敷出的現象，很多時候都需要靠中央財政支持，才能維持正常的日常運作，當地政府財政捉襟見肘。而高齡養老津貼制度，通俗地講，就是地方政府通過地方公共財政對達到年齡標準的老人每月發放津貼的制度。顯然針對上杭縣政府而言，搭建一個運作制度的體系不難，困難主要在於發放高齡養老津貼的錢從何來。「巧婦難為無米之炊」，上杭縣政府就處於這樣一個困境中。

　　紫金礦業發源於上杭縣，擁有大量的資本，然而卻一直不能很好地回報當地社會，當意識到上杭縣政府的困境後，其認可了制度的可操作性，與地方政府合作，由企業獨立向地方公共財政（社會保障體系）進行長期轉移支付，讓地方財政能夠很好地執行高齡養老津貼制度，使得當地的高齡老人和孤兒能夠共享經濟社會發展的成果，感受社會大家庭的溫暖。

（二）脫穎而出，榮獲中華慈善獎

2011 年，紫金礦業向權威部門自薦申報了「上杭縣高齡老人及孤兒救濟項目」，之後經過評選辦公室審核、社會公眾投票、評委會評議、社會公示、徵求國務院相關部委意見和民政部部長辦公會議審定等一系列嚴格的工作程序，項目從眾多推薦和申報的項目中脫穎而出，在 2011 年 7 月 17 日舉行的第六屆中華慈善獎表彰大會上，榮獲第六屆中華慈善獎「最具影響力的公益項目」榮譽稱號。「上杭縣高齡老人及孤兒救濟項目」獲得該獎項並非偶然。首先，作為中國首例由地方企業獨立向地方公共財政（社會保障體系）進行長期轉移支付、完成一項整體性的社會民生工程的成功案例，其受惠面廣，見效快，而且項目以 50 年計，紫金礦業集團股份有限公司未來需要通過公共財政的社保體系，向上杭縣民眾轉移支付 6 億元人民幣，時間長，金額數量大。其次，這種由地方企業獨立向地方公共財政支付的方法，類似於一個出錢、一個出力的模式，可以使得地方財政更好地運轉。這不僅有助於地方經濟社會的發展，而且對國家財政經濟的穩定和壯大也具有重要的支持作用。最後，由地方企業獨立向地方公共財政支付，可以使企業充分發揮資本優勢，更好地履行企業社會責任。

四、專家點評

上杭縣高齡老人及孤兒救濟項目設立於 2010 年，福建省上杭縣紫金礦業集團通過民政、社保系統，為該縣戶籍 80 週歲以上老年人每月發放高齡津貼 100 元，為未滿 18 週歲孤兒每月發放生活補助 200 元，直接受益人群 10,000 人左右，年發放額約 1,168.8 萬元。項目的持續發展，將促使上杭縣家庭更加和睦，社會更加和諧。

——「上杭縣高齡老人及孤兒救濟項目」獲第六屆中華慈善獎「最具影響力公益項目」，以上為頒獎點評

五、推薦閱讀文獻

1. 上杭網：www.364200.cn。
2. 全國老齡委辦公室網站：www.cncaprc.gov.cn/jldx/c。
3. 中華人民共和國國家統計局. 中國統計年鑒（2012）[M]. 北京：中國統計出版社，2012.

六、案例資料來源

紫金礦業慈善基金會官網：www.csjjh.zjky.cn。

第十章
民間非營利組織資金運作管理案例與實務

案例六 「壹基金」
——資金運作中的困惑與轉型

學習目標

- 理解「壹基金」資金運作中的困惑以及原因和解決方法
- 理解「壹基金」轉型成功的原因和意義
- 從「壹基金」的案例中得到的啟示

一、案例概述

經歷過 2004 年東南亞海嘯後，李連杰決定回國做慈善。李連杰準備成立一個公募基金會，倡導「壹基金 壹家人」的全球公益理念，提出「每 1 人+每 1 個月+每 1 元＝1 個大家庭」的概念。然而，當時的政策雖然沒有明文禁止民間組織成立公募基金會，但在實際操作中，民間組織成立公募基金會卻是極其困難的事情。當時，成立民間公募基金會的流程如圖 10-1 所示。

第十章　民間非營利組織資金運作管理案例與實務

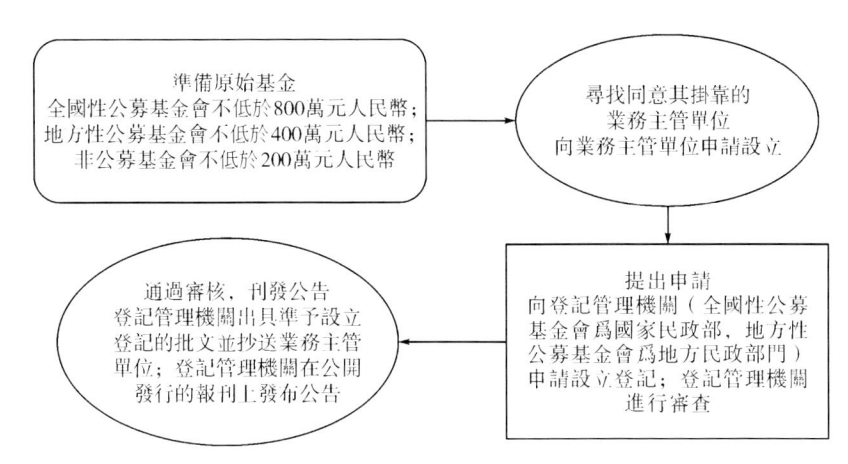

```
┌─────────────────────┐           ┌─────────────────┐
│     準備原始基金      │           │   尋找同意其掛靠的  │
│全國性公募基金會不低於800萬元人民幣；│──────────▶│    業務主管單位    │
│地方性公募基金會不低於400萬元人民幣；│           │向業務主管單位申請設立│
│ 非公募基金會不低於200萬元人民幣  │           └─────────────────┘
└─────────────────────┘                      │
                                              ▼
┌─────────────────────┐           ┌─────────────────┐
│   通過審核，刊發公告    │           │     提出申請      │
│登記管理機關出具準予設立  │           │向登記管理機關（全國性公募│
│登記的批文並抄送業務主管  │◀──────────│基金會為國家民政部，地方性│
│單位；登記管理機關在公開  │           │公募基金會為地方民政部門）│
│  發行的報刊上發布公告   │           │申請設立登記；登記管理機關│
└─────────────────────┘           │     進行審查      │
                                    └─────────────────┘
```

圖 10-1　成立公募基金會的流程

　　從圖 10-1 的流程可以看出，「壹基金」想要成為一個公募性質的基金會，需要解決的難題主要有兩個：一是要求的啟動資金數額很大；二是找不到業務主管單位。其中，找不到可以掛靠的業務主管單位是一個比較難以解決的問題。當時，在民政部從事基金會登記管理工作多年的王振耀先生認為，政府在管理登記基金會方面也有一定的難度。首先是建立信任的問題。民政部在同意成為一個民間機構的主管單位之前，必須進行大量的調查與核實工作，過程往往比較漫長。其次是明確責任的問題。由於目前尚無管理細則，雙方的責任與義務無法明確。王振耀擔任民政部司長期間，同時主管過 4 個民間非營利機構。他認為民政部對社會組織的管理中，到底管什麼、怎麼管，曾是最大的困擾，而一旦這種關係成為政府機構的負擔，民間機構找主管單位的難度可想而知，尤其是對於具有向全國人民募捐資格的公募基金會而言。

　　因此，「壹基金」要麼是做非公募基金會，要麼是與具有公募資格的社團或基金會合作，成為其下屬的專項基金計劃。最終李連杰選擇了與中國紅十字會總會合作，成立「中國紅十字會李連杰壹基金計劃」（以下簡稱「壹基金計劃」），將「壹基金」作為中國紅十字會總會的一個專項計劃來實施。該計劃本身不具有獨立法人資格，也沒有獨立的銀行帳戶，只是在中國紅十字會總會帳戶下單列了一個科目。這一安排意味著，「壹基金」從開始起，本身並沒有獨立的捐贈資金處置權，而必須與中國紅十字會總會合作實施項目。在資金使用和項目操作上，經管委會同意，由紅十字會系統負責統一實施，「壹基金」人員有權監督，同時邀請德勤華永會計師事務所對善款使用進行審計，定期通過季報、年報等方式向公眾披露信息。「壹基金」本著「小善款，大善舉」的原則，不僅向企業、機構直接籌款，還注重開發網路募款、信用卡捐贈等多種募款方式，在「壹基金」正式開展工作的 2008—2010 年三年中，其接受機構的捐贈和個人捐贈的數額，基本各占半壁江山。

　　2008 年汶川地震賑災過程中，「壹基金」充分發揮了網路個人捐贈的募款渠道優勢，截至 5 月 19 日中午 12 點，地震發生後的短短 7 天內，就籌到了善款 4,272.582 萬元。然而，由於所有從公募渠道獲得的捐款，即「壹基金計劃」所籌的善款，必須通

— 131 —

過紅十字總會對專項計劃的管理流程，才能進行資金的撥付和應用，即首先需要該計劃的執行團隊提出資金撥付申請，然後經過管委會討論批復，再經過紅十字總會的撥款，才能將所募集資金撥付到執行團隊，進行具體的救災計劃。這個資金撥付流程，嚴重影響了救災資金的及時撥付與使用進度。在「5/12」之後的 3 個月裡，壹基金計劃得到管委會批復的項目款項僅有 400 多萬元，還有大量的「壹基金」執行團隊希望啟動的項目，由於超越了紅十字會傳統的工作領域，批復進度非常緩慢，加上中國紅十字會總會的財務人員在地震災害發生以後，處理資金撥付事項的工作非常繁忙，對「壹基金」的資金劃撥進度無法跟上「壹基金」執行團隊在地震災區的救災工作。對比公眾對「壹基金」快速反應的高度期待，「壹基金」內部深感這種類似「借殼」運作模式的低效和拖沓。

　　由於沒有獨立的法人身分，「壹基金」工作團隊在實際運作中一直面臨著一些制約。很多企業想要和「壹基金」開展深層次的公益合作，但因為「壹基金」沒有獨立的法人資格、沒有公章，最終無法實現。2008 年 10 月，非公募性質的上海李連杰壹基金公益基金會正式通過註冊，它同時作為中國紅十字會李連杰「壹基金計劃」的執行機構，「壹基金計劃」和「上海壹基金」合併，在現有的基金會法律框架內，這算得上是一個創造性的做法，能夠在法規允許的前提下向公眾募款。「上海壹基金」募集來的資金擁有自主使用權，而「壹基金計劃」在紅十字會募集到的資金，由「上海壹基金」向管委會提交項目申請，經批復同意以後，由中國紅十字會撥付「上海壹基金」，由「上海壹基金」的團隊負責執行。「上海壹基金」除了繼續邀請德勤華永會計師事務所擔任審計外，還邀請畢馬威華振會計師事務所上海分所下屬機構進行記帳，每個季度都會公開一份財務報告在自己的官網上，到了年底還會公布全年的財務報告，細化到每一個項目用了多少錢。由於身分獨立，在記帳、審計等多方面都更加容易界定，這使得「上海壹基金」的工作效率提高了很多。

　　但是，作為一家非公募基金會，「上海壹基金」使用「壹基金計劃」公募而來的資金，始終需要與紅十字會協調運作事宜，在財務透明化方面也遇到了不小困難。首先是資金轉帳問題。當捐贈人向「壹基金計劃」捐款時，由於「壹基金計劃」是紅十字會的二級帳戶，匯款人必須在向紅十字會帳戶匯款時，在備註欄填寫「壹基金計劃」字樣，款項才能夠歸集到「壹基金計劃」名下，郵局匯款也是一樣。由於「壹基金」的團隊和紅十字會的財務信息並未時時動態更新，當捐贈人需要確認到帳、查詢信息，或辦理開具捐贈收據等手續時，週期往往需要 1～3 個月。其實，「壹基金」最初設想通過手機平臺讓每人捐贈 1 塊錢，但由於必須通過紅十字會與電信營運商結轉，資金週期更長，有的甚至超過半年。根據「壹基金」2010 年上半年的半年度財務管理簡報，銀行轉帳匯款和郵局匯款僅達到捐贈總額的 66%。「壹基金」的手機短信捐助平臺以及銀行卡、支付寶轉帳等高效募來源僅占總額的 24%。公眾渠道依賴紅十字會財務系統帶來的手續周折，是導致公眾捐款熱情不高的重要原因。其次是資金使用問題。尚無獨立法人資格的「壹基金計劃」在對外簽署合作協議時，還必須經由中國紅十字會簽字批准且借蓋中國紅十字會的專用章方能生效，手續和流程十分繁瑣。截至 2009 年 6 月 30 日，「壹基金」一共募集約 1.7 億元人民幣，其中個人捐贈約占 40%，其餘大多是企業捐

贈。儘管有不少大企業的資助，但「壹基金」的募捐之路看起來也並不順暢，兩年時間，募到的 1.7 億元中，因汶川地震而接受的專項捐贈超過 1.2 億元，真正的日常公益募捐，事實上仍然不到 5,000 萬元。截至 2010 年 8 月 31 日，「壹基金」已經募集超過 2.7 億元資金，並成為中國最透明、最有影響力的非官方公益基金會。但是，「壹基金」依然沒有獲得公募基金會的身分。2010 年 9 月 12 日，李連杰首次透露「壹基金」有「中斷可能」，之後在接受中央電視臺採訪時，他將「壹基金」比喻為一個沒有身分證的孩子，他說：「這三年來這孩子起碼還健健康康的，沒出什麼事，但是他沒身分證，已經越來越受到希望中國公益慈善事業更加專業透明化者的質疑。」9 天後，中國紅十字會秘書長王汝鵬在其博客中說道，按照當初協議，與「壹基金」三年合作期在 2010 年 2 月 5 日屆滿，到時候合作會自動順延。另外，「壹基金」雖然不具有法人地位，但作為單獨財務科目進行帳目管理，因此，只要其帳上還有資金，就不存在關閉的可能。

儘管如此，「壹基金」仍然未能擺脫非官方公募基金的尷尬身分，依然是個隨時可能被叫停的「黑戶」。不過這次電視採訪事件，引起了深圳市民政局局長劉潤華的注意。就在李連杰面對媒體說出困境之後約 20 天，深圳市民政局主動對「壹基金」拋出橄欖枝，表示願意邀請「壹基金」落戶深圳，為其成立公募基金會提供方便。從 2010 年 11 月中旬開始洽談，到 12 月 3 日深圳市民政局批准成立，前後只用了 20 多天。在這個過程中，國家民政部、深圳地方政府和相關人員，都顯示了相當大的善意，表現出靈活性、變通性和敢於擔當的姿態。2011 年 1 月 11 日，「深圳壹基金公益基金會」在深圳掛牌成立，正式成為了公募基金會，具備了獨立法人資格，擁有了屬於自己的公募權。王振耀表示，作為中國首家成功轉型的民間公募基金，「壹基金」的公募化不但對於自身的發展意義重大，而且極大地改變了中國公益慈善的生態格局，有望開啓一個富有活力的公益新紀元。深圳壹基金公益基金會註冊原始基金為 5,000 萬元，發起機構為上海基金會、老牛基金會、騰訊公益慈善基金會、萬通公益基金會、萬科公益基金會，每家發起機構出資 1,000 萬元。中國紅十字會李連杰「壹基金計劃」及「上海李連杰壹基金公益基金會」將清算註銷，其項目、資金及工作人員由深圳壹基金公益基金會承接（見表 10-1）。

表 10-1 「深圳壹基金公益基金會」理事會與監事會成員構成

理事會成員	馮侖、李連杰、柳傳志、馬化騰、馬蔚華、馬雲、牛根生、王石、楊鵬、周其仁、周惟彥
監事	劉東華、馬宏、宋立新、張敏
理事長和法定代表人	周其仁
執行理事長	王石
監事長	馬宏
預算委員會主席	馬蔚華
秘書長	楊鵬

從「壹基金」正式啓動到成功轉型為一個公募基金會，近 4 年的時間內，「壹基金」一路磕磕碰碰地走來，終於修成正果。「壹基金」獲得「身分證」，一方面證明社會在進步，社會對慈善認識的步伐以一個具體的案例得到了彰顯；另一方面，「壹基金」的成功，讓很多類似的機構看到了希望，也為其他民間機構想要成立公募基金會提供了經驗。儘管如今中國慈善事業中有官方背景的公募基金會登記註冊環境依然未能完全改變，但是正如深圳市民政局局長劉潤華所說，如果用水泥板來形容有官方背景的公募基金會環境，那「壹基金」的註冊成功就是對這個水泥板的一次敲打，即使敲不碎也要讓它抖一抖；如果把整個公募基金會看成是一群羊，軟弱無力是共性，那麼只有讓大家意識到「狼」來了，才會激發羊們去改變自己的天性。

二、案例思考

1. 李連杰最初為何選擇與中國紅十字會合作？
2. 「壹基金」在運作中的主要困惑是什麼？為何會造成這種困惑？
3. 對於「壹基金」而言，轉型後的改變和挑戰來自哪些方面？

三、案例分析

（一）「黑戶」為拿到身分證，各種嘗試

李連杰本欲成立一個公募基金會，但後來發現在當時的政策下是基本不可行的，經過選擇，「壹基金計劃」作為在中國紅十字會總會架構下獨立運作的慈善項目而成立。但作為中國紅十字會的一個專項計劃，「壹基金」存在資金募集和使用上的效率低下問題。而且由於沒有獨立的法人資格，「壹基金」的發展受到了很大的限制。為了保證項目更好地發展，「壹基金計劃」通過與「上海壹基金」合併，在上海市成立了真正的非公募基金會，在現有的基金會法律框架內，這算得上是一個創造性的做法。「壹基金」在尚未解決公募身分的一段時間內，採用了以非公募基金會之名行公募基金之實的做法，實際是在打擦邊球，「壹基金」的法律主體依然是不明確的，「壹基金」實際上成了一個隨時可以被叫停的「黑戶」。為了擺脫「黑戶」，它一直在為了一個公募基金會的身分而奔波，最終引起了深圳市民政局的注意，成功落戶深圳，成了一個具有公募資質的公募慈善基金會，拿到了屬於自己的身分證。可以看出，為了成立一個公募基金會，「壹基金」一直在嘗試，當一條路不能走的時候，就想辦法通過另一條路來實現目標，這無疑是「壹基金」能成功轉型的原因之一，同時也是「壹基金」成功轉型過程給眾多民間慈善組織的重要啟示。

（二）轉型成功，意義重大

「壹基金」變為公募基金會以後，號召力得到了很大增強，企業家和平民之間通過「一個月，一塊錢」緊密地聯結了起來，匯合到一起，變成了「壹家人」，形成了善的力量的大規模組團，將對中國公益事業產生更大的衝擊與引導作用。同時，「壹基金」的轉型，讓民眾瞭解到一個原本帶有政府色彩的慈善機構占主導地位的公募基金生態圈，終於開始在一個非省（直轄市、自治區）級的地方，向民間慈善機構敞開了大門，也讓中國公募基金會的格局發生了變化。從此以後，中國的公益生態開始發生變化，既

有官方背景的基金會，也有了純民間投資建立的公募基金會，一場「競賽」開始了，這將促進中國整體公益水準的提高。另外，「壹基金」的成功轉型讓公眾看到了民間慈善的曙光，公益生態可持續發展環境逐步形成。

四、專家點評

首先，對各個地方政府具有啟示意義。其他地方政府看到深圳的試水和良好效果，會思考本地的公益事業政策是不是需要調整。其次，對基金和非公募基金會來說，「壹基金」的轉型帶來了示範效應。最後，對中國欠缺活力的公募基金會來說，「壹基金」的加入，將有效地刺激這個行業裡的競爭意識和發展思考。

——時任清華大學公共管理學院創新與社會資源研究中心主任　鄧國勝

作為中國首家成功轉型的民間公募基金，「壹基金」的公募化不但對於自身的發展意義重大，而且極大地改變了中國公益慈善的生態格局，有望開啟一個富有活力的公益新紀元。

——時任北京師範大學公益研究院院長　王振耀

五、推薦閱讀文獻

1. 岳淼，王卜. 李連杰困境：民間公益基金尷尬生存公開秘密［J］. 環球企業家，2010（19）.
2. 王振耀.「壹基金」公募化意味著什麼？［N］. 光明日報，2011-01-14.
3. 壹基金官網：www.onefoundation.cn.
4. 秦旭東，沈平.「壹基金」嫁接紅十字會利弊［EB/OL］. 財經網，2008-06-17.
5. 小編. 李連杰「壹基金」的黑與白［EB/OL］. 2010-09-16. http://view.news.qq.com/zt2010/1foundation/index.htm. 今日話題，第1387期.

六、案例資料來源

壹基金官網：www.onefoundation.cn.

案例七 「童緣」

——民間項目資助平臺的實施與效果

學習目標

- 理解「童緣」項目的運作模式及其優缺點
- 理解「童緣」項目的評估方式及其適用性
- 理解中華少年兒童慈善救助基金會成為民間資助平臺的途徑

一、案例概述

若按 2011 年聯合國每人每天 1.25 美元的生活標準，達不到標準的便是貧困人口，那麼中國有 1.6 億貧困人口，中國的貧困縣多達 500 餘個，那裡的孩子生活、學習、健康、醫療等方面的狀況需要社會各界愛心人士的關注。為了與廣大公益慈善組織一起，共同開展救助貧困地區兒童的活動，促進民間公益組織的發展，推行公益理念，傳播慈善文化，中華少年兒童慈善救助基金會（簡稱中華兒慈會）理事會決定自 2011 年開始實施「2011—2012 年度『童緣』——中華兒慈會少年兒童公益慈善資助項目」。以「童緣」命名資助項目，取「與童有緣、與善結緣、與眾共緣」之意，就是要團結全社會的民間公益慈善組織、社會團體、愛心企業和愛心人士，大家一起做公益、一起做慈善，「以助童之心，聚公益之力，為兒童造福」。「童緣」資助項目，每期資金為 1,000 萬元人民幣，預計資助 50 個以上的社會公益組織的兒童救助項目，每個項目 20 萬元左右。其中，西部老、少、邊、窮地區的資助項目占總資助的 70%；接受資助的縣以下社會公益組織的比率占總體資助機構的 70%；新資助的救助項目占總體資助項目的 70%。它主要面對社會上無人監管、撫養的孤兒、流浪兒童、輟學兒童、問題少年和其他有特殊困難的少年兒童進行生存救助、醫療救助、心理救助、技能救助和成長救助。

「童緣」資助項目申請單位包括：具有法人資格，在民政部門註冊的民間非營利組織；在工商部門註冊的以少年兒童教育為主體的公司；以少年兒童為服務對象的社會團體，校外教育機構和雖不具備法人資質但在社會上有較大影響的民間公益慈善團隊以及為少年兒童服務的社會群眾組織等。

資助的項目評審原則有以下幾項：一是貧困地區少年兒童最需要的救助項目。二是可以引起政府部門和社會團體關注的、能夠帶來連帶效應的項目。三是可持續發展的項目。四是體現社會救助和自身努力共同改善生存發展環境的項目。五是不搞「錦上添花」，提倡「雪中送炭」。六是項目實施要具有及時性、廣泛性和實效性。

為了保證「童緣」資助項目在選擇資質機構和執行項目過程中公開、公正、公平

和透明的原則，針對中華兒慈會的「童緣」項目運作程序和接受資助執行機構的項目運作情況，進行全程監督和評估，同時也接受社會的檢查和監督，確保「童緣」資助項目的真實性和有效性。為了促進「童緣」資助項目更有效率地開展，使工作流程更加完善和規範，確保項目所產生的社會效益達到預期效果、保證項目的透明度和公信力、避免項目開展過程中的風險，2011年9月，中華少年兒童慈善救助基金會正式委託瑞森德評估機構作為獨立的第三方評估機構，對「童緣」資助項目的實施和項目成果進行評估。本次評估針對「童緣」資助項目本身的模式、實施和成效以及受助機構項目運作和成果、受助機構項目資金的使用情況進行評估。採用的項目評估框架主要如圖10-2所示：

"童緣"資助項目透明度和公信力評估
受助機構項目運作、項目成果和資金使用情況監測評估

項目成果	項目實施	項目投入和產出
● 社會效益 對中華兒慈會、受助機構、直接受益群體、少年兒童公益行業、整個公益行業、社會的影響和改變 ● 項目達成度	● 透明度和公信力 ● 受益群體溝通和參與 ● 風險和控制 ● 傳播渠道和方式 ● 對受助機構的監測和評估	● 資金投入 ● 人員投入 ● 技術與其他資源投入 ● 項目直接產出

圖10-2 「童緣」資助項目評估框架

其中，項目實施中對受助機構的監測和評估主要包括項目運作方式、項目成果、資金使用情況、項目未來發展、現存問題和需求。通過第三方獨立評估，可以向內部和外部利益相關方傳遞獨立的評估信息，提升項目的透明度和公信力，使執行方、參與方、社會公眾和媒體等能夠排除干擾因素，支持項目順利開展，最終實現更好地傳播公益理念、倡導慈善文化的目標。

「童緣」資助項目規定由項目單位自願提出申請，填寫資助項目申請表，提交項目申請單位資質證明，經審議資質合格後，上報資助項目申請報告書。在規定時間內，將報告書寄至中華兒慈會項目部。對於合格的項目申報材料，項目部將發給項目申報機構初步審核合格的確認書，進入項目申報、評審程序。資助項目自2011年7月15日公布後，截至8月30日，共接到來自全國30個省（直轄市、自治區）的229個機構的296個申報項目。經過資質審核、初評、復評和報送理事會審批等程序，最終有69個各地少年兒童公益慈善救助項目脫穎而出，其中西部地區占64.3%；縣以下的公益組織占98.6%；新資助的民間公益組織占94.3%。

為進一步確保資助項目有效完成，「童緣」第二期資助項目的選拔增設了面試環節，中華兒慈會組織專家於2011年12月分別在桂林、西安和北京對第二期資助項目進行了面試。「童緣」第二期資助項目經過立項申報、初審、復審、面試、理事會審批等環節，並通過公示，最終在申報的283個項目中，選出了72個資助項目。2012年2月23日，在「童緣」第二期資助項目簽約大會召開的同時，中華兒慈會以「童緣」為主

題舉辦了公益慈善論壇。通過論壇，20多位來自政府部門的領導、國內外慈善基金會代表、學者、民間非營利組織機構代表圍繞民間公益組織如何發揮更大作用、資助型公益機構資助項目的選擇、民間非營利組織如何申報和做好公益項目等主題進行了主題演講和專題討論。此外，中華兒慈會還倡議建立「童盟」即「童緣」公益慈善聯盟。

「童緣」資助項目第三期申報於2012年3月1日開始，至2012年5月1日結束。此期資助項目對於有申報資質的機構的要求有了一些變動，如具有申報資質的機構為：民政部門登記的非營利性組織（含非企業單位、基金會和社團）、經工商註冊的非營利性組織（營利性組織不在資助範圍之內）、未註冊但在全國公益組織中具有較大影響的志願者團隊。為進一步促進項目管理和運作的公開透明，「童緣」資助項目採取網路報名的方式。全部申報項目在搜狐公益網上公示後，送交「童緣」資助項目評審委員會進行初評和資質認定，繼而由專家按照評選原則依次為242個參評項目打分，同時加入面試環節。面試通過後仍需專家復評，最後報送基金會理事會審議通過。另外，2012年還推出了新的「童緣」管理辦法，通過建立項目管理QQ群，加強了三期會員的網路工作管理。為促使所資助的資金得到有效運用，接受資助的公益項目還將與「童緣」項目辦公室簽訂項目承諾書，確保項目的規範管理和資助資金的有效使用。2012年7月31日上午，中華兒慈會在北京搜狐大廈舉行「童緣」第三期資助項目簽約儀式和「童緣」公益慈善聯盟（以下簡稱「童盟」）成立儀式，再次斥資上千萬元，資助全國65個公益組織的慈善救助項目。此次簽約與前兩期不同的是採取了網路直播簽約的方式，中華兒慈會在北京搜狐大廈演播廳設立主會場，各地童緣資助項目執行機構在當地設立分會場，觀看北京簽約儀式和「童盟」成立儀式。此次同期成立的「童盟」是由中華兒慈會創辦的，以「童緣」資助項目為基礎的民間公益慈善機構自治聯誼組織，是中華兒慈會聯繫民間公益慈善組織，推廣公益慈善理念，推動民間公益慈善組織開展救助活動、募集善款和交流救助經驗的公益平臺。

建立「童盟」的宗旨是合作、互助、務實、監督。「童盟」的理念是「以慈為懷，從善如流，呵護未來，促進和諧；與童有緣、與善結緣、與眾共緣；以助童之心、聚公益之力、為兒童造福」。「童盟」第一屆干事委員會由各地會員推薦出的9名代表組成，並召開了「童盟」第一屆干事委員會第一次干事會議，選舉出了總干事機構並進行了組織分工。

「童盟」以「童緣」項目為依託，將緊密配合中華兒慈會的慈善救助工作，為全國民間公益慈善組織搭建資質、募捐、救助和公益活動的互助合作平臺，為需要支持的民間公益慈善組織提供援助和服務。通過有效、規範、系統的組織，民間慈善團體與中華兒慈會、民間慈善團體之間均可以實現更充分的信息交流共享，實現資源的互助互補。

「童緣」公益慈善聯盟計劃每年開展幾次全國性的公益活動；交流募集善款、救助工作和自我建設方面的實踐經驗；分專業、分區域舉辦學習班、培訓班，不斷提高會員的思想覺悟和業務能力；發揮會員組織在推動、互助和監督等方面的作用。除被認定接受「童緣」項目資助的民間公益組織和社會團體為會員外，未獲得「童緣」資助的兒童公益慈善民間組織和社會團體也可以申請加入「童盟」。

2012年，「童緣」資助項目進行了第四期申報。此次報名截止時間為2012年10月

31 日。第四期「童緣」資助項目除了對雖未註冊但在全國公益組織中具有較大影響的志願者團隊，規定需要有第三方託管機構的限制外，其他的申報機構資質與第三期相同。此次資助項目還對評審原則進行了簡化，去除了「不搞『錦上添花』，提倡『雪中送炭』」。申報組織對於申報項目運作費用需要填寫資金預算，和第三期的要求一樣，要求預算中直接應用於項目本身或直接救助受益群體的費用不得低於 80%；用於項目的行政費用（含人員勞務補貼、場所租賃、行政、差旅、稅費等）不得超過 20%。但新增了一條，即資金下撥必須按照 55%、40%、4%（1% 作為「童緣」公益慈善聯盟會費）三個階段進行，項目機構需要按照前三批的撥款模式進行經費預算。

「童緣」資助項目自 2011 年 7 月 15 日發布以來，受到了社會的廣泛關注和民間非營利組織的歡迎。在已經開展的前三期資助活動中，共收到來自全國 30 個省（直轄市、自治區）的 480 家公益慈善組織的 821 個申報項目。「童緣」在前三期資助中，每期投入 1,000 萬元，經過對申報項目進行篩選，共資助了 205 個全國各地的公益組織。其中，中國西部及貧困地區占 70%、縣以下基層公益組織占 70%、資助新的公益組織占 70%。經歷過多年的發展後，如今中國已經進入了公民彰顯個人慈善的公益選擇權、知情權、監督權、評議權的時代，進入了透明公益時代。「童緣」在資助項目的開展中，與時俱進，充分確保了項目的公開、透明，還選擇了瑞森德評估機構作為獨立的第三方評估機構，並且每一期都在總結上一期的經驗，對項目進行改進。以「童緣」項目為依託而成立的「童盟」，為民間非營利組織的溝通和資源共享提供了廣闊的平臺。2011年，「童緣」成功地走出了「資助型」的第一步，為中國公募基金會的發展和轉型提供了經驗。我們也相信，它必將能夠走得更好、更遠。

二、案例思考

1. 中華兒慈會為什麼不直接救助兒童，而是把資金投向各地的兒童慈善機構？
2. 中華兒慈會為何選擇瑞森德評估機構作為第三方評估機構，有何意義？
3. 中華兒慈會是如何構建民間資助平臺的？

三、案例分析

（一）取之於民，用之於民

中國基金會中心網的數據顯示，截至 2012 年 12 月 16 日，基金會總數達 2,911 家，其中公募基金會 1,301 家、非公募基金會 1,610 家。眾多基金會中，公募基金會一直掌控著較多的資源，但對於如何才能夠合理地分配和利用這些資源，使投入的效用最大化，卻始終沒有一個合適的方案，而「童緣」項目的出現，邁出了「資助型」的第一步，為中國公募基金會未來的發展給出了一個可行的方案。一直以來，民間公益組織始終面臨著資源匱乏的困境，很多機構由於缺少資源，陷入了停滯的狀態，這無疑反應出了資源配置結構的失衡。民間公益組織作為民間公益事業發展的基石，有著廣泛的群眾基礎，其發展影響著中國慈善事業的發展。慈善組織作為對資源和財富進行第三次分配的組織，如果連自己內部的資源分配問題都不能解決，又怎能很好地履行其社會職責呢？因此，解決民間公益組織資源匱乏的問題，是中國公募基金會發展的大方向。在解

決這一問題上,「童緣」進行了一次成功的嘗試。其不直接捐助兒童,而是把資金投向各地的兒童慈善機構,通過資助它們開展救助活動,能減少中間層次和工作程序,節約成本,提高效率,也能夠使基金會的救助工作觸及基層,從而更有針對性地對困難兒童群體實施救助。

(二)授人以漁

在「童緣」項目之前有一批公募基金會為民間公益組織設立了專項基金,像「瓷娃娃」等好多優秀機構都有專項基金。設立專項基金以後,就可以把自己當成一個公募基金會,已經拿到了公募權,合法性、公開募捐的權利已經比非公募基金會有了很大的優勢,但是,其依然不能成功地募捐,資源依然匱乏。這無疑透露出民間公益組織的硬傷。民間公益組織往往不懂得怎樣去動員資源,思想認識水準和資金的管理能力不夠高,不善於利用自身的優勢獲取更多的資源。儘管很多民間慈善機構存在著資源匱乏以及這樣那樣的問題,但是各地慈善救助組織尤其是少年兒童公益慈善組織具有廣泛的群眾基礎,通過資助它們開展救助活動,能夠減少中間層次和工作程序,節約成本,提高效率。設立專項基金就猶如「授人以魚」,無法解決根本問題,「童緣」項目認識到了這一點。中華少年兒童慈善救助基金會理事長魏久明強調,在資助的整個過程中,都要幫助、培養和鍛煉被資助的公益組織,不斷提高它們的思想認識水準和業務工作能力,使它們的工作更加規範、科學、嚴謹和紮實。之後更是創辦了「童盟」,為需要支持的民間公益慈善組織提供援助和服務,使得民間公益慈善團體與中華兒慈會以及民間公益慈善團體相互之間均可以實現更充分的信息交流共享,實現資源的互助互補。並計劃分專業、分區域舉辦學習班、培訓班,不斷提高民間公益組織的思想覺悟和業務能力,真正達到「授人以漁」的目的。

四、專家點評

「童緣」資助項目,使救助工作能面對面進行,保證各類困難兒童得到及時幫助,提高了工作效率,簡化了基金會工作程序,使救助工作做到及時性、群眾性、廣泛性和實效性。「童緣」資助全國眾多的生長在民間的公益組織,推動了民間公益慈善活動的廣泛開展,有利於普及慈善文化,發展公益事業。「童緣」資助項目實行管理、運作和監督三結合模式,是執行公平、公正、公開原則,講究公信力的一種模式創新。

「童緣」項目,將是中華兒慈會長期進行的「資助型」項目,也是中華兒慈會弘揚慈善文化,推進民間公益組織發展,倡導兒童公益活動的一個品牌項目。

——中華兒慈會獲2012年「第七屆中華慈善獎」,以上為頒獎點評

五、推薦閱讀文獻

1. 「童緣」資助基金官方網站：www.ty.ccafc.org.cn.

2. 付春榮. 慈善聯盟搭建民間 NGO 互助合作平臺 [N]. 中華工商時報，2012-08-14.

3. 章爽. 童緣 [J]. 社會與公益，2012 (9).

4. 陳雪嬌. NGO 草根組織如何與公募基金會合作——來自中華兒慈會「童緣」項目的啟示 [J]. 社會與公益，2012 (4).

5. 郝衛江. 起步於公開透明的「童緣」[N]. 中國婦女報，2011-11-03.

六、案例資料來源

中華少年兒童慈善救助基金會官網：www.ccafc.org.cn.

案例八 「愛心包裹」

——「一對一」捐助的資金運作模式選擇

學習目標

- 瞭解非營利組織資金運作模式
- 理解「一對一」捐贈的運作模式及其優缺點
- 理解通過個人籌資的方式募集資金的適用性

一、案例概述

每個孩子都有幸福快樂的權利，但在貧困地區的農村還有許多這樣的孩子，他們的畫家夢中只有一支孤單的鉛筆，他們的球星夢中只有一個廉價的皮球……

義務教育階段的音、體、美課程，對孩子的人格成長、體魄強健、情感陶冶、創新實踐以及智能提高都能起到非常重要的作用，也是他們培養學習興趣、豐富學習方式、改進學習狀態的需要。然而，貧困地區的農村小學，由於硬件、師資等條件的限制，音、體、美課程往往流於形式甚至被忽視。美術課基本是教師在黑板上示範畫畫，學生臨摹的「灰白」作業；音樂課成了流行歌曲的教唱課；體育課要麼是集合整隊做做操，要麼是「一只哨子一個球」。

貧困地區農村音、體、美教育的薄弱進一步拉大了城鄉教育差距，使農村學生在將來的競爭中處於更加不利地位。新華社記者在對部分農村籍大學生的採訪中發現，農村來的大學生由於從小沒有接受過正規的音、體、美教育，個人素質、修養、性格受到了影響，城市大學生在校園裡各方面表現都很活躍，而農村大學生往往除了學習外，什麼都不會。

「愛心包裹」項目是中國扶貧基金會發起的一項全民公益活動。該項目通過動員社會力量捐贈「愛心包裹」的形式，關愛貧困地區及災區的學生。該項目由中國扶貧基金會與中國郵政集團公司合作開展，以搭建透明、便捷的公益參與平臺，推動全民公益為使命。在整個項目中，中國扶貧基金會負責文體用品的招標採購；受助學生姓名、地址的收集；聯合媒體開展宣傳；開展專題活動，營造社會氛圍；負責投訴、社會質疑的解釋工作。中國郵政集團公司在該項目中主要負責捐贈受理、包裹寄遞、捐贈款歸集、網點宣傳等工作，提供服務支撐。「愛心包裹」中的善品是根據受益對象需求的不同，精心配備的學習和生活用品。中國扶貧基金會依託中國郵政集團公司的網點在全國開通了3.6萬個「愛心包裹」捐贈站，社會各界愛心人士只需要通過郵政網點捐購「愛心包裹」，就可以「一對一」地將自己的關愛送給需要幫助的人。

「愛心包裹」捐款標準的設定如下：

100 元：捐購一個學生型美術包，「一對一」圓一名貧困地區小學生的美術夢想。其中 92 元為包裹的採購費用及包裹、回音卡、捐贈票據（掛號信）的郵寄等費用，8 元為項目執行與推廣費用。

1,000 元：捐購一個學校型體育包或音樂包，圓一所貧困地區小學師生的體育或音樂夢想。其中 900 元為包裹的採購費用及包裹、回音卡、捐贈票據（掛號信）的郵寄等費用，100 元為項目執行與推廣費用。

200 元：捐購一個學生型暖冬包或救災型生活包（非常規包裹內容）。開展「暖冬行動」時，將推出 200 元學生型暖冬包，為貧寒地區小學生解決過冬物資等問題；發生重大災害時，將推出 200 元救災型生活包，為災區同胞及時送去生活、衛生用品。

2009 年，中國郵政「愛心包裹」項目實現全網統一行動，全國 31 個省（直轄市、自治區）70 多萬名愛心人士（因有些包裹是多人合捐，實際超過 100 萬人）和 4 萬多個愛心單位參與捐贈，累計捐贈愛心包裹 118.3 萬件，募集捐贈款 1.3 億元，實現郵政收入 2,300 萬元。

2010 年 4 月 22 日，「小包裹　大愛心——中國扶貧基金會『愛心包裹』項目 2010 年全國貧困地區及災區學生六一關愛行動啟動儀式」在北京人民大會堂新聞發布廳舉行。中國扶貧基金會會長段應碧介紹，2010 年的「愛心包裹」項目的內容設計，主要是幫助解決災區和貧困地區美術教育和體育教育學生用具和教師教學用具的不足。學生型文具包每名學生一個，在原有學習用品基礎上更加突出學生美術用品。學校型體育包根據學校人數的不同，每個學校 1~10 個不等，在原有體育用品基礎上增加活動、游戲、教輔等用品。同時項目還將募集「美術體育教師培訓基金」，配套為項目受益地區或學校開展美術、體育教師培訓，從而提升貧困地區農村小學生的美術、體育教育質量，推動學生德、智、體、美全面均衡發展。截至 2010 年 12 月 31 日，「愛心包裹」項目「暖冬行動」累計籌集善款 1,862,100 元，為 5,681 個小學生送去學生型文具包，為 1,294 個家庭送去家庭型溫暖包（見表 10-2）。

表 10-2　各地區「愛心包裹」受益情況統計匯總表

（2010 年 4 月 12 日至 2011 年 1 月 3 日 24:00）

地區	學生型文具包		學校型體育包及家庭型溫暖包	
	已捐總數	未捐總數	已捐總數	未捐總數
青海	69,261	134	6,565	424
四川	65,672	0	880	2
雲南	28,126	0	341	0
廣西	24,395	0	323	0
江西	21,746	0	306	0
山西	18,837	0	279	0
新疆	17,055	0	143	0

表10-2(續)

地區	學生型文具包		學校型體育包及家庭型溫暖包	
	已捐總數	未捐總數	已捐總數	未捐總數
西藏	15,595	0	180	0
重慶	15,536	0	174	18
甘肅	14,736	166	836	0
河北	13,899	0	142	0
河南	13,837	316	117	0
貴州	12,926	0	156	0
湖北	12,358	0	130	0
安徽	12,290	0	151	0
內蒙古	11,537	117	138	0
陝西	11,057	0	125	0
寧夏	10,555	0	148	0
山東	10,353	863	131	0
黑龍江	10,162	54	128	0
吉林	10,070	0	129	0
海南	9,818	0	144	2
遼寧	9,801	1,978	127	0
湖南	9,331	1,204	128	0
福建	4,572	320	64	0
廣東	4,470	6,342	131	13
浙江	3,687	894	60	0
北京	276	0	6	0
總計	461,958	12,388	12,182	459

　　2010年4月14日，青海省玉樹藏族自治州玉樹縣遭受嚴重地震災害，4月20日中國扶貧基金會緊急將玉樹縣納入「愛心包裹」項目受益縣。消息發布後，社會各界踴躍捐贈。玉樹災區全部學生每人將收到一個學生型文具包。根據玉樹地區典型的高原高寒氣候特點，中國扶貧基金會緊急設計並推出「愛心包裹」項目新產品——「玉樹災區家庭型溫暖包」。「家庭型溫暖包」的內容為毛毯、羽絨服、羽絨坎肩、熱水袋、水杯、毛巾、襪子、LED手電筒等，捐贈標準為1,000元一個包。因為前期無法收集到準確的災區家庭姓名、地址，「家庭型溫暖包」採取預設家庭姓名、地址信息的形式開展捐贈，發放工作通過分批集中的方式進行，最後公示玉樹災區相關部門出具的接收與發放證明。

　　「愛心包裹」項目自2009年4月26日啟動，截至2011年12月31日，得到了社會各界愛心人士的廣泛參與，收到個人及單位捐贈134萬筆，籌集善款2.342億元，項目

惠及全國貧困地區和災區的 201.66 萬名學生（見表 10-3）。

表 10-3 「愛心包裹」全國累計捐贈額統計

全國累計捐購	項目已惠及
學生型文具包 2,000,166 個 學校型體育包 24,341 個 學校型溫暖包 15,974 個 家庭型溫暖包 6,549 個 收到個人及單位捐贈 134 萬筆 累計籌集善款 2.342 億元	29 個省（直轄市、自治區） 298 個縣 6,223 所學校 2,016,613 名學生 6,549 個家庭

　　國務院扶貧辦和扶貧基金會授予中國郵政集團公司「中國扶貧事業特別貢獻獎」和「中國郵政傳遞愛心」牌匾，中央電視臺、人民日報社等 4,000 餘家媒體，發表了 5 萬多次報導。「愛心包裹」項目的經濟效益明顯，社會效益顯著。

　　區別於其他捐贈項目，「愛心包裹」項目在捐贈方式和資金運作上有以下四大特點：第一，捐款使用透明。通過「一對一」的捐助模式，捐贈人在捐款後獲得受益人名單，知道自己的錢幫助了誰，標準的包裹內容讓捐贈人知道自己的錢發揮了什麼作用。第二，參與便捷。捐款便捷是「愛心包裹」項目的主要特點之一，全國 3.6 萬個郵政網點均可辦理捐贈，也可以在網上進行捐贈。除了在身邊的郵局參與捐贈之外，還可以通過支付寶、易寶支付等網上支付方式進行捐贈，也可通過身邊的拉卡拉完成捐贈。第三，參與門檻低。學生型文具包捐購標準為每個 100 元，學校型體育包捐購標準為每個 1,000 元。第四，體驗性強。捐贈人可以對捐購包裹類型、捐購包裹數量、受益學校所在地區、受益學生年級、受益學生性別等事項進行一定程度的選擇。捐贈人還能獲得中國扶貧基金會的感謝信、捐贈票據，收到受益人填寫的回音卡，感受到參與公益活動的成就感與自豪感。詳細內容如表 10-4 所示。

表 10-4 捐贈方式匯總

	捐贈渠道及反饋服務
中國郵政集團公司	中國扶貧基金會依託中國郵政網點在全國開通了 3.6 萬個「愛心捐贈站」，愛心人士只需走進身邊的郵局即可辦理。
在線結對捐贈	登錄在線結對系統，即可實現在線結對捐贈，當即獲取受益人的姓名、聯繫方式，知道自己的錢幫助了誰、發揮了什麼作用。
「月捐計劃」	通過騰訊月捐劃提供的愛心網上捐贈平臺參與捐贈。注意： 1. 通過騰訊月捐渠道捐贈的善款需要一定的轉帳週期； 2. 結對名單及小學生回音卡將定期在騰訊網上公布。
支付寶	通過支付寶提供的愛心網上支付平臺參與捐贈。注意： 1. 通過支付寶平臺捐贈的善款需要一定的轉帳週期。 2. 如果捐贈為 100 元的倍數（溫暖行動 200 元），將在基金會結對後，把受益人姓名、地址信息和票據、感謝信一起寄送給捐贈人。 3. 不足 100 元的捐贈，將與其他善款一起結對捐贈，並將受益人名單在支付寶網上公布。

表10-4(續)

易寶支付	通過易寶支付提供的愛心網上支付平臺參與捐贈，易寶支付不收取任何手續費。 1. 通過易寶支付平臺捐贈的善款需要一定的轉帳週期。 2. 如果您的捐贈為100元的倍數，將在基金會結對後，把受益人姓名、地址信息和票據、感謝信一起寄送給您。 3. 不足100元的捐贈，將與其他善款一起結對捐贈，並將受益人名單在易寶網上公布。
淘寶網	點擊進入中國扶貧基金會官方淘寶店，即可通過愛心購買的方式參與「愛心包裹」項目的捐贈。 除了100元捐贈標準外，還可選擇50元、20元、5元等其他小額捐贈的形式。對於100元的倍數的捐贈，中國扶貧基金會將把捐贈票據、感謝信及結對學生姓名、地址信息郵寄給捐贈人。
銀行匯款捐贈	帳號：0380410810002 開戶行：招商銀行北京分行中關村支行 戶名：中國扶貧基金會（請註明「公眾愛心包裹」）

「愛心包裹」項目採取特有的捐贈反饋服務，辦理郵局現場提供「愛心包裹」捐贈憑據，含「一對一」捐助學生的姓名、性別、年級和通信地址等信息（網上捐贈人可以直接在網上獲得相應信息）；中國扶貧基金會開具捐贈票據並通過掛號信郵寄給捐贈人（20~30個工作日內）；在受益學生收到包裹後，受益學生或學校填寫回音卡（包裹內統一放置的含郵資的明信片）郵寄給捐贈人（20~40個工作日內，寒暑假期間捐贈反饋時間可能會更長一些）；設專線接受捐贈人的諮詢與投訴（010-62639775/62639776）；捐贈達到一定數額的，會給捐贈者頒發榮譽牌匾和授予榮譽稱號，並且舉行「愛心包裹」發放儀式或學生見面會。

「愛心包裹」項目以搭建透明、便捷的公益參與平臺，推動全民公益為使命。項目的實施得到了社會各界的高度認可，不僅給貧困地區及災區農村小學生送去了心靈上的關愛和精神上的鼓勵，還解決了當地美術、體育教育資源不足的問題，真正實現了「人人可公益」的現代公益理念。小包裹，大愛心！包裹雖小，蘊含的卻是大愛；捐購愛心包裹的行動雖小，做的卻是幫助孩子們全面發展的大事。「愛心包裹」項目遵循「一對一」透明公益的模式，100元捐贈即可收到基金會寄出的捐贈票據、感謝信，得到受益小學生姓名、地址和學生寄回的回音卡。「愛心包裹」這一項目的開展與運作，在慈善事業中的「一對一」的資金運作方式上繼續發揮著典型與標杆的作用。

二、案例思考

1. 說說「愛心包裹」的籌資動機、籌資方式及資金運作模式。

2. 「一對一」捐贈，作為「愛心包裹」的主要籌資方式，其利弊如何？請對其進行評述。

3. 中國扶貧基金會在「愛心包裹」中所起的作用如何？中國郵政集團公司在此項目中扮演著什麼樣的角色？

三、案例分析

(一)「一對一」模式有利有弊

「愛心包裹」項目採用「一對一」捐助模式,這種模式容易實現捐助過程中的資金透明,提高捐助效率。但是,這種「一對一」捐助模式也有自身的缺陷。一般捐助者往往根據自身條件決定捐助額,帶有更多的隨意性。這種隨意性,同樣難在捐助人和受助者之間建立起一個階段性的固定的關係,捐助很容易因一些微不足道的因素戛然而止,或者呈現為一次性行為,可持續性較弱。除此之外,由於捐助者的個人情況與意願不同,捐贈的範圍會有非常大的差別,在「一對一」受助地區的選擇上,有可能呈現出非常集中的現象,使得有些地方被捐助過多,有些地方卻沒有被捐助。但是,任何項目設計,都存在利弊,怎樣在項目實施一定階段後,對項目進行調整,或者對項目進行創新性調整,是保持項目始終具有可持續發展能力的關鍵。

(二)改良的「一對一」模式

「愛心包裹」由於確定了捐贈標準,且捐贈物品不具有任意選擇性,從而成功地避免了在捐助標準上的弊端,做到更有針對性、有目的性地捐贈。它吸取了「一對一」的精神,但又不是徹底放開的「一對一」,捐贈是在慈善機構的引導和組織下,依託中國郵政集團公司這樣的大型單位進行的。總的來說,在中國目前民間慈善機構少、慈善資源又是「杯水車薪」的情況下,「一對一」捐助似乎是相對有效的選擇,它可以充分調動普通百姓從事公益慈善事業的積極性。但是,我們必須時刻提醒自己:五指成拳才會有更大的慈善力量。如何將普通老百姓的拳拳慈善之心,匯聚成強大的社會暖流,讓每一個公益慈善項目能夠可持續發展,始終能夠激發公眾對慈善的熱情,這是中國慈善事業在探索中前行時必須思考的問題。

四、專家點評

「愛心包裹」項目是近年來中國扶貧基金會所策劃的最成功的項目之一。包裹雖小,但意義重大。我們把包裹送到了孩子們的手上,也把愛心,特別是社會和諧的理念傳播給了捐助雙方。「愛心包裹」項目不僅僅是一個慈善扶貧的具體項目,通過實施這個項目,為構建和諧社會、科學發展也做出了應有的貢獻。讓「愛心包裹」項目惠及更多貧困地區及災區,讓「愛心包裹」項目成為社會各界參與公益事業的一個便捷、可信的平臺,這是一項非常有意義的工作。

——時任國務院扶貧辦副主任　王國良

作為特別支持單位,中國郵政集團公司一如既往地承擔了「愛心包裹」的受理、運遞及捐贈款歸集等工作,確保了「愛心包裹」項目的順利進展。在「愛心包裹」項目推進過程中,各地湧現出很多好的做法和成功的經驗。

丹陽局積極聯繫政府相關部門,為「愛心包裹」業務的開展做好鋪墊。業務發展中,丹陽局組織現場活動、設立流動捐贈點,使業務深入群眾,提升了業務知曉度,樹立了郵政的品牌。

錦州局一改往日以企事業單位為目標的行銷策略,轉變目光,把「愛心包裹」業

務的目標客戶定位為廣大青年學生這個群體，並通過共青團組織進行項目的啓動。同時，結合團市委的工作，錦州局策劃了相關的送愛心活動，與「愛心包裹」業務相結合，促進了業務的發展。

忻州局結合玉樹地震的最新情況，明確了關愛災區的主題，吸引了民眾的注意，激發了人們獻愛心的熱情。同時爭取政府部門的支持，以聯合發文的形式，號召各級單位積極參與「愛心包裹」捐贈活動。在組織現場捐贈的活動過程中，忻州局採取預約捐贈、捐贈額排榜的方式，帶動了企事業單位救助震區的積極性，也帶動了民眾的積極參與。

——時任中國郵政集團公司郵政業務局副總經理　李永明

五、推薦閱讀文獻

1. 中國扶貧基金會「愛心包裹」項目官方網站：www.baoguo.fupin.org.cn。
2. 中國郵政「愛心包裹」項目在線捐贈網站：www.aixinbaoguo.chinapost.com.cn/xmxx/introduce.jsp。
3. 新浪公益愛心包裹網站：www.gongyi.sina.com.cn/z/aixinbaoguo。

六、案例資料來源

中國扶貧基金會官網：www.cfpa.org.cn。

案例九 「千村慈善幫扶基金」工程

——「誰募集誰受益」的資金運作模式選擇

學習目標

- 瞭解「千村慈善幫扶基金」工程
- 理解「誰募集誰受益」的資金運用模式的優缺點
- 理解發展農村慈善的優劣及其社會意義

一、案例概述

「千村慈善幫扶基金」工程，是寧波市慈善總會於 2010 年 1 月初，在總結江北區「百村慈善幫扶基金」經驗的基礎上，向全市農村推廣開展的一項慈善救助活動，即倡導在全市農村所有行政村都設立慈善工作站，並建立「村級慈善幫扶基金」，讓每個村都有相對固定的善款用於救助。經過全市慈善組織的共同努力，至 2010 年年底，已建立村級慈善幫扶基金 1,056 個，村級慈善工作站（分會）963 個；基金總額 4.95 億元，實際到位資金 1.27 億元，每年可用資金 3,000 萬元左右。這一項目搭建了慈善募集、救助和慈善文化傳播三位一體的平臺，將慈善網路覆蓋到村裡，形成了寧波慈善「一級法人，兩級管理，三級網路」的格局；創新了農村慈善募集方式，喚起了「人人可慈善，人人能慈善」的意識，是走向全民慈善的一條有效途徑，促進了和諧、文明、富裕的社會主義新農村建設。

江北區位於寧波市區西北部，全區 90.3% 面積為農村，農村人口占 38.3%。隨著城鄉一體化和社會主義新農村建設的深入開展，全區農村經濟實力明顯增強，2008 年全區農民人均純收入達到 11,592 元。但是，相對的弱勢群體依然存在，部分貧困農戶生活困難甚至無力承擔子女讀書、就醫、住房等基本生活需求；一些經濟薄弱村（指村級可用資金少於 30 萬元）的村級公益事業依然相對落後，村級基礎設施陳舊，與建設社會主義新農村的目標要求不相適應。為了解決這一問題，江北區慈善總會經過近半年的深入調研，深刻認識到實現全區縱向到底，從區、鎮（街道）到村納入全面覆蓋慈善網路，開闢村級慈善工作的潛在資源，是紮實推進新農村建設、構建和諧新農村的一個必須攻克的新課題。

2008 年，江北區慈善總會在總結 22 個村率先建立「村級慈善幫扶基金」的基礎上，結合全區 106 個行政村的現狀，並會同區農辦、區農林水利局等部門的領導和相關部門多次研討，與各村領導以及貧困農民代表進行座談，決定在全區推出「百村慈善幫扶基金」工程，提出了「人人講慈善，個個獻愛心」的口號，充分發動廣大群眾積少

成多的力量。工程以幫困扶貧和建設農村公益事業為重點，發展農村慈善事業，改善困難農戶生產和生活環境，促進農村社會公益事業發展，加快城鄉一體化步伐，建設和諧新農村。

「百村慈善幫扶基金」工程的本金，由村黨支部、村經濟合作社和村委會共同商定，留在所在村使用，增值款從村級可用資金中提取。對核定的經濟薄弱村，由區慈善總會按基金 6% 增值數補助 50%，作為救助款，全部用於本村助困、助醫、助老等救助和公益性事業。同時為了使「村級慈善基金」制度更具活力，區慈善總會對村級慈善幫扶基金設定了「四大原則」：一是因村制宜、量力而行的原則。根據各個行政村的經濟實力，基金額度不等，多設不限，條件成熟的，基金額度可以逐年增加。二是扶植弱村、重點補助的原則。針對經濟薄弱村，區慈善總會按基金增值數補助 50% 的款額，使全區相對薄弱村更加受益。三是「自募自用」原則。全區 106 個行政村的慈善幫扶基金實行「誰募集誰使用」方案，並由區慈善總會總體控制，其每年基金增值可使用資金原則上按 30% 左右儲存備用應急，70% 左右可以當年使用，按規定由各慈善分會審批。四是「百村慈善幫扶基金」堅持「誰募集誰受益」原則，即幫扶資金受益對象或社會公益項目不出村的原則。這樣使得各村每年都有可用的固定基金增值款，除用於日常救助外，每年還可以相對集中資金，進行長規劃、短安排的項目，比如進行一些村內急需道路的修鋪、危房整修等小中型的社會公益項目。同時考慮到普遍建立村級慈善幫扶基金制度是一項全新的課題，為了規範這一制度，江北區針對部分幹部群眾慈善意識淡薄、部分村開展慈善幫扶工作中隨意性較大，缺乏制度和規章約束等狀況，依據《中華人民共和國公益事業捐贈法》《寧波市江北區慈善總會章程》《寧波市江北區慈善總會資金使用管理辦法》等文件，又先後制定了《關於建立百村慈善幫扶基金，促進社會主義新農村建設的實施意見》《關於江北區農村慈善幫扶資金募集、使用管理辦法》等文件，立足全面推進村級慈善事業的目標，對宣傳發動、組織網路、資金募集和管理建章立制等方面，做出了明確的要求和規定。

江北區「百村慈善幫扶基金」工程自實施以來，充分貼近農村現實，惠及百姓利益，受到各級領導和村民的歡迎。截至 2008 年年底，江北區所有行政村普遍建立起 10 萬元至 300 萬元不等的「村級慈善幫扶基金」，基金總額 1.01 億元。「百村慈善幫扶基金」工程的成功運作，使江北區率先在全市消除了農村人均 3,000 元以下的低收入農戶，特別使得一些遇到大病、急病、天災人禍的急困戶得到了及時救助。同時在運作過程中，全區慈善「一級法人（區慈善總會），二級管理（鎮、街道），三級網路（行政村）」的管理模式也日趨完善。2009 年 7 月，在全國慈善總會表彰大會上，江北區慈善總會榮獲「中華慈善突出貢獻獎（項目）」。

「村級慈善幫扶基金」帶來的切實效果，引起了很多領導的關注。浙江省慈善總會領導在江北調研時指出：江北區開展「百村慈善幫扶基金」工程成效突出，經驗很好，探索很有意義。將慈善事業覆蓋到農村每個角落，大大開拓了潛在的慈善資源，有效地增強了全區慈善工作的整體實力，對慈善事業的發展，具有很大的現實意義和指導作用。寧波市作為浙江省的副省級城市，在市委、市政府的重視、支持和廣大市民的積極參與下，近幾年來慈善事業取得了長足發展。但是，慈善事業的發展狀況顯示，城市與

農村之間還是存在明顯的差異。慈善機構募集到的大量善款，90% 左右來自城市的各企業、機關、團體和城鎮居民，而占土地和人口大多數的廣大農村，捐贈額較低，多數農民從來沒有進行過慈善捐款。「平民慈善」「草根慈善」在農村很少現身，許多農村人口對「慈善」兩字感到陌生。另外，由於農民的人均收入較低，農村的生活水準遠遠低於城市，貧困家庭、殘疾人的比例高於城市，許多農村困難人群得不到及時有效的救助。為了改變這種農村與城市「一頭冷一頭熱」的狀況，把慈善事業的觸角延伸到廣大農村和基層社區，讓慈善救助的陽光普照鄉村，協助政府打造農村民生工程，同時也促進慈善「蛋糕」進一步做大，推進慈善事業全面深入發展，2010 年初，寧波市慈善總會在調查研究、總結江北區慈善工作經驗的基礎上，決定推出「千村慈善幫扶基金」工程，要求在全市 3,085 個行政村和社區中，2010 年內有 1,000 個以上的村（社區）建立慈善幫扶基金。

「千村慈善幫扶基金」工程依據村（社區）經濟實力，建立金額一般在 20 萬元左右的幫扶基金，並逐年增加，不斷擴大規模。基金的本金放在村（社區）的財務帳戶上，每年提取一定比例的資金做救助金，經濟薄弱的「村級（社區）慈善幫扶基金」由各縣（市）區慈善機構進行配套補充。在工作中，「千村慈善幫扶基金」工程按照條件成熟一批建立一批的做法，穩步推進，把建立村級慈善幫扶基金與宣傳慈善文化、普及慈善理念相結合，加快了基層慈善網路建設的步伐，有力地推動了有條件的村（社區）建立慈善工作站或村（社區）分會的工作。在管理上，「千村慈善幫扶基金」繼續實行「一級法人（區慈善總會），二級管理（鎮、街道），三級網路（行政村）」的管理模式，實行「村級募集、鎮鄉監管、本村使用」，嚴格執行基金使用管理制度，每筆款項使用都上牆公布，接受村民監督，做到專人管理、合理使用、公開透明、規範運作，讓捐款人、受助人和全體村民都滿意。同時在原則上，「千村慈善幫扶基金」工程推廣了江北區的經驗，設立了因村制宜、量力而行、扶植弱村、重點補助，按比例使用、累積補欠和自募自用、村內受益的「四大原則」。

慈善幫扶基金所募善款全部用於當地的扶貧濟困和公益事業，讓村民感到「好事做在眼前，看得見、摸得著」，極大地激發了村民奉獻愛心的熱情，各地「村級慈善幫扶基金」的盤子也越做越大。同時，該基金的建立促使各行政村在村級內部建立相對規範、公正、透明、持久的幫扶機制，進一步縮小農村貧富差距，促進社會和諧，助推城鄉一體化建設有了切實穩固的資金保障。

2011 年 7 月，該工程被國家民政部評為第六屆中華慈善獎「最具影響力慈善項目」，寧波市慈善總會會長陳雲金出席了在北京人民大會堂舉行的頒獎大會，並在大會上做了發言。為了使農村慈善的「蛋糕」做得更大，2012 年年初，浙江省慈善總會決定在全省範圍內開展「萬村慈善幫扶基金」工程。如果說「百村」是嘗試，「千村」是推廣，那麼「萬村」就是趨勢，從「百村」到「千村」再到「萬村」，農村慈善的「蛋糕」越做越大，「村級慈善幫扶基金」帶來的效果越來越顯著。「千村慈善幫扶基金」的承上啟下，顯現出了該類慈善項目的積極影響：一是開發農村慈善資源，開闢農村善款募集的新途徑，廣大村民捐款獻愛心有了便捷平臺，做到「人人可慈善」。二是加強對農村弱勢群體的救助，促進社會公平和諧。建立村級慈善幫扶基金後，各村都有了相

對固定的善款用於助困、助醫、助學、助殘、助寡,實現了「救助不出村」。三是普及慈善文化,提升村民的慈善理念。培養農村的慈善氛圍,讓更多的村民瞭解慈善、關心慈善,自覺參與到慈善事業中來,讓民間的愛心進一步迸發。四是提高了基層組織的凝聚力和號召力。村黨支部書記或村委會主任,兼任慈善工作站站長,這就使得基層幹部更加關注民生,更加貼近群眾,使更多的困難群眾直接得到實惠,進一步改善了幹群關係,促進了社會和諧。許多地方的村民增強了對村幹部的瞭解和信任,村級換屆選舉工作進展更加順利。五是發展了農村社會公益事業。村級慈善幫扶基金在滿足弱勢群體需求的基礎上,還將一部分資金投向修建道路、村民危房改造、老年活動中心建設及公共綠化、環境治理等公益項目。實踐證明,建立村級慈善幫扶基金可以搭建農村善款募集、困難人群救助、慈善文化傳播「三位一體」的有效平臺,有力地促進社會主義新農村建設。

二、案例思考

1. 為了推行「百村慈善幫扶基金」工程,江北區慈善總會都採取了哪些措施?
2. 「千村慈善幫扶基金」工程的「四大原則」是什麼?
3. 寧波市為何決定推出「千村慈善幫扶基金」工程?
4. 「千村慈善幫扶基金」項目的積極影響主要有哪些?

三、案例分析

(一) 農村慈善,出路何在

南京大學和江蘇省委宣傳部及江蘇廣播電視總臺新聞中心2006年在全國範圍進行的一項新農村調查結果顯示,中國農村已經不再是一個同質性極高的整體,出現了明顯的分化現象,農村家庭之間的年均收入的差距很大。不斷擴大的貧富差距不利於社會的穩定。而慈善被認為是社會的第三次分配,有助於彌補第一次生產分配和第二次稅賦分配的缺陷與不足,縮小財富差距,有利於促進社會公平和平等。因此,在農村家庭貧富差距日益顯著的當下,發展農村慈善事業將有助於農村社會的穩定。同時,由於農民的人均收入、農村的生活水準遠遠低於城市,農村貧困家庭、殘疾人的比例遠遠高於城市,許多農村困難人群得不到及時有效的救助,大力發展農村慈善事業具有重要的現實意義。

然而,由於大多數農村人口所受教育不多,很多村民對慈善事業並不瞭解,因此在實施農村慈善的時候存在著很多需要解決的現實問題。這時,基層政府的參與和推動,成為實施農村慈善事業的必然選擇。「千村慈善幫扶基金」工程的成功開展,為農村慈善指出了一條可行的道路。該工程設計並搭建了慈善募集、救助和慈善文化傳播三位一體的平臺,將慈善網路建到村級,形成了寧波慈善「一級法人,兩級管理,三級網路」的格局;創新了農村慈善募集方式,建立了慈善資金穩定增長的長效機制;實現了慈善救助不出村,公開、透明、全覆蓋的新型農村慈善模式;喚起了「人人可慈善,人人能慈善」的意識,促進了和諧、文明、富裕的社會主義新農村建設。這些讓我們看到了農村慈善的未來與希望。

（二）取之於民，用之於民

「千村慈善幫扶基金」工程依據村（社區）經濟實力，建立金額一般在 20 萬元左右的幫扶基金，並逐年增加，不斷擴大規模。基金的本金放在村（社區）的財務帳戶，每年提取一定比例的資金做救助金，經濟薄弱的「村級（社區）慈善幫扶基金」由各縣（市）區慈善機構進行配套補充。「千村慈善幫扶基金」工程按照「誰募集誰受益」的原則，幫扶資金受益對象不出村，幫扶資金在村內可用於特困家庭的經常性救助、遭遇天災人禍家庭的臨時性救助、困難家庭的助醫和子女助學等，還可以用於村（社區）的道路建設和與村民利益密切相關的公益性事業，並且嚴格執行基金使用管理制度，每筆款項使用都上牆公布，接受村民監督，做到專人管理、合理使用、公開透明、規範運作。這些措施，讓村民感到好事做在眼前，看得見、摸得著，也讓村民深深意識到慈善並不僅僅是企業家、機關幹部的事情，普通村民同樣可以參與到慈善活動中去，極大地激發了村民奉獻愛心的熱情，做到了真正意義上的「取之於民，用之於民」。

四、專家點評

農民也可以做慈善。如何讓基層慈善項目取信於人，「千村慈善幫扶基金」給的答案是：讓村民感到「好事做在眼前，看得見、摸得著」。

——「2011・感動寧波」十大慈善新聞事件入圍評語

五、推薦閱讀文獻

1. 徐水根，龐偉律. 讓慈善救助陽光普照鄉村——江北率先在全國實現村村有慈善基金［J］. 新農村建設，2009（8）.

2. 陳雲金. 完善慈善工作網路　創建農村慈善平臺［EB/OL］. 黑河民政信息網，2012-01-18.

3. 趙瑩瑩. 「村級慈善幫扶基金」念出致富經［EB/OL］. 人民政協網，2013-01-29.

六、案例資料來源

中國慈善網官網：www.zgcsw.roboo.com.

第十一章
民間非營利組織財務監督和評價案例與實務

案例十　四川汶川地震的善款運用「恰到好處」嗎
——從審計署的公告到財務監督的思考

學習目標

- 理解非營利組織善款使用的方式
- 理解非營利組織資金使用過程中的財務監督方式
- 理解非營利組織善款使用過程中的風險控制點

一、案例概述

2008年5月12日，四川汶川發生了8.0級特大地震。地震發生後，在黨中央、國務院的領導下，全國各級黨委、政府帶領各族人民團結一致，發揚一方有難、八方支援的精神，堅持以人為本，及時實施各項救助、安置措施，全力搶救傷員和安置受災群眾，努力恢復災區生產，抗震救災工作取得了重大勝利。從2008年5月14日至11月底，全國各級審計機關對18個中央部門和單位、31個省（直轄市、自治區）和新疆生產建設兵團的1,289個省級部門和單位、5,384個地級部門和單位、24,618個縣級部門和單位進行了審計，延伸審計了四川、甘肅、陝西、重慶、雲南等5省（直轄市）的3,845個鄉鎮、9,526個村，並對76,709戶受災群眾進行了調查。抗震救災資金物資審計過程中，審計署已發布3次階段性審計情況公告。

（一）救災款物籌集、使用和結存的基本情況

1. 中央及地方財政安排救災資金的基本情況

（1）截至 2008 年 11 月底，中央和地方各級財政安排抗震救災資金 1,287.36 億元。中央財政共安排抗震救災資金 382.42 億元，其中，直接安排專項補助資金 264.96 億元，通過交通部、衛生部等中央部門和相關單位安排資金 109.3 億元，其他用於災區糧食調撥、災區市場供應及教育抗震救災；安排災後恢復重建資金 651.71 億元。全國 31 個省（直轄市、自治區）和新疆生產建設兵團共安排財政性救災資金 253.23 億元。

（2）四川、甘肅、陝西、重慶和雲南 5 個地震受災省（市）收到中央及地方各級財政性救災資金共計 1,166.48 億元，已支出 480.17 億元，其中，綜合財力補助支出 20.41 億元，民政救濟支出 266.07 億元，衛生支出 13.22 億元，物資儲備和調運支出 13.13 億元，基礎設施搶修支出 79.7 億元，公安、教育、廣電等支出 49.63 億元，其他支出 38.01 億元。

2. 社會捐贈救災款物的基本情況。

18 個中央部門單位、31 個省（直轄市、自治區）和新疆生產建設兵團共接受救災捐贈款物 640.91 億元，其中，18 個中央部門單位直接接受救災捐贈款物 127.81 億元，31 個省（直轄市、自治區）和新疆生產建設兵團直接接受救災捐贈款物 513.10 億元；支出 231.76 億元，主要用於民政救濟、物資儲備和調運、基礎設施搶修等方面；轉入災後恢復重建結存款物 409.15 億元，其中，資金 402.36 億元，物資 6.79 億元。

在接受捐贈的社會團體和各類基金會中，中國紅十字會總會及紅十字基金會接受 46.90 億元，支出 19.97 億元，結存 26.93 億元；中華慈善總會接受 9.20 億元，支出 8.37 億元，結存 0.83 億元；海峽兩岸關係協會接受 6.73 億元，支出 6.73 億元（含轉交國家民政部）；中華全國總工會接受 3.26 億元，支出 3.26 億元（含轉交國家民政部）；中國共產主義青年團中央委員會接受 0.56 億元，支出 0.56 億元（含轉交國家民政部）；中國宋慶齡基金會接受 0.42 億元，支出 0.15 億元，結存 0.27 億元；中國扶貧基金會接受 1.95 億元，支出 0.51 億元，結存 1.44 億元；中國教育發展基金會接受 1.72 億元，支出 1.02 億元，結存 0.70 億元；中國光彩事業基金會接受 1.89 億元，支出 1.52 億元，結存 0.37 億元；中國婦女發展基金會接受 0.26 億元，支出 0.06 億元，結存 0.20 億元；中國少年兒童基金會接受 1.34 億元，支出 0.34 億元，結存 1 億元；中國青少年發展基金會接受 2.31 億元，支出 0.64 億元，結存 1.67 億元；中國光華科技基金會接受 0.15 億元，支出 0.10 億元，結存 0.05 億元。

截至 2008 年 11 月底，承諾向災區捐款但由於按捐贈協議應分期捐贈、捐贈項目未確定、部分認捐單位資金週轉困難以及無法與認捐單位和個人取得聯繫等原因，未到帳金額在 10 萬元以上的單位和個人共有 89 個，這些承諾捐款總計為 2.78 億元。

3.「特殊黨費」的基本情況。

全國共有 4,559.70 萬名黨員繳納「特殊黨費」97.30 億元，其中匯繳到中央組織部「特殊黨費」專戶 91.89 億元（不含專戶利息），留存四川、陝西、甘肅等 5.41 億元。中央組織部已從「特殊黨費」專戶向災區撥付 12 億元，其餘部分（不含專戶利息）已按照中央組織部、國家發展和改革委員會、國家民政部、財政部聯合制定的使用

管理辦法，轉繳到國家民政部中央財政匯繳專戶，將用於支援四川、甘肅、陝西、重慶、雲南5個省（市）抗震救災和災後恢復重建工作。

（二）審計評價

按照黨中央和國務院關於所有款物要及時用於災區，用於受災群眾，向人民交一本明白帳、放心帳的要求，國家民政部、財政部等救災款物主管部門根據救災工作的需要，出抬了一系列加強救災款物管理的規章制度和管理辦法，提高了救災款物的管理水準和使用效率；災區各級黨委、政府積極貫徹落實抗震救災各項政策，在全力開展抗震搶險、安置受災群眾和恢復工農業生產的同時，根據災區的實際，進一步完善和細化了對救災款物的管理，努力實現救災款物分配使用的公開透明，不斷提高救災款物管理使用效益；紅十字會、慈善總會等接受救災捐贈款物主要機構，對接受救災捐贈款物嚴格管理，建立了比較完善的內部制約機制，確保了救災款物籌集及時、管理安全與使用有效；監督檢查部門及時介入，密切配合，形成了監管合力，通過及時查處、糾正各種違法違紀和管理不規範問題，有效預防了問題的發生和蔓延，確保了中央制定的各項政策措施落實到位。

審計結果表明，救災資金和物資基本做到了籌集合法有序、撥付及時到位、分配公開透明、管理嚴格規範、使用合規有效、存放安全完整，各類救災資金和物資帳目比較清楚。審計中，未發現重大違法違規問題。

截至2008年11月底，審計署共接到群眾舉報1,962件，其中有176件有較明確的問題線索，已批轉審計機關核查168件、轉地方政府處理8件。批轉審計機關核查的已全部辦結，對於核查屬實的違紀、違規事項，審計機關和有關部門依法依紀進行了嚴肅處理。

（三）審計發現的主要問題及整改情況

全國各級審計機關在審計過程中，按照邊審計、邊規範的要求，隨時發現問題，隨時提出建議，隨時督促整改，以多種方式提出了在嚴格執行國家各項救災政策、強化對救災款物接受、分配和使用的管理，提高救災款物的使用效益和防止損失浪費等方面的審計建議共計3,640多條。各級政府和部門、單位對審計提出的建議高度重視，已採納2,940多條，根據審計建議出抬了570多項規定和制度，確保了救災款物的科學、合理、有效使用。例如，四川省抗震救災指揮部為解決審計反應的6個重災市（州）大量救災物資積壓問題，制定了《剩餘抗震救災藥品醫療器械處置意見》；漢源縣根據審計建議，糾正了部分鄉鎮將必須拆除自家危房作為向「三無」困難群眾發放臨時生活救助條件的不正確做法。

（1）2008年8月4日前審計情況公告反應救災款物管理使用問題的整改情況。審計署在2008年6月24日發布的汶川地震抗震救災資金物資審計情況第2號公告中，揭示了財政安排的救災款物管理不夠規範、政策不夠完善、執行不完全到位等問題。對此，相關地方政府十分重視，制定和完善了政策規定，全面規範，認真整改。對於揭示的一些地方和部門在救災捐贈款物籌集、管理、分配等方面存在的一些不規範問題，相關部門認真研究解決辦法，制定和完善了相關制度，強化了對救災捐贈款物的監管，規範了救災款物的管理，確保了各項政策的貫徹落實。

第十一章　民間非營利組織財務監督和評價案例與實務

審計署在 2008 年 8 月 4 日發布的汶川地震抗震救災資金物資審計情況第 3 號公告中，反應了社會救災捐贈款物結存於一些部門、單位，個別地方抗震救災物資積壓和不適用，少數地方和個別單位在發放補助時搭車收費、自行提高標準，個別地區活動板房建設與災區實際需求銜接不夠等問題。為此，相關地方和部門及時出拾了管理制度和辦法，加大了對社會救災捐贈款物的整合、統籌力度，及時調劑、處置不適用和積壓的物資，全面糾正搭車收費、自行提高標準的行為，調整活動板房建設計劃，提高了救災款物的使用效益，避免了損失浪費。

（2）2008 年 8 月 4 日後審計發現的主要問題及整改情況。在 2008 年 8 月 4 日至 10 月底的審計中，發現個別地區、單位在救災款物管理使用中存在以下問題：

①個別地區災情上報不準確。由於震後交通、通信不便，難以實地核實災害數據和情況，部分地區、單位依據局部災情對本地區、本單位損失情況進行推算、估算，以及對相關政策、要求的理解有偏差等原因，導致了在抗震救災初期上報的受災損失和受災人數不準確。例如，四川省崇州市旅遊局、交通局將通往九龍溝和雞冠山景區的 47 千米公路受災損失作為各自行業損失同時上報，造成數據匯總重複，多列受災損失 12.34 億元。甘肅省天水市報表反應的「三無」人員數大於縣、鄉兩級匯總數，存在填報「三無」人員數不準確的情況。上述兩市的問題經審計指出後，崇州市政府及時組織相關部門對上述受災損失重新進行了核定，糾正了多報損失的問題；天水市政府組織人力嚴格按照規定程序進行核查，共核減「三無」人員 71,419 人。

②少數地區救災資金撥付、使用不及時。一是救災資金撥付不及時。例如，四川省財政廳收到財政部安排的地震引發次生地質災害調查評價經費 2,000 萬元後未及時撥付到位，造成省地礦局等項目實施單位不得不自行墊支經費開展工作。經審計指出後，四川省財政廳已於 2008 年 9 月 5 日將上述經費撥付給有關單位。二是救助金發放不及時。截至 2008 年 9 月底，陝西省財政廳共下撥給市（縣）救助金 46,000 萬元，市（縣）未發放 18,514.15 萬元，占 40.25%。安康市收到省財政廳下撥的災民救助金 4,476 萬元，未發放 4,403.28 萬元。對於審計發現的上述問題，陝西省政府高度重視，要求各市（縣）落實整改。截至 2008 年 10 月 20 日，全省各市（縣）發放救助金已占應發放數的 82.06%，其中，安康市的發放比例已達 83.46%。三是個別地區地震遇難人員家屬撫慰金發放緩慢。截至 2008 年 9 月 20 日，四川省茂縣尚未兌付 3,862 名遇難人員家屬撫慰金。審計指出這一問題後，該縣政府組織人員對遇難人數進行了核查，加快了撫慰金的發放。四是資金開支範圍、標準不夠明確，導致資金結存大。四川省阿壩藏族羌族自治州財政局 2008 年 5 月和 6 月撥給黑水縣的抗震救災資金共 1,259 萬元，至 2008 年 9 月 17 日仍作為借款留存在縣財政局。彭州市建設局 2008 年 6 月和 7 月收到財政局撥給的搶險救災資金 490 萬元，至 2008 年 8 月 4 日仍未使用。審計指出上述問題後，相關地區和單位已抓緊按照規定的用途使用資金。

③個別單位救災物資管理不規範。一是個別救災物資未被納入統計。截至 2008 年 8 月 20 日，四川省彭州市抗震救災搶險指揮部、市公安局接受捐贈的 302 萬元移動電話充值卡收、發、餘情況，未被納入救災物資統計，也未對外公示和上報。根據審計意見，上述物資已於 2008 年 10 月 21 日全部被納入救災物資統計。二是部分接受物資未

— 157 —

入帳核算。由於接受物資的資產權屬不清、缺少發票等原因，截至 2008 年 8 月 16 日，四川省彭州市人民醫院、中醫院等 31 家醫療機構接受了捐贈和上級調撥的 320 臺（套）X 光機器、監護儀器、越野車等物資，綿陽市交通局、建設局、水務局等單位接受了捐贈的 124 臺設備、260 輛汽車、78 臺（套）精密儀器，上述固定資產均未及時入帳核算。審計指出上述問題後，彭州市相關醫療機構已於 2008 年 8 月 31 日完成了固定資產的入帳工作，綿陽市相關單位也已按照有關規定對相關物資進行評估，履行入帳核算的必要程序和手續。

④少數單位救災物資未按需採購，部分物資價格偏高。一是由於部門之間缺乏有效的信息溝通機制，導致救災物資重複採購。四川省衛生系統截至 2008 年 7 月 31 日庫存消毒殺菌藥品 1,700 餘噸、噴霧器 7,800 餘臺。在此情況下，四川省動物防疫監督總站於 2008 年 8 月 13 日又採購消毒殺菌藥品 300 噸、噴霧器 12,500 臺。二是採購價格明顯偏高。四川省醫藥公司在根據省衛生廳通知對省內 8 家企業生產的消毒殺菌藥品實行臨時統購措施時，僅按照生產企業報價進行結算並支付價款 2,044 萬元。後審計抽查成都奧凸科技有限公司，發現該公司供應給四川省醫藥公司的兩類消毒殺菌藥品，其價格比地震前批發價分別高出 16% 和 32%。天津市紅十字會和陝西省民政廳因採購時間緊迫，在未進行市場調查或詢價的情況下，於 2008 年 5 月分別向藍通工程機械（天津）有限公司採購照明燈車 45 臺和 100 臺，其價格比該公司 2008 年 1 月至 6 月同型號產品平均售價高 40% 以上。

對於審計發現的上述問題，有關地方政府十分重視，迅速建立健全了部門之間信息溝通機制，及時出抬了嚴格物資採購的辦法，加大了價格監管力度，並責成相關單位核減了物品的價款。

⑤個別單位擅自改變救災資金用途。一是個別單位擅自改變救災資金用途。四川省茂縣衛生局將縣財政撥入的捐贈資金 2.02 萬元以會費的名義列支，用於抗震救災先進個人和集體獎勵。審計指出此問題後，該局已使用辦公經費抵頂了在抗震救災專項資金中列支的獎金。二是共青團甘肅省委將上級撥付以及自行接受的救災捐贈資金下撥至基層單位用於工作經費 86 萬元。根據審計意見，甘肅團省委已下發通知，將下撥的經費全部用於組織災區重建青年志願者服務行動。三是甘肅省隴南市交通徵稽處將省交通徵稽局下撥的抗震救災專項補助款用於獎勵、發放職工補助和防署費 4.96 萬元。目前，該處已糾正上述不合規資金支出，調帳歸還了抗震救災專項補助款。

⑥部分行業募集的本系統內職工捐款大量結存。四川省電力公司、成都鐵路局等 7 家中央在川單位，組織本系統職工為災區群眾和本系統內受災職工捐獻的救災資金，截至 2008 年 8 月底，尚有 2,640.43 萬元存放在這些單位。審計指出此問題後，這些單位已按照規定渠道安排使用募集的捐款。

針對審計發現的少數人員違法違紀問題，相關地方黨委、政府和部門，迅速採取措施，追究相關人員的責任，涉嫌違法犯罪的已移交司法機關處理。審計機關移送給紀檢、監察和司法機關案件 146 起，涉案人員 162 人；相關責任人已分別受到了黨紀政紀處分或被依法追究法律責任。

審計署組織對汶川地震抗震救災資金物資進行的全過程、全方位跟蹤審計任務已順

利完成。2008 年 9 月以來，審計署對災後重建項目進行了跟蹤審計和審計調查，2011 年年底完成全部審計工作。下一步將全面轉入災後恢復重建跟蹤審計，審計署將根據國務院頒布的《審計署關於汶川地震災後恢復重建審計工作安排意見》，重點審計恢復重建物資和資金籌集、分配和管理使用，災後恢復重建政策實施，災後恢復重建規劃落實和恢復重建工程質量等情況。同時，將按照「誰審計、誰公告」的要求，由審計署和地方審計機關分別適時向社會公告災後恢復重建審計情況。

二、案例思考

1. 汶川地震善款的來源有哪些？請對其進行簡要評述。
2. 汶川地震善款使用過程中存在哪些問題？針對善款使用過程中存在的問題提出改進建議。
3. 結合案例談談從汶川地震審計公告看賑災審計的重要性。

三、案例分析

(一) 需要完善審計體系

非營利組織的財務信息既不涉及國家安全機密，又不涉及企業商業秘密，完全可以實現充分的信息披露，為審計工作提供盡量完整的資料。但是，近幾年來，由於一系列詐捐、善款流失、善款使用去向不明等問題的出現，極大地損害了捐贈者的積極性，也阻礙了中國慈善事業的進一步發展，中國民眾對慈善組織的信任明顯下降。究其原因，其中很重要的一點就是中國慈善捐贈過程中財務內控制度不完善，財務管理流程存在漏洞，導致慈善組織的財務信息透明度不高。由於捐贈者和慈善機構委託—代理關係的存在，不可避免地會有逆向選擇和道德風險，而且由於內控制度缺失，使得慈善組織自身也不能對其財務狀況進行即時、動態、深入的監督。所以在審計制度的構建上，我們建議應該建立內部審計、社會審計、政府審計、公眾監督相結合的「全面綜合審計監督」方式。組織內部審計是其審計的起點，也是第一道防線，對於保證非營利組織財務信息的公開、透明具有極其重要的意義。內部審計主要是對捐贈款物的收據、記帳保管撥付、管理費計提、物資採購程序、信息披露及審計監督等問題做出嚴格的規定。社會審計是慈善組織通過捐贈方的委託方式，即捐贈者代表加入理事會，選擇獨立、稱職的會計師事務所進行獨立審計，及時地將慈善組織捐贈款物的接收、撥付以及結餘情況的審計結果進行公告，內容主要包括審計報告、銀行接受捐款情況表、抗震救災貨幣資金收入支出明細表、抗震救災收到捐贈物資明細表、抗震救災轉贈物資明細表等內容。慈善組織也可以針對重大公共危機救助活動，邀請會計師事務所開展專項審計，並通過媒體及時公開披露，以便社會各界監督。對救災物資採購等風險區域的審計信息披露，需要切實落實績效審計理念，實施非營利組織捐贈審計。慈善組織的政府審計應定位為在充分利用慈善組織內部審計和社會審計信息的基礎上，有重點地開展抽查審計，由點及面地揭示深層次的制度缺陷，為制定政策法規和行業監管提供依據。慈善組織的政府審計主體包括民政部、審計署、稅務部門等，應清晰界定各部門監管職能與權限，避免監督工作重複、監管資源浪費。民政部主要負責非營利組織財務信息的年度檢查，對非營利

組織進行行業綜合監管。審計署主要負責對非營利組織重大救助活動開展專項審計，查處違法違規行為，揭示制度層面的缺陷與漏洞，提出政策建議。應強調稅務部門對非營利組織的監督，嚴格非營利組織納稅申報制度，設立免稅審核制度，統一捐贈票證管理和加強捐贈稅收抵扣監督。同時應進一步嚴肅違法違規案件的移送制度和處理力度，進一步完善政府審計公告制度。公眾監督具有成本低、範圍廣、潛力大等特點，應引導非營利組織通過網站、報紙等媒介公開披露審計報告，暢通公眾監督舉報途徑，創建「公民監督」的氛圍，引導中國政府管理向「小政府、大社會」的公共治理方向發展。通過以上方式有序地開展慈善組織的財務信息審計監督工作，環環相扣，積極執行，才能提高中國非營利組織審計的質量和效率。

（二）做好災後跟蹤審計工作

跟蹤審計是指審計人員為提高被審計對象的績效而進行的審計活動。這裡的績效既指經濟效益，也指被審計對象的合規性、合法性。跟蹤審計是對被審計對象進行適時評價、持續監督和及時反饋的一種審計模式。通過對汶川地震災後捐贈款物的跟蹤審計的實踐，可以在監督財政資金的管理使用、防止損失浪費、促進國家有關政策的貫徹落實、提高資金使用效益等方面發揮積極作用，更加有效地發揮審計部門的「免疫功能」的作用，實現審計理念的改變和審計模式的轉變。跟蹤審計完善了傳統的審計方式，有效地發揮了審計部門的保障和促進作用。

四、專家點評

截至 2010 年 2 月底，審計機關先後組織近 3,000 個審計組、8,000 多人次對規劃總投資 4,000 多億元的 13,000 多個項目進行了跟蹤審計和審計調查，共向被審計單位發出審計情況通報 1,047 份，促進各級各部門和參建單位建立健全規章制度 600 多項，改進了 2,500 多個項目的建設管理，改善了 200 多個項目的工程質量，節約重建資金或挽回損失 12 億元，收回擠占挪用資金 3 億元。2009 年已經分兩次向國務院報告審計結果，並分別由審計署、3 個受災省份和 20 個對口支援省（市）審計機關向社會公告，反響良好。

——時任審計署固定資產投資審計司司長　徐愛生

跟蹤審計堅持實事求是，工程概算該調就調，既要防止資金使用上的鋪張浪費，又要保障工程建設的質量和安全。漁子溪電站兩調概算集中反應了跟蹤審計的特點和作用。

——時任審計署駐成都特派員辦事處副特派員　周應良

審計工作就是要把住資金的最後一道防線。財政資金用到哪裡，審計就要跟進到哪裡，而且要交出一本明白帳。跟蹤審計的紛繁複雜超乎人們的想像。要真正做到看好國家的每一分錢，審計要做的就遠不只是翻翻帳本。全過程審計涉及項目的每一個過程，這樣，才能保證資金真正用到該用的地方。

——時任陝西省審計廳副廳長　李健

五、推薦閱讀文獻

1. 汶川地震災後恢復重建跟蹤審計結果［EB/OL］. www.audit.gov.cn.
2. 審計署公告汶川地震抗震救災資金物資的審計情況［EB/OL］. www.gov.cn.
3. 從汶川地震審計公告看賑災審計的重要性［EB/OL］. www.chinaacc.com.
4. 何海霞. 災後重建資金與物資跟蹤審計研究［D］. 成都：西南財經大學，2011.
5. 孟雙會. 救災款物審計體系完善對策探析［D］. 成都：西南財經大學，2010.
6. 時現，李善波，徐印. 審計的本質、職能與政府審計責任研究——基於「免疫系統」功能視角的分析［J］. 審計與經濟研究，2009（3）.

六、案例資料來源

1. 《審計署關於印發嚴格四川地震抗震救災資金和物資審計紀律若干規定的通知》（審社發〔2008〕58號文件），發文單位：中華人民共和國審計署.
2. 中國網官網：www.china.com.cn.
3. 中華人民共和國審計署官網：www.audit.gov.cn.

案例十一 「胡曼莉事件」

——透視中國非營利組織的財務監督問題

學習目標

- 理解非營利組織的資金使用方式
- 理解非營利組織資金使用過程中的財務監督方式
- 理解非營利組織善款使用過程中的風險控制

一、案例概述

1999年，胡曼莉，這位中華綠蔭兒童村的創始者，因撫養數百名孤兒而聞名的「中國母親」，在美國慈善機構「媽媽聯誼會」會長張春華的許可下，以代理人身分來到雲南麗江，建設當地的孤兒學校。胡曼莉曾被視為中國民間慈善的象徵，因其獻身孤兒事業的形象，還在中央電視臺的公益廣告上被稱為「中國母親」。

1999年，「美國媽媽聯誼會」捐贈給「麗江媽媽聯誼會」的35萬美金卻出了問題，使得張春華對孤兒學校的管理及慈善捐贈的使用產生了懷疑，於是拉開了「美國媽媽」與「中國母親」的7年戰爭的序幕。1999年的這筆錢是「美國媽媽聯誼會」幫助胡曼莉成立「麗江媽媽聯誼會」和孤兒學校時匯款到中國的，當時美元的銀行匯率是1：8.3，胡曼莉兌換美元的匯率卻是1：8.1，而且還沒有向張春華提供美元兌換人民幣的流水帳單。張春華懷疑胡曼莉是在黑市兌換的美元，且獲取匯率差價作為私利。更讓張春華懊惱的是，沒有這筆美金的兌換流水帳單，她就無法向美國國稅局交差，「國稅局會懷疑我們的資金去向，甚至會認為我們是在中國洗錢」。發現這一問題後，「美國媽媽聯誼會」馬上向美國國稅局提交了「我們被騙了，並將補救和追究」的報告，同時通過網站公布被騙情況。「我們必須在國稅局查我們之前，在捐款人知道真相之前就公布出來，以掌握認錯的主動權。在美國，你上當不是你的錯，你作假就會受重罰。」張春華解釋說，這個情況曾經一度導致了捐款下滑。但是，她認為這樣的代價是值得的，這使她們仍在捐贈者中保持了信譽，還可以讓國稅局給她們足夠的補救時間。在美國，像「美國媽媽聯誼會」這樣的慈善組織，都是享有免稅資格的。但美國國稅局為了防止不法之徒借慈善組織逃稅與洗錢，還是要監管慈善組織的資金流向。所以，「美國媽媽聯誼會」在中國的捐助必須向美國國稅局提交各種合法的票據和財務報表來作為證明。它像美國的其他慈善機構一樣，財務收支必須公開，並在每年5月中旬向國稅局報稅，國稅局根據慈善機構提供的財務報表和審計報告，批准是否繼續免稅。張春華在和胡曼莉接觸的過程中還發現，胡曼莉還存在著挪用善款、借善款斂財等財務問題，所以

第一步她準備用打跨國官司的方式來進行補救。

2002 年，雲南省高級法院終審判決胡曼莉向「美國媽媽聯誼會」返還其中的 90 餘萬元人民幣，這使得「胡曼莉事件」漸漸浮出水面。隨後，通過全面審計及調查，最新的官方審計結果解釋，胡曼莉將人們捐贈給孤兒的善款斂聚為私財，置辦了豪宅，為家人購買房屋，送女兒出國留學，慈善成了她個人牟利的工具。當「慈善家」的畫皮被揭穿之後，胡曼莉終於向人們露出其偽善、醜陋的面孔。可以說，「胡曼莉事件」對於中國慈善事業來說，是一個沉重的標本，更是一記響亮的警鐘。下面我們一起來回顧「胡曼莉事件」。

（一）基本情況

「麗江媽媽聯誼會」是經原麗江地區民政局批准成立的助孤助教、撫養孤兒、扶貧濟困的社會團體組織。「麗江媽媽聯誼會」接受來自社會各方面的捐款，然後向麗江民族孤兒學校和麗江民族孤兒育幼院進行資助撥款。雖然「麗江媽媽聯誼會」是孤兒學校和孤兒育幼院的資金來源方，但在財務上，孤兒學校和孤兒育幼院都有各自獨立核算的帳戶，同時也可以接受除「麗江媽媽聯誼會」資助撥款以外的各種捐款。可以說，當時有三個帳戶同時在接受來自社會各界的捐款，直到 2004 年，胡曼莉將「麗江媽媽聯誼會」、麗江民族孤兒學校和麗江民族孤兒育幼院進行了合併。

（二）資金來源

「胡曼莉事件」中涉及的資金來源包括：「美國媽媽聯誼會」、胡曼莉個人捐款、社會零星捐款、愛心人士助養孤兒的助養費、會費、部分政府相關補助資金等。

（三）分年度財務收支情況

「胡曼莉事件」所涉非營利組織分年度收支情況參見表 11-1 至表 11-4。

表 11-1　「麗江媽媽聯誼會」1999—2003 年的財務收支情況表　　單位：元

項目年度	1999	2000	2001	2002	2003
總捐款收入	1,269,155.19	3,688,769.20	213,003.43	58,000.00	4,000.00
「美國媽媽聯誼會」	515,610.00	2,341,397.70	無	無	無
胡曼莉	357,385.16	842,604.84	無	無	無
社會捐款	384,724.43	462,952.66	200,563.43	無	無
助養費	9,735.60	40,714.00	9,040.00	無	無
會費	1,700.00	1,100.00	3,400.00	無	無

表 11-2　麗江民族孤兒育幼院 1999—2003 年財務收支情況表　　單位：元

項目年度	1999	2000	2001	2002	2003
總捐款收入	47,423.97	436,610.00	688,899.62	1,306,250.56	510,779.16
專項捐款	無	無	250,000.00	無	無
社會捐款	無	436,610.00	390,177.62	1,103,913.22	438,678.46
助養費	無	無	48,722.00	162,237.34	72,100.70
會費	無	無	無	40,100.00	無

表 11-3　麗江民族孤兒學校 1999—2003 年財務收支情況表　　單位：元

項目年度	1999	2000	2001	2002	2003
總捐款收入	725,000.00	299,498.24	473,129.13	2,313,416.50	797,717.10
社會捐款	無	267,511.40	337,212.66	1,136,947.47	294,932.14
一般捐款	無	無	無	無	145,803.70
助養費	無	31,286.84	36,176.47	268,579.03	356,981.26
教委補助	25,000.00	無	無	無	無
會費	無	700.00	200.00	無	無
胡曼莉	無	無	99,540.00	907,890.00	無

表 11-4　麗江民族孤兒學校 2004—2006 年 8 月 31 日 財務收支情況表　　單位：元

項目年度	2004	2005	2006.8.31
收入項目	1,900,757.72	7,155,377.87	603,408.79
社會捐款	無	無	583,850.29
一般捐款	380,620.04	無	無
助養費	1,208,870.38	無	19,500.00
專項款項	307,649.39	無	無
會費	1,700.00	無	無
利息	1,844.41	無	無
其他收入	73.50	155,377.87	58.50

從這四份表中可看出以下問題：

（1）對胡曼莉巨額投資的懷疑。表 11-1 和表 11-3 顯示，胡曼莉個人總共拿出約 220 萬元投入孤兒事業。

（2）一般捐款、社會捐款和助養費明顯不正常。表 11-4 顯示，一般捐款在 2004 年為 380,620.04 元，到 2005 年、2006 年就變成了 0；社會捐款 2004 年、2005 年為 0，到 2006 年又猛增為 583,850.29 元；更讓人不可理解的是，助養費在 2004 年是 1,208,870.38 元，到 2005 年變為 0，2006 年也僅有 19,500 元。一般而言，對孤兒的助養都具有連續性，因此助養費是不是也應該具有連續性呢？！

（3）學校總收入怎麼會減少。三個單位合併以後，出現了「三帳合一」的情況，合併以後，根據國家實行的「兩免一補」政策，在孤兒人數未增減情況下，孤兒教育費用會由於國家政策補貼而出現減少的現象，再加上合併後的機構，從海外獲得了兩筆巨額捐款：一是美國晨星基金會對所有孤兒每人每月 200 元的助養生活費；二是美國一個愛心人士從 2005 年 9 月開始，每月定時捐入 10,000 美元對孤兒的資助金額。另外，還有香港房角石協會也定期給予捐助等多種資金來源。按理說，「三帳合一」後，獲得捐贈收入的渠道應該增加，但是，在表 11-4 中卻顯示出，三個單位合併以後，捐贈收入的來源渠道反而越來越少。

(四) 審計中查出的問題

1. 收入中存在的問題

(1) 審計組在審計時認為，胡曼莉將部分社會零星捐款當成其個人捐款入帳或收款收據開給自己（註為：投資款），這是不符合規定的。麗江是個旅遊勝地，處於麗江古城中心位置的麗江民族孤兒育幼院每天都要接待許多中外遊客，這些遊客臨走時一般都會在捐款箱中捐錢。對於這些零星捐款，審計組在審計時認為胡曼莉沒有進行統計。麗江民族孤兒學校 2001 年 9 月 28 日的帳務顯示，胡曼莉捐款 60,000 元，這部分資金，應為麗江民族孤兒院 2002 年 4 月 10 日撥出的捐款 60,000 元，因為兩筆帳務處理的附件為同一張收據。胡曼莉對外聲稱，自己向麗江民族孤兒學校投資超過 220 萬元（見表 11-1 和表 11-3），並提供了 13 張麗江民族孤兒學校的收據，每一張摘要上都註明有「投資款」字樣。而「投資款」和「捐款」的本質區別在於，如果胡曼莉註銷了「麗江媽媽聯誼會」，「投資款」是必須要返還給胡曼莉的一筆資金，而「捐款」則無須返還。而事實上，胡曼莉也的確在合併後的兩年內，不斷努力，要求註銷「麗江媽媽聯誼會」，將麗江民族孤兒學校改為民辦學校。

那麼胡曼莉個人向孤兒學校「投資」220 萬元是真是假？她的投資款又是從何而來呢？

事實上，胡曼莉的捐款只有 120 萬元，且此 120 萬元也屬於兒童村在福州時接受的一些社會捐款，此款從福州轉到麗江就變成了胡曼莉的個人捐款。1999 年 5 月 26 日胡曼莉投資 98,000 元，用於古城四合院的房租，票據註明為「投資學校創辦費」。而該款項在「麗江媽媽聯誼會」提供給「美國媽媽聯誼會」的捐款財務報告中卻清楚註明：1999 年度、2000 年度四合院房租均由「美國媽媽聯誼會」捐款支付。知情人士提供了一部分捐款收據，每一張都能與胡曼莉提供的投資款收據完全對應，也就是說每一筆錢竟有兩張票據，唯一不同的是「捐款」變成了「投資款」。或者解釋為，在同日同時有兩筆相同數額的款進帳，一筆是捐款，一筆是投資款。2005 年 10 月 26 日胡曼莉支付學生生活費 96,370 元，該款項來源並非胡曼莉個人資金，是從孤兒學生個人帳戶中提取的。2005—2006 年期間，胡曼莉從孤兒個人儲蓄帳戶存折上提取款項後，交入學校時的收據均開給了胡曼莉個人，金額達到了 269,731.62 元。這其實就是胡曼莉個人「投資款」的真實來源。

(2) 另一個重大的收入問題則是孤兒學生個人儲蓄帳戶存在一定的問題（見表 11-4）。助養費在 2004 年的財務收支情況表顯示為 1,208,870.38 元，2005 年助養費就直接匯入胡曼莉私自給被助養孤兒開的個人帳戶上，錢就與學校帳戶脫離，存折由胡曼莉私人保管。所以審計中學校的總捐款收入就反應出大量減少，2005 年更出現了沒有助養費的情況，2006 年助養費也只有 19,500 元。胡曼莉的這種做法，就是要架空學校財務帳戶，審計中無法查實真實收入，讓助養費變成了胡曼莉的個人帳戶。

那麼胡曼莉是怎麼讓助養人把助養費匯入被助養孤兒的個人帳戶的呢？

胡曼莉給助養人寫信，說服助養人將助養費匯入助養孤兒帳戶，這些有她給助養人的信件為證。等助養人把助養款轉到被助養孤兒的個人帳戶後，胡曼莉讓孤兒在空白回執單上簽字，然後由胡曼莉填寫金額及其他內容，再將回執寄送給助養人，她以此方式來躲避開具慈善捐款專用收據，以便讓助養費不直接進入學校的帳戶。這就是胡曼莉

接受助養費的方法：她用冠冕堂皇的理由騙過助養人、以「母親」的身分取得孩子們的信任，來做善款私存的事情。

2. 支出中存在的問題

(1) 部分支出未據實列出，而是根據計劃列支，金額共計 330,000 元。① 2000 年 8 月 31 日，胡曼莉撥給福州兒童村孩子生活學習費用 15 萬元，但 2000 年 8 月實際上福州已無孤兒學生，學生早已遷到麗江民族孤兒學校。② 2005 年 4 月至 2005 年 12 月，胡曼莉以 154 名學生名單為依據，從學校帳戶向鑫鑫農場撥出伙食費 15 萬元。③ 2006 年 8 月 31 日，胡曼莉憑普通收據及培訓學生名單，領取初中畢業生培訓費 6 萬元。她先以培訓為借口讓初中畢業生回校，可他們回校後卻一直無人管理，有一些學生都很著急了，但最終也沒有什麼培訓。當時學校來了義工，希望能輔導學生的英語。這些義工培訓，不但不收培訓費，還需要向學校交生活費和住宿費。由於學校無人對學生進行組織安排，所有在校初中畢業班學生中能自覺向義工學習英語的寥寥無幾。

(2) 胡曼莉在往孤兒個人儲蓄帳戶上存款時，憑存折複印件列支 99,251.10 元，取出學校帳戶上的錢存入胡曼莉私自給孤兒開的個人帳戶上，孤兒卻不知道自己有帳戶和存折。

(3) 憑一般收據（部分收據連號）、付款證明、商品調撥單等核銷購買各種物品的各項支出共計 424,435.25 元（其中普通收據連號的金額達 17 萬餘元）。其實在大量購物支出背後還有另外的目的（表 11-4）。2004 年、2005 年的社會捐款和 2005 年、2006 年的一般捐款之所以為零，是因為這些錢根本就沒有存入學校帳戶。胡曼莉給捐款人寫信或當面說明所收捐款用於某些項目，例如買米、買油、買校服、買學習用品等，然後向捐款人提供所做項目或所購物品的照片、購物發票或收據的複印件，學校也不開具慈善捐款專用收據，捐款不入學校帳戶，審計也就審不出來。捐款人以為這些物品是用自己的捐款買的，而實際項目或購物的開支卻從學校帳戶中支出，學校財務又列為購物支出。購買同一樣物品，既要向捐款人報帳，又要在學校財務支出部分做帳，這也是胡曼莉善款私存的一種手段。

(4) 對支出中達到固定資產核算標準的部分購入物品未進行固定資產核算管理，這部分金額共計 430,740.20 元。有的物品根本就不存在，是有帳無實物的假帳。

(5) 以胡曼莉為投保人，為少數未成年孤兒購買分紅保險，在學校帳務上均列為一次性支出保險費 286,018 元。如果無人舉報，審計也沒查出，該款到期也將落入胡曼莉的私人腰包。麗江民族孤兒學校的經費是靠國際、國內的愛心人士及機構捐款開辦的，用善款為少數未成年孤兒購買分紅保險，應屬於機構投資行為，那麼在填寫保單時就應在「投保人」一欄內填寫投保機構的名稱，而不應該填寫胡曼莉個人的名字（投保資金不屬於胡曼莉個人）。在學校財務做帳方面，胡曼莉把它簡單地說成是保險支出，而實際此為分紅保險，投保人實際上是可以自由退保定期分紅的。這些按照規定，均應列入學校的投資管理。在保單的保管方面，由於前期均由胡曼莉私人保管，保險公司也按個人投保程序向胡曼莉個人通知紅利（通知書寄到胡家裡），直到審計時她才把保單轉到學校保管。另外，屬於胡曼莉個人住院醫療費，在單位帳上報銷了 6,545.60 元。

3. 存在的其他問題

(1) 麗江民族孤兒學校為田園春休閒莊墊付房租等各種款項，至 2004 年 12 月還

有「其他應收款——田園春超市」的 108,660.87 元，均做核銷處理。

（2）為電腦服務部支付房租、歸還購買設備款 143,348.35 元，但麗江民族孤兒學校帳上未反應電腦服務部的收支情況。

（3）修改審計報告。胡曼莉將政府部門對機構進行的審計報告中查出的問題進行修改、篡改（其中篡改件由境外捐款人提供），再將此不真實的審計報告提供給捐款人，以便說明學校財務管理健全，財務帳目清楚。

（4）購置豪華進口汽車一輛，價值 30 多萬元。在行程不足 10,000 千米、使用時間不足半年的情況下，以 20 萬元低價轉手出售，造成善款嚴重損失。

（5）胡曼莉以其養子陳斌之名在麗江萬里小區購置一套公寓式房屋，價值 20 餘萬元；以其母親之名在麗江萬里小區購置一套公寓式房屋，價值 20 餘萬元；以胡曼莉本人之名在麗江香格里大道（麗江市中級人民法院對面）購置豪華別墅一棟，價值 100 多萬元。據查證，胡曼莉本人無任何個人的商業或投資行業方面的收入，女兒在國外上學也需要巨額支出。

（五）審計評價

「麗江媽媽聯誼會」的成立，為麗江孤兒事業的發展提供了較好的平臺。在海內外及港、澳、臺各方面團體組織及愛心人士的幫助下得到了較好的發展。胡曼莉本人也做了大量工作。但在財務管理上確實存在一些問題。在管理使用各項捐款上，有的違反了《中華人民共和國會計法》《民間非營利組織會計制度》等法律法規的相關規定。

（六）審計建議

（1）建議各相關職能部門根據各自的工作責任，進一步加強對社會團體機構的管理、監督和指導，以保證其在法律、法規、規章、規定的範圍內活動。

（2）在麗江孤兒學校各種捐款減少的情況下，建議政府採取措施幫助解決資金困難問題。

（3）建議政府責成相關部門對「麗江媽媽聯誼會」的資產物品進行一次全面清查，做到帳實相符，對有帳無實、有實無帳的情況做出適當處理。

（4）根據麗江民族孤兒學校對下屬實體資產管理不夠嚴格的情況，建議主管部門組織力量對實體資產進行一次清查。

（5）麗江民族孤兒學校的領導應加強對國家各項財經法規的學習，嚴格按財務會計制度、財經紀律的要求對本單位的財務收支進行核算管理，杜絕各種違紀違規問題的再發生。

（6）購進蟲草經營活動業務，也超出了其業務範圍。建議向登記管理機關做專題匯報，主動接受監督管理。

（7）應進一步總結經驗和教訓，糾正在管理使用資產方面存在的種種不足，如購入部分家具未註明用途，無充分資料證明已用於與學校教育教學活動相關的項目；同時要避免買賣車輛過程中形成差價損失的情況再度發生。

審計的評價和建議比較概括和婉轉地交待出在審計職能外存在的問題和即將面對的現實，審計局只是對單位提供審計的帳務進行了審計。整個「胡曼莉事件」中，牽涉的違規違法現象比較隱蔽，且案件非常特殊，涉及公益人員的廉潔自律問題，值得深

思。這個事件，也反應出當前非營利組織所面臨的一些問題。它們的獨立性很容易被破壞，有可能出現「內部人控制」現象。內部控制人「一手遮天」的現象，會導致該非營利組織財務運作違規違法現象的出現。

1999年清華大學非營利組織研究所的問卷調查顯示：被調查的非營利組織中，只有14.7%的非營利組織通過註冊會計師審計等外部審計進行規範的年度財務報告審計，甚至還有10.9%的非營利組織沒有年度財務報告制度。這些都反應出非營利組織存在一些財務管理不規範的問題。面對這些問題，我們在完善慈善監管法律的同時，需要進一步加強非營利組織的外部監督，在保證行為主體依法活動以實現效率的同時，促使行為主體形成道德意識。

二、案例思考

1. 麗江孤兒學校資金來源有哪些？
2. 胡曼莉善款私存的方式有哪些？請對其進行簡要說明。
3. 麗江孤兒學校在善款使用過程中存在哪些問題？結合案例，分析非營利組織如何加強善款使用過程中的財務監管。
4.「胡曼莉事件」對你的啟示是什麼？

三、案例分析

（一）非營利組織「失靈」

非營利組織「失靈」的主要含義是指非營利組織偏離了履行社會公益的宗旨，片面地以功利主義為信念，並給消費者、社會、生態帶來負效應。非營利組織「失靈」表現在營利化傾向、官僚化傾向、內部人控制問題和組織效率低下等方面。在胡曼莉的案例中主要反應了非營利組織失靈的內部人控制問題，主要是指獨立於外部利益相關者的經營者事實上或法律上掌握著組織的實際控制權，在組織經營中充分體現自身利益，從而架空其他利益相關者的控制與監督的情形。當非營利性組織的願景變成組織成員的內心信念時，當社會使命變成組織成員對真、善、美的追求時，人們就會自覺維護社會公眾的利益，妥善處理好個人利益與社會利益的關係。但是，也必須看到，當我們對人的道德進行過高的期望和假設時，也無法排除人的自利性行為動機。社會一些領域和一些地方拜金主義、享樂主義、極端個人主義也會影響到非營利組織，使少部分人道德迷失，忘記作為一個慈善家應有的職業道德和良心，片面地追求個人利益，從而造成像麗江民族孤兒院這樣的非營利組織「以志謀求公益」的內在動力機制失靈。

（二）不斷加強和完善中國非營利組織的財務監管體制

在中國現行的有關非營利組織的法律體系中，主要包括兩個行政法規、兩個行政性規章和一個特別法，即1998年頒布的《社會團體登記管理條例》《民辦非企業單位登記管理暫行條例》；1988年和1989年先後頒布的《基金會管理辦法》和《外國商會管理暫行規定》；1999年頒布的《中華人民共和國公益事業捐贈法》。這些法規的主要特徵，是對各種不同類型的非營利組織做了分門別類的管理規定，嚴格控制非營利組織的成立，並加強對非營利組織日常活動的管理。同時，考慮到非營利組織開展活動的公益

性，在稅收等方面實行有利於非營利組織發展的優惠政策。但是，在胡曼莉的案例中我們可以看到中國的慈善正經歷一個過渡時期，慈善事業的統一的「游戲規則」還遠遠沒有確立。由於中國的慈善事業在發展過程中遇到了很多困難，使得人們普遍對慈善人士抱有一種讚美、寬容甚至縱容的態度，正是這樣的慈善氛圍才使得像胡曼莉這樣的人有機可乘。所以不斷完善中國非營利組織財務監管體制迫在眉睫，非營利組織應該主動向社會公眾公開詳細的財務報告，提高信息披露水準。要加強非營利組織內部各項管理制度，完善針對非營利組織的會計制度、審計制度、稅收票據管理制度，做到有法可依、全面監督，促進非營利組織的健康發展。

四、專家點評

官方審計揭示了胡曼莉通過慈善斂財的真相，催生慈善規範。胡曼莉，這位一度被視為中國民間慈善象徵的中年女人，因其獻身孤兒事業的形象而在中央電視臺的公益廣告上被稱為「中國母親」。但這個形象在七年前被委託胡曼莉創辦麗江孤兒學校的張春華戳破了。她在兩份審計報告中做了手腳，僅僅是目前審計出來的就已經夠嚴重了。

——2007年4月12日《南方週末》

我寧願相信胡曼莉在一開始養孤兒是出於好心，但是當媒體追捧她、當社會資源在她的手裡越聚越多，又缺乏必要的制度監督時，個人的慾望就會被手中巨大的社會資源所喚起、催化，其至失去節制。

——時任雲南省僑聯副主席　李巨濤

慈善立法僅滿足於此是不夠的，應有更高的立足點。那就是要通過慈善立法，使慈善事業在社會三次分配中發揮重要作用，成為重要的社會調節器，建立與社會主義市場經濟相配套的慈善機制。

——時任民政部社團管理司司長、慈善立法的參與者　陳金羅

西方的慈善其實內生於它的宗教以及從宗教中生發出來的慈善文化。中國在傳統上也有民間慈善，但中斷了幾十年，慈善文化也出現了斷層。因此，現代中國的慈善文化只有從傳統的倫理道德中吸納精華，又借鑑西方慈善文化中的人道精神，方可有中國慈善事業的健康發展。

——時任中華慈善總會理事　章立凡

五、推薦閱讀文獻

1. 陰猛. 當代中國慈善事業的立法狀況述評［J］. 新餘高專學報，2008（5）.

2. 宋琳. 從「胡曼莉事件」看中國非營利組織的監督機制［J］. 知識與經濟，2008（5）.

3. 範振遠. 從胡曼莉事件看中國慈善立法的嚴重缺失［J］. 法制與社會，2009（11）.

六、案例資料來源

1. 人民網官網：www.finance.people.com.cn.
2. 新浪網新聞中心：www.news.sina.com.cn.

案例十二　郴州市體育競猜俱樂部的真相

——非營利組織資金籌集、運用與財務風險剖析

學習目標

- 瞭解非營利組織資金募集模式
- 理解非營利組織財務運作過程中的風險控制
- 理解非營利組織資金募集及運作過程中的風險點

一、案例概述

郴州市有濃厚的體育氛圍，這裡有一個中國女排訓練基地，並且建了一家「五連冠賓館」，然而這些都是湖南省體育總局的產業。郴州市體育局的一位老同志說，郴州市的體育場館設施在湖南是最差的，連游泳館都沒有。郴州市體育局下屬只有一座年久失修的體育場和一所市體校。每年，市裡下撥的經費以及體育場周邊商店租金的收入不足100萬元，而經營了很多年的體育彩票也一直沒有什麼起色，甚至體育局在《郴州日報》上做的體彩廣告費用都還拖欠著。在郴州，比較有名的運動項目是舉重，像代表臺灣地區參加大賽的李鳳英就是郴州人。最出名的則是定向越野，據說每次世界大賽，國家體育總局都是委託郴州市體育局代為組隊參賽。這兩個項目，都是資金、硬件投入需要最少的項目。

48歲的郴州市體育局原局長鄧國賢是郴州市體育競猜俱樂部賭球風波的始作俑者。2001年9月上任的鄧國賢，調任體育局後，積極帶動郴州體育設施的建設，可經費不足卻讓他飽營「巧婦難為無米之炊」的尷尬。郴州市體育局機關一年的財政撥款不足50萬元，並且還累計欠各種款項420多萬元。整個體育局除了每年收取20多萬元的門面租金外，別無其他收入，而這筆租金收入還不夠還銀行的利息。「窮則思變」，為了彌補經費的不足，在鄧國賢的積極倡導下，經市體育局黨組集體研究，市體育局決定從外地引進一個叫「體育競猜」的經營項目，目的是「籌集資金，滿足部分球迷需要」。引進這個項目最初並非鄧國賢的創意，在其上任之前，市體育局於2000年6月9日專門就此項目向市政府進行了請示。2000年7月13日，郴州市一位領導在公文處理單上批示「可先行試點，請相關領導召集有關部門開會研究」。為穩妥起見，2001年1月18日，市體育局又專門組織人赴外地考察。考察組回來後，又專門向體育局黨組遞交了一份書面考察報告。就這樣，鄧國賢開始了自己的「探索之旅」。2001年年底，市體育局局長鄧國賢主動找到郴州市宜章縣民營企業家羅萬軍，力邀其投資體育競猜項目。經多次接觸，雙方最終達成合作意向。據鄧國賢說，2002年3月，他又專門向市政府和市人

大做了匯報，相關領導對這一探索行為均表示了支持。2002年4月，郴州市體育競猜俱樂部以民辦非企業單位的名義在民政部門獲得批准。2002年4月7日，郴州市體育競猜俱樂部和羅萬軍擁有的宜章縣天鷹礦產建材有限責任公司正式簽訂合作協議。為了規避經營上的風險，羅萬軍又邀請了另外3人入股。2002年5月13日，俱樂部正式營業。2002年6月25日晚，郴州市公安局組織了多人的警力，查封了郴州市體育競猜俱樂部。與此同時，郴州市公安局發布《關於依法查封體育競猜俱樂部的通告》，指出郴州市體育競猜俱樂部非法開設賭場，與廣東地下賭場相勾結，聚眾賭博，規模大，涉及金額多，嚴重觸犯了中國法律，涉嫌構成賭博罪。當俱樂部受到查處後，郴州市民政局立即撤銷了對郴州市體育競猜俱樂部的審批。郴州市體育競猜俱樂部從成立到被查封僅有不到兩個月的時間，但是這場賭球風波帶來的影響卻十分深刻。

（一）「探索」走錯方向

公安機關的調查顯示，郴州市體育競猜俱樂部在成立之初，就已違背了國家的有關規定。2002年4月，郴州市體育競猜俱樂部以民辦非企業單位的名義在民政部門獲得批准。而按照國家有關規定，從事競猜類等特殊行業的活動，必須首先經公安局批准，然後再由民政部門進行審批。有關人士認為，郴州市民政部門對體育競猜俱樂部的審批，其實是一種越權。據悉，當俱樂部受到查處後，郴州市民政局立即撤銷了自己的審批。

郴州市體育競猜俱樂部章程複印件顯示：俱樂部的性質是「自願舉辦、獨立核算、虧損自負、從事非營利性社會服務活動的社會組織」；其宗旨是「遵守憲法、法律、法規和國家政策，遵守社會道德風尚，目的是開展全民健身活動，提供健康有益的場所和籌措資金」。但一位知情人士表示，其實在鄧國賢四處尋找合作者的那一刻起，就為將來走向賭博埋下了伏筆。雖然體育局的初衷是為體育事業籌措經費，但投資者是要尋求回報的，由於合作目的不一致，最後出現偏差也似乎是一種必然。

（二）資金籌措協議書埋下「雷區」

2001年年底，鄧國賢主動找到郴州市宜章縣民營企業家羅萬軍，力邀其投資體育競猜項目，經多次接觸，雙方最終達成合作意向。雙方商定，首先由市體育局成立郴州市體育競猜俱樂部，然後市體育局以俱樂部的名義與羅萬軍擁有的宜章縣天鷹礦產建材有限責任公司簽訂合作協議。為了明確合作雙方的關係，郴州市體育競猜俱樂部和羅萬軍擁有的宜章縣天鷹礦產建材有限責任公司，於2002年4月7日正式簽訂協議。協議書規定，在收益和分成上，市體育局和天鷹公司按純利潤的4：6分成。

可見，郴州市體育競猜俱樂部從資金籌集開始，就背離了「為開展全民健身活動提供健康有益的場所和籌措資金」的社會使命。體育局力邀民營企業投資體育競猜俱樂部，這可以說是非營利組織籌集資金的一條途徑。因為一直苦於沒有資金以及場地，市體育局便與郴州市頗有名氣的玖合玖實業公司（以下簡稱「玖合玖」）聯合，很快，俱樂部在民政局社團管理科登記註冊成立。由玖合玖提供啟動資金以及場地，占60%股份，市體育局占40%股份。據說，當時玖合玖一次性注入了400萬元的啟動資金，其中200萬元打入市體育局帳上，而另外200萬元做莊家的本金。但是，民營資本的尋利性與非營利組織的公益性之間的關係應當得到妥善的處理。然而，協議書關於純利潤由市

體育局與天鷹公司按 4：6 分成的約定，純利潤作為投資回報歸民營企業主所有，這體現的是資本尋利性的滿足。儘管市體育局所獲純利潤用於社會公益事業，但這只是純收入的一小部分。體育競猜俱樂部純收入如此分配，使得俱樂部從根本上改變了其非營利的初衷並背離了其社會使命。民營企業主為了獲得更多的利潤，導致俱樂部的競猜演變為賭博也就不足為奇了。

(三) 財務運作紕漏使得賭博「一發不可收拾」

郴州市體育競猜俱樂部和宜章縣天鷹礦產建材有限責任公司簽訂的協議書規定，郴州市體育競猜俱樂部負責組織、管理體育競猜有獎活動的各項事宜，負責辦理開展體育競猜有獎活動所需的各種手續，出面協調有關部門的關係，負責體育競猜活動的票務管理、財務、統計工作，負責體育競猜活動的保證金和運作中的流動資金管理，保證賠付資金按時到位。而作為乙方的宜章縣天鷹礦產建材有限責任公司，則必須在協議簽訂後兩天內將保證金打入俱樂部指定的帳戶，負責開展體育競猜有獎活動所需場地裝修及設施器材的購置和費用的支出，負責體育競猜有獎活動的具體技術操作工作，負責體育競猜有獎活動的具體賠付、變盤和轉移莊家的工作，負責承擔體育競猜有獎活動具體操作失誤所產生的經濟風險和虧損，負責與有關單位的具體協議工作及辦證的經費，公司為開辦俱樂部所發生的債權債務與體育競猜俱樂部無關。在收益和利潤分成上，市體育局和天鷹公司按純利潤的 4：6 分成。可見，郴州市體育競猜俱樂部並沒有從「為開展全民健身活動提供健康有益的場所和籌措資金」的社會使命出發制定科學合理的財務規劃，以保證其社會使命的實現。舉辦方市體育局「籌措資金」的規劃就是成立一個俱樂部，管理帳務與現金，具體運作全部交由合作者，利潤與合作者分成，而風險與虧損全由合作者承擔。事實上，只要財務規劃科學合理，相應的游戲規則適當，體育競猜俱樂部的風險是可以消除的，虧損是不會出現的。體育局為了不承擔風險與虧損，將具體運作全部交由合作的民營企業負責，這一規劃注定了俱樂部的競猜必然演變為特大的賭博行為。

財務收支結果是財務運作實際效果的體現。郴州市體育競猜俱樂部從 2002 年 5 月 13 日正式營業到 2002 年 6 月 25 日晚被查封，僅營業一個半月不到。起初，俱樂部以 2 元一註對「意甲」「英超」「NBA」等賽事進行競猜。俱樂部成立後的頭一個月，一直慘淡經營，收支相抵後，還略有虧損。韓日世界杯足球賽開賽後，由於冷門頻出，俱樂部的經營狀況開始好轉，俱樂部同時也將 2 元一註的投注金額提高到 1 次投註最少 100 元。為了轉移風險，俱樂部又將部分賭資通過「變盤」和「轉盤」的方式轉移到廣東的地下賭場。經公安機關查明，截至 2002 年 6 月 24 日，俱樂部總投註額高達 4,200 多萬元，俱樂部從中獲取非法所得 830 多萬元，其中包括廣東地下賭場 431.5 萬元，除去成本，市體育局獲利 80 萬元，羅萬軍及其所邀的另外 2 名投資人獲利 120 萬元。可見，俱樂部設計的競猜游戲規則是一種完全的賭博規則。如果比照足球彩票的管理辦法，游戲規則的設計只以投註收入的 50% 作為獎金，是不會出現虧損的，獲得收益並不需要球賽冷門頻出。在球賽冷門頻出使俱樂部經營狀況開始好轉的情況下，俱樂部將 2 元一註的投註金額提高到 1 次投註最少 100 元，這說明俱樂部的目的是瘋狂追求高風險下的高利潤，已從根本上背離了「為開展全民健身活動提供健康有益的場所」的社會使命。

為了轉移風險，俱樂部又將部分賭資通過「變盤」和「轉盤」的方式轉移到廣東的地下賭場，這充分顯示了俱樂部競猜活動的賭博性質。在俱樂部高達 4,200 多萬元的總投注額中，體育局所能分得的用於公益事業的資金僅僅 80 萬元，公益資金不到投注金額的 2%。而足球彩票的管理辦法規定，公益資金應當達到投注金額的 30%。這充分說明為體育事業籌措資金只是俱樂部從事非法賭博活動的「合法外衣」。俱樂部的財務收支充分證明其「競猜」的實質是嚴重觸犯法律的「賭博」。

郴州市體育競猜俱樂部為了解決資金困難的出發點是好的，但是在運行過程中缺乏相關的法律約束及資金營運過程中的種種紕漏，使得其演變為一場影響惡劣的賭博行為，留給人們的思索遠遠不止事件本身。當然，博彩業在中國有所發展，不可否認，它可以適當地給人們帶來娛樂和投機心理滿足，且對社會公益事業支持有力。郴州市體育局的領導也是基於這樣的考慮才上馬該俱樂部的，但是將國家發行彩票的一套辦法運用到地方上，需要從責任、資金管理等方面做出明確的法律規定，然後再根據實際的情況逐漸放開。

二、案例思考

1. 請對郴州市體育競猜俱樂部募集資金的動機、募集方式及運作模式進行簡要評述。
2. 郴州市體育競猜俱樂部資金運作過程中存在哪些風險？
3. 結合案例分析，對非營利組織資金募集及運作過程中存在的風險應該採取哪些措施？
4. 「郴州市體育競猜俱樂部的真相」案例的啟示是什麼？

三、案例分析

（一）非營利組織的經營收入

非營利組織、營利組織和政府機構成為現代社會的三大社會組織類型，它們是在社會領域、經濟領域和政治領域的主要組織形式。在現代市場經濟條件下，非營利組織時常面臨著財務方面的困擾，許多非營利組織也由於財務方面的問題而延緩了發展的步伐，甚至許多非營利組織難以為繼。湖南郴州市體育競猜活動最終演變為賭博，最初也是為了解決經費不足的問題，但在籌資方式的選擇上埋下了「地雷」，從而違背了初衷。許多人認為非營利組織不應該有營業收入，其資金應全部來源於外部捐贈，這是傳統社會觀念對非營利組織的誤解。在經濟發達的美國，1995 年的民間捐贈只占非營利組織總收入的 12.9%，許多非營利社會組織依靠自己的能力獲得營業收入。當前中國的實踐表明，非營利組織除了可以接受民間捐贈和公共部門支持外，還可以自創收入。儘管目前，在中國非營利組織的收入來源中，自創收入的比重還比較低，自創收入的基本形式是提供服務，但未來，營業收入將是非營利組織實現可持續發展的一個重要途徑。

湖南郴州市體育局通過體育競猜的形式自創收入，但是其在經營的過程中與民營企業合作，並簽訂合同根據利潤的 4：6 進行分成的具體實施辦法，違背了非營利組織

「非營利性」的特徵，並在經營的過程中失去了獨立性和對經營的控制權，使得競猜俱樂部的「非營利性」活動最終演變成了「營利性」的「賭博行為」。該案例充分說明，非營利組織在獲取經營收入的方式和方法的選擇上必須謹慎，要始終保持其「非營利性」的獨立性和控制權。

(二) 謹慎運用權益籌資

權益籌資的普遍形式是股份制，股份製作為一種靈活有效的籌資手段，在企業界得到了廣泛的應用。股份制能否運用於非營利組織呢？通常認為非營利組織不向它們的經營者和所有者提供利潤，因而非營利組織與股份制無關。陳曉春教授等認為，為了發展教育、醫療衛生、科學技術和社會福利等事業，解決資金瓶頸的問題，可以大膽地將營利組織的股份制引入非營利組織中，促進非營利組織的發展。通常認為非營利組織以服務於公益事業為目的，以社會使命作為組織的宗旨。從分配上來看，非營利活動中所得到的淨收入，不能作為利潤分配給投資人。但是股份經濟的特點是資本的尋利性，如果非營利組織不給予投資人以任何回報，則難以達到吸引投資人資金的目的。如何權衡使用權益籌資的利弊，是需要非營利組織的管理者深入思考的問題。

郴州市體育競猜俱樂部正式營運不到兩個月就被公安局查封，其原因之一是沒有處理好公益性與作為啓動資金投入的民營資本尋利性之間的矛盾。在使用權益資金進行非營利組織籌資時，應該充分考慮風險因素，在保證公益的前提下，在留足正常運轉所需經費之後，如何考慮投資人的收益，是項目設計過程中需要認真思考的問題。

四、專家點評

(一) 政府失誤中的公民免責

警方從自身的職責出發，公布通告以及對朋友的勸告，都無可挑剔。但是事情不能孤立地看，因為「俱樂部」的「非法賭博」行為是由一級地方政府部門公開組織的。我同意許多彩民的觀點：「不管怎麼說，既然是體育局公開辦的（而且在當地報紙上做了廣告），千錯萬錯，彩民們也沒有錯。」因此，彩民們既不應該受到經濟損失（查封前「賭」輸的除外），也不應該受到任何形式的紀律、治安和刑事等處分。這不是什麼「法不責眾」的問題，而是牽涉到更為重要的法治原則。

這個法治原則是什麼呢？姑且稱之為「政府失誤中的公民免責」原則。

眾所周知，公民個人除了對政府非法侵害自身權益的行為有依法抵制和索賠的權利之外，對於一般的政府政策和行政行為，他們並沒有審查其合法性的義務。且由於信息不對稱，政府佔有信息優勢，普通公民在絕大多數情況下也不具備審查、判斷政府行為合法性的能力。因此，從法律上確立政府失誤中的公民豁免制度，既有助於追究真正的責任人（制定和推行違法政策和行政行為者），也符合「弱勢保護」的原則。

——知名媒體人 童大煥（《中國青年報》，2002-07-15）

(二) 問責不清比不問責更糟

在這裡，作者用他自己設定的「中國人都知道」來要求郴州人都知道，進而認為郴州彩民是明顯的明知故犯，應屬於作者的主觀臆斷。眾所周知，無論是福彩還是體彩，都是由各個省操作的；更有許許多多的臨時性彩票，都是由市、縣地方政府來發售

的。這種情況下，普通公民又沒有審查政府行為合法性的權力，怎麼知道地方政府無權進行博彩活動？況且，無論「知道」還是「不知道」，單純從「動機」出發判定人的行為「罪」與「非罪」「合法」與「非法」，本身就不符合法治原則。因為「動機」問題既無法證實，也無法證偽，因此是個偽問題。

作為一個公民，當然應該自覺遵守國家的法律法規。但具體到博彩，目前中國並沒有明確的法律界定規定哪一級政府才可以舉辦，各級地方政府在具體操作中也時有「變通」，令人眼花繚亂。這種情形，要普通百姓分清何為合法何為非法，實在勉為其難；在這個基礎上談「依法」「守法」，更無異於凌空蹈虛，唱高調而已。

——知名媒體人 童大煥（《南方都市報》，2002-07-25）

五、推薦閱讀文獻

1. 10萬人狂賭世界盃——郴州體育局坐莊賭球事件真相 [EB/OL]. www.enorth.com.cn.

2. 張彪. 郴州市體育競猜俱樂部財務運作剖析 [J]. 時代周刊，2002（12）.

3. 張彪. 非營利組織可持續發展的財務策略 [J]. 財經理論與實踐，2003（1）.

4. 楊紅、秦利、安姝敏. 非營利組織財務風險的防治與控制 [J]. 瀋陽農業大學學報（社會科學版），2004（1）.

5. 馮豔. 非營利組織財務風險管理研究 [D]. 成都：西南財經大學，2007.

六、案例資料來源

新浪體育官網：www.sports.sina.com.

第十二章
民間非營利組織財務管理中的新發展與案例實務

案例十三　北京嫣然天使兒童醫院
　　——基金會基礎上建立的社會企業財務管理模式

學習目標

- 瞭解北京嫣然天使兒童醫院的基本情況
- 理解北京嫣然天使兒童醫院的資金運作模式
- 理解關聯方的內涵和信息披露內容

一、案例概述

（一）北京嫣然天使兒童醫院概述

2012年5月27日，北京嫣然天使兒童醫院在北京市朝陽區望京東園（融科橄欖城）舉行了落成典禮，並於2012年7月1日正式開業。

北京嫣然天使兒童醫院是中國第一家民辦非營利性兒童綜合醫院，是在中國紅十字基金會的監管下由李亞鵬等八位創始人共同倡導發起的。北京嫣然天使兒童醫院全體工作人員在「仁愛、濟世、關懷、奉獻」的精神指引下，將致力於建立集兒童醫療救治、醫學科研、醫護培訓、人文關懷於一體的研究型現代化兒童綜合醫院。在為社會公眾提供從門診到住院的「一站式」兒童綜合醫療服務並收取費用的同時，北京嫣然天使兒童醫院每年將向來自貧困家庭的兒童提供600例全額免費手術及其他方面的醫療救助，

體現了非營利性醫院的特殊性。

同時，醫院附設的嫣然天使顏顏中心，對唇腭裂患者提供從 0~16 週歲的包括前期治療、外科修復、術前及術後的正畸治療、語音治療、心理諮詢、音樂療法，從而成為中國第一個擁有完整唇腭裂系列治療體系的顏顏中心。

北京嫣然天使兒童醫院借鑑國際醫院管理模式並結合中國國情，探索中國兒童醫院一流的管理標準。嫣然天使基金（北京）在嫣然天使兒童醫院建立志願者培訓基地，嫣然天使兒童醫院除了自身的醫護人員外，還有來自各界的志願者提供服務，他們都在為建設更好的醫患關係而努力。嫣然天使兒童醫院同時也接受社會各界的善款及物資捐贈，所有捐贈的善款和物資都用於醫院自身的建設以及對貧困家庭兒童的醫療救助。

北京嫣然天使兒童醫院是中國大陸地區第 26 家通過 JCI（Joint Commission International，簡稱 JCI）認證的醫院，也是亞洲第一家以最新標準認證的兒童醫院。通過 JCI 認證，意味著醫院將以更加細緻周到的醫療服務及更優質的就醫環境惠及病患。

（二）嫣然天使基金（北京）概述

嫣然天使基金（北京）是中國紅十字基金會下屬二級專項基金項目，於 2006 年 11 月 21 日在中國北京成立。它是由李亞鵬先生、王菲女士發起的具有公募性質的專項公益基金，致力於建立中國出生缺陷兒童醫療救助體系，重點項目為嫣然天使顏顏中心。

嫣然天使基金（北京）是中國紅十字基金會倡導實施的「紅十字天使計劃」的重要組成部分，受到中國紅十字基金會的監督、管理及支持。嫣然天使基金（北京）與中國紅十字基金會緊密合作，其募捐帳戶設立於中國紅十字基金會募捐帳戶之下。中國紅十字基金會聘請第三方會計師事務所每年對嫣然天使基金（北京）這個二級專項基金項目進行年度財務審計，並定期在官方網站上對嫣然天使基金（北京）的資金籌集、管理和使用情況，獲資助對象名單，捐款使用情況，重大活動等信息進行公示。嫣然天使基金（北京）接受的所有捐款可由中國紅十字基金會開具財政部統一監制的公益事業捐贈專用收據。

（三）嫣然天使基金會（香港註冊）概述

嫣然天使基金會（香港註冊）於 2010 年 12 月 9 日在中國香港成立，是在香港註冊的公益慈善法人機構。秉承嫣然天使基金（北京）的慈善精神與使命，目前重點項目為北京嫣然天使兒童醫院。嫣然天使基金會（香港註冊）立足於中國大陸，以香港為窗口，向世界傳播嫣然天使基金（北京）的慈善精神。2013 年 5 月，嫣然天使基金會（香港註冊）首次在香港開通海外募捐平臺，讓更多海內外捐贈人和機構能夠便捷地加入嫣然天使基金會（香港註冊），加入中國慈善事業，為更多中國貧困地區的唇腭裂患兒及其他出生缺陷兒童提供醫療、教育和改善其生活條件方面的幫助。

北京嫣然天使兒童醫院、嫣然天使基金會（香港註冊）和嫣然天使基金（北京）三者的關係如圖 12-1 所示。

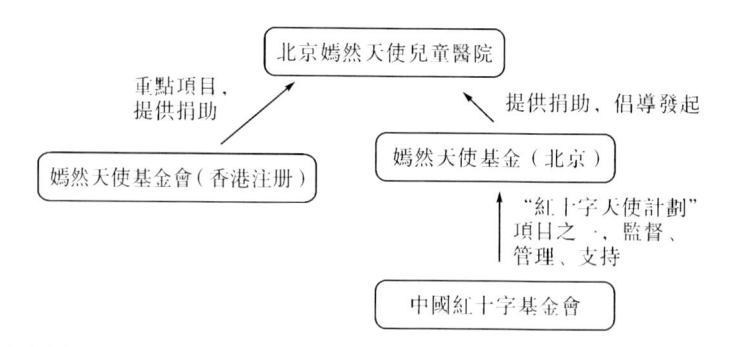

```
         重點項目，                北京嫣然天使兒童醫院
         提供捐助                        ↑
              ↗                    ↖ 提供捐助，倡導發起
     嫣然天使基金會（香港註冊）      嫣然天使基金（北京）
                                        ↑
                                   "紅十字天使計劃"
                                   項目之一，監督、
                                   管理、支持
                                   中國紅十字基金會
```

圖 12-1　北京嫣然天使兒童醫院、嫣然天使基金會（香港註冊）和嫣然天使基金（北京）三者的關係

表 12-1　北京嫣然天使兒童醫院接受捐贈情況（2012—2014 年度）　　　單位：元

2014 年度			2013 年度			2012 年度		
捐贈單位名稱	捐贈款項	捐贈物資	捐贈單位名稱	捐贈款項	捐贈物資	捐贈單位名稱	捐贈款項	捐贈物資
嫣然天使基金會（香港註冊）	26,166,020.60		中國紅十字基金會	2,602,422.23	166,943.79	中國紅十字基金會	34,372,774.31	
中國紅十字基金會	1,000,000.00	3,403.00	中華思源工程扶貧基金會	13,000,000.00		北京視佳廣通公司		3,600.00
貴州亨利眼鏡張存捐款	14,000.00		上海衛康光學眼鏡有限公司	1,240,000.00		哈爾濱紅博世紀廣場馬內爾服飾	1,000,000.00	
康博嘉信息科技（上海）有限公司		251,900.00	聯想集團		23,998.00	北京康派特醫療器械有限公司		3,000.00
北京馬諾生物制藥有限公司		58,000.00	上海萬象眼鏡視頻貿易有限公司	100,000.00		北京仁合康盛醫療用品公司		19,900.00
致威世紀(北京)信息技術有限公司		50,800.00	大唐科技產業有限公司	3,470.00		北京卓飛電子公司		30,000.00
騰訊科技有限公司		28,800.00	北京康特派醫療器械有限公司	30,000.00		重慶長麟科技有限公司		60,100.00
坦達天成醫療儀器(北京)有限公司		3,500.00	個人捐贈	15,787.70		北京華建永昌醫療設備有限責任公司		840.00
個人捐贈	28,444.69		其他零星捐贈		4,765.30	日本東芝公司		26,000.00
其他零星捐贈		1,359.11				北方銘潤(北京)科技有限公司		4,500.00
						北京百泰恒社商貿有限公司		45,000.00
						用友軟件公司		109,600.00
						浙江瑞崎行銷有限公司		130,000.00
						中國銀行北京利星廣場支行		37,800.00
						個人捐款	571,767.51	
						個人捐物		311,000.00
合計	27,208,465.29	397,762.11	合計	16,961,679.93	225,707.09	合計	35,948,141.82	777,740.00
捐贈總和	27,606,227.40		捐贈總和	17,187,387.02		捐贈總和	36,725,881.82	

北京嫣然天使兒童醫院作為一家民辦非營利性兒童醫院，其性質決定了其不以營利為目的，收入用於彌補醫療服務成本（2015年《中國衛生統計年鑒》定義）。根據北京嫣然天使兒童醫院披露的接受捐贈情況，除了日常營運收入獲得資金外，其捐贈款項和物資主要來自嫣然天使基金會（香港註冊）與中國紅十字基金會以及一些定向捐贈。表12-1 為北京嫣然天使兒童醫院官網所披露的該醫院2012—2014年接受捐贈情況。

北京嫣然天使兒童醫院官網披露的接受捐贈的主要用途和使用情況如表12-2所示。

表12-2　北京嫣然天使兒童醫院捐贈使用情況和效果說明（2012—2014年度）

年度	主要用途和使用情況	捐贈使用效果說明
2014	本年度共接受捐贈現金：27,208,465.29元，接受的現金主要用於貧困患兒醫療救助；支付房租、物業費用的款項；購買醫療設備和設備維保的款項；購買藥品及耗材的款項；支付員工薪酬保險的款項；支付行政辦公費的款項；進行市場宣傳的款項；支付會議、培訓的款項；醫院日常營運支出等。	設置科室：兒童內科、外科、眼科、耳鼻喉科、口腔科、中醫科、麻醉科、檢驗科、醫學影像科等
		就診人數：29,821人次
		設置項目：4間手術室、50張病床
		手術人數：610人次
		住院人數：681人次
	本年度接受捐贈物資：397,762.11元，包括：HIS系統服務集群、專業防護口罩（普衛欣）、用友人力軟件、電話交換機、醫療器械等，全部用於醫院營運建設及醫療救治。	義診：開展「父親節」、暑期義診活動
		成為亞洲首家JCI第五版認證的兒童醫院；組織召開中國唇腭裂診治聯盟第一次核心工作組會議；組織嫣然天使基金（北京）「慈善親子夏令營」活動；組織嫣然「天使之旅-把愛傳出去」活動，赴西藏阿里進行醫療救助活動
2013	本年度共接受捐贈現金：16,961,679.93元，接受的現金主要用於貧困患兒醫療救助；支付房租、物業費用的款項；購買醫療設備和設備維保的款項；購買藥品及耗材的款項；支付員工薪酬保險的款項；支付行政辦公費的款項；進行市場宣傳的款項；支付會議、培訓的款項；醫院日常營運支出等。	設置科室：兒童內科、外科、眼科、口腔科、耳鼻喉科、保健科、心理科、康復科、麻醉科、檢驗科、醫學影像科等
		就診人次：37,224人次
		設置項目：4間手術室、50張病床
		手術人次：854人次
		住院人次：1,024人次
	本年度接受捐贈物資：225,707.09元，主要為手術器械及醫療耗材等。這些全部用於醫療救治。	義診：為打工子弟學校等義診376人次
		參與舉辦國際唇腭裂治療新技術學術研討會；組織「嫣然雅安救助行動」；組織「天使之旅-把愛傳出去」活動，赴邊遠貧困地區進行醫療救助；舉辦嫣然醫院公共開放日；組織「嫣然慈善親子夏令營」。

— 179 —

表12-2(續)

年度	主要用途和使用情況	捐贈使用效果說明
2012	本年度共接受捐贈現金：35,948,141.82元，接受的現金主要用於醫院建設工程的款項；購買醫療設備的款項；購買醫療軟件系統的款項；貧困患兒醫療救助款項；購買藥品及耗材的款項；支付房租、物業費用的款項；支付員工薪酬保險的款項；支付行政辦公費的款項；進行市場宣傳的款項；支付會議、培訓的款項；醫院日常營運支出等。	設置科室：兒童內科、外科、眼科、口腔科、耳鼻喉科、保健科、心理科、康復科、麻醉科、檢驗科、醫學影像科等
		就診人次：12,433人次
		設置項目：4間手術室，50張病床
		手術人次：403人次
		住院人次：474人次
	本年度共接受捐贈物資：777,740.00元，主要為醫療設備及辦公設備、軟件等。	義診：為打工子弟學校等義診238人次
		參與舉辦國際唇腭裂治療新技術學術研討會；組織「天使之旅-把愛傳出去」活動，赴邊遠貧困地區進行醫療救助；舉辦嫣然醫院公共開放日。

　　北京嫣然天使兒童醫院是嫣然天使基金會（香港註冊）下屬的社會企業，由於其所屬的嫣然天使基金會（香港註冊）為境外基金會，適用法律與境內有差異，因此該醫院具有特殊性。但是，基金會通過建設一個非營利性社會企業使捐贈收入能更好地服務於基金會自身的發展與運作，為公益領域的社會企業的發展提供了一種新的思路和發展路徑。北京嫣然天使兒童醫院這家社會企業可以通過從基金會獲得外界捐贈、自身營運收入等多種方式，獲得不同來源的資金，將所得資金運用於該社會企業的日常運作和對基金會公益項目的支持，從而實現基金會和該社會企業的共同發展。

　　然而，目前中國對於基金會下建立相關社會企業或其他社會組織的權利，並未從法律法規上進行明確詳細的規定。北京嫣然天使兒童醫院的這種註冊成立模式以及資金運作模式，在該社會企業的營運過程中，可能會導致一定的資金監管風險問題。加上北京嫣然天使兒童醫院，與嫣然天使基金（北京）、嫣然天使基金會（香港註冊）之間的內在關係，使得北京嫣然天使兒童醫院在資金運作過程中如何保證所有「交易價值」的公允性，以及如何對信息進行及時、完整的披露，是值得深入思考的問題。因此，這種社會企業的資金運作模式，是否適合當前中國公益慈善事業的發展階段，能否成為當前積極發展社會企業的新路徑，仍然值得我們後續繼續關注、分析和研究。但整體而言，北京嫣然天使兒童醫院的財務管理模式，為中國社會企業的全面發展，開闢了新的思路和視角，對中國目前的公益實踐具有一定的借鑑和參考價值。

二、案例思考

　　1. 北京嫣然天使兒童醫院的特殊性在哪裡？與其他非營利醫院的區別是什麼？
　　2. 北京嫣然天使兒童醫院的資金來源、資金使用模式有何優缺點？
　　3. 北京嫣然天使兒童醫院的資金運作模式對嫣然天使基金會（香港註冊）未來的發展有何意義？

4. 北京嫣然天使兒童醫院、嫣然天使基金（北京）、嫣然天使基金會（香港註冊）這三者之間的關係如何？

三、案例分析

（一）北京嫣然天使兒童醫院的財務管理模式的特殊性

根據案例描述可以發現，北京嫣然天使兒童醫院是在中國紅十字基金會的監管下，由李亞鵬等八位創始人共同倡導發起的，是嫣然天使基金會（香港註冊）的重點項目，實質是一家境外基金會下設立的一家境內民辦非企業單位（社會企業）。這在中國社會組織發展過程中，是一個全新的嘗試。根據目前的一些資料，境外基金會例如香港樂施會等，一般通過在境內設立專門的項目進行公益慈善活動，鮮有通過創辦民辦非企業單位來進行公益慈善活動的案例。

為什麼會出現建立一個境外基金會，再通過該境外基金會開展非營利性醫療機構的項目進行運作的模式呢？香港法律《雅麗氏何妙齡那打素慈善基金會條例》第1181章第8條規定，基金會具有做出以下行為的權利：「(a) 營辦和管理非牟利醫院、診所、醫療機構、社區健康中心、社會服務中心及為長者失智症患者而設的院舍，以及監督其營辦和管理。」而境內目前所頒布的法條中，尚未對基金會下設獨立的、具有法人資格的非營利性醫療類型的社會企業的經營管理進行規定、說明和解釋。由此可見，在香港註冊的基金會，更加享有明確的建立非營利性醫療機構的權利，北京嫣然天使兒童醫院由在香港註冊的基金會設立，將會更有效率。然而，中國《基金會管理條例》第25條規定：境外基金會代表機構不得在中國境內組織募捐、接受捐贈。因此，嫣然天使基金會（香港註冊）下的北京嫣然天使兒童醫院項目無法進行自行募款，只能通過嫣然天使基金會（香港註冊）和中國紅十字基金會下設的嫣然天使基金（北京）這兩家關聯方進行資金募集，然後再捐贈給這家醫院進行公益項目。這種涉及境內、境外關聯方的資金往來，在符合公允性前提，及時、全面、真實地進行信息披露以後，是合法合理的。該案例中涉及的這家社會企業的資金往來模式，也是中國當前社會組織發展中的一種新的探索。

作為中國首家非營利性的兒童醫院，北京嫣然天使兒童醫院在發展中儘管遇到了很多問題，然而從全球範圍看，非營利性醫院能體現一個國家醫療的公益程度，給社會發出了一個良好的發展信號。由於中國慈善事業仍在發展過程中，慈善公信力較低，政策監管力度不夠，相關法規仍然相對滯後，社會資本進入醫療領域仍存在很多障礙，導致目前的非營利醫院整體發展比較緩慢。北京嫣然天使兒童醫院的建立與發展，對中國整個慈善事業的推動具有重大意義，為中國慈善事業的發展提供了新的視角和啓發。

（二）北京嫣然天使兒童醫院的資金分析

1. 資金的籌集方面

在資金籌集方面，根據表12-1和表12-2可以發現，2012—2014年的連續三年，該兒童醫院接受的捐贈收入是其最主要的資金收入來源。其中，在2013年之前，也就是嫣然天使基金會（香港註冊）開通海外募捐平臺之前，嫣然天使基金（北京）對兒童醫院的捐贈占比最大。2014年，北京嫣然天使兒童醫院作為嫣然天使基金會（香港

註）的重要項目，其主要資金來源為嫣然天使基金會（香港註冊），其次是嫣然天使基金（北京）的捐贈收入。另外，兒童醫院還通過對非免費治療患者收取一定的治療費用來彌補醫院成本。以上兩項，即來自嫣然天使基金會（香港註冊）和嫣然天使基金（北京）的捐贈收入，以及對某些患者收取的治療費用，構成了嫣然天使兒童醫院基本的資金來源。

2. 資金的使用方面

在資金使用方面，根據北京嫣然天使兒童醫院官網披露的接受捐贈的主要用途和使用情況，該兒童醫院的資金基本用於醫療救助及器械設備的購買等。其中，「國際唇腭裂治療學術研討會」「公共開放日」「天使之旅-把愛傳出去」等活動則都屬於嫣然天使基金（北京）下的主要項目。由此我們可以發現，嫣然天使兒童醫院與嫣然天使基金（北京）之間存在共有項目之間的關係。由於嫣然天使基金（北京）屬於公募性質的中國紅十字基金會下的專項基金計劃，其所得捐贈收入需按國家規定撥出大部分進行公益使用，通過嫣然天使兒童醫院的平臺，嫣然天使基金（北京）的捐贈收入能夠被有效地運用到公益救助領域，同時，兒童醫院利用所得到的一部分營運資金收入，也可以為嫣然天使基金（北京）的一些公益項目活動提供支持和幫助，兩者相輔相成，找到了公益之間的共贏模式。但值得關注的是資金使用過程中的公開、透明問題，為此必須做好信息的及時、完整披露工作。

3. 資金的分配方面

在資金分配方面，《中國衛生統計年鑒》規定，非營利性醫療機構不以賺錢為目的，但為了擴大醫療規模，也可適當盈利，但這種盈利只能用於自身發展，不能分紅，也就是營運所產生的利潤，不能進行分配。由於我們無法獲得香港註冊的嫣然天使基金會的審計年報，也沒有在公開渠道獲得在香港註冊的嫣然天使基金會公開披露的年報數據，因此，我們無法分析北京嫣然天使兒童醫院和嫣然天使基金會（香港註冊）的詳細資金往來情況，因此無法對嫣然天使兒童醫院的資金分配進行完整的論述。但現有資料可以表明，北京嫣然天使兒童醫院日常治療所得的收入在一定程度上彌補了公益治療救助成本，同時支持了嫣然天使基金（北京）的一些項目運作，使得該兒童醫院在履行公益救助的同時，能夠基本實現「自我造血」，正常運轉，實現良性循環。

（三）嫣然天使基金（北京）的網路曝光事件

2014年1月6日，周筱贇對嫣然天使基金（北京）救助兒童的費用提出質疑。周筱贇稱，2012年北京嫣然天使兒童醫院開業後，平均每例救助兒童的治療費「飆升至99,000元」。根據2007年紅基會官網公布的《嫣然天使基金捐贈標準》，「捐款5,000元，可資助1名貧困家庭唇腭裂兒童接受治療」。2013年8月，嫣然天使基金（北京）官網中也稱「唇腭裂功能性修復手術平均一臺8,000元左右」。若按每人5,000元標準，嫣然天使基金（北京）成立至今共捐助8,525人，總花費4,362.5萬元。但審計報告顯示，嫣然天使基金（北京）從2006年至今，支出總額1.14億元——這相差的7,000萬元善款可能涉及「利益輸送」。

嫣然天使基金（北京）對此次網路曝光事件，回應稱：「唇腭裂救助並非嫣然基金唯一項目。」總支出中，還包含定向捐贈給北京嫣然天使兒童醫院籌建款項、「天使之

旅-把愛傳出去」等多個項目。嫣然天使基金（北京）不但提供全額救助，且救助範圍也包括唇腭裂患兒其他病症及部分心理輔導、營養和交通費用等方面的資助。

中國紅十字基金會稱，至 2013 年 12 月，嫣然天使基金（北京）累計募集款物 1.42 億元，用於患兒救助 4,153 萬元。每年審計未發現其有違規行為。北京嫣然天使兒童醫院官方微博亦發出聲明稱：「北京嫣然天使兒童醫院自 2012 年成立以來一直依法進行信息公開；北京嫣然天使兒童醫院一直接受民政局等相關部門依法監管，也歡迎社會各界依法對我們進行監督。」而周筱贇仍然認為，兒童醫院所公布的內容不是審計報告的全文，而僅是審計報告的結論，支出明細表更是從未公開。

這次「醜聞」風波儘管已經過去，但從此次事件中，我們可以發現，在基金會下設立民辦非企業單位仍然需要繼續探索，財務透明度是民辦非企業單位獲得發展、贏得公眾信任的關鍵。我們還需要向國外先進的經驗學習和借鑑，完善相關慈善法規，進一步提高民辦非企業單位及基金會自身的透明度，促進慈善事業的發展。

四、專家點評

嫣然天使兒童醫院的定位，是民辦非營利兒童綜合醫院。這種模式，在西方很成熟，但是在中國是第一例，是探索性的。我祝福嫣然。

——時任北京大學光華管理學院研究員　陳浩武

慈善組織要信息公開，要公開到社會滿意為止。

——時任民政部社會福利和慈善事業促進司司長　詹成付

五、推薦閱讀文獻

1. 北京嫣然天使兒童醫院官網：www.smileangelhospital.org/index.html.
2. 嫣然天使基金（北京）官網：www.smileangelfoundation.org.
3. 嫣然天使基金會（香港註冊）官網：110.173.0.135/index.aspx.
4. 侯雪竹，黃英男. 民辦非營利醫院的一次探索［N］. 京華時報，2012-07-02.

六、案例資料來源

北京嫣然天使兒童醫院官網：www.smileangelhospital.org.cn.

案例十四　中國公益信託的嘗試

——雲南信託「『愛心成就未來』穩健收益型集合資金信託計劃」和「中信開行愛心信託」的實踐

學習目標

- 瞭解雲南信託「『愛心成就未來』穩健收益型集合資金信託計劃」的基本情況
- 瞭解「中信開行愛心信託」資金運作模式
- 理解公益信託的類型和特徵

一、案例概述

（一）雲南信託「『愛心成就未來』穩健收益型集合資金信託計劃」概述

1. 信託計劃簡介

雲南國際信託投資有限公司（以下簡稱「雲南信託」）為回應雲南省委、省政府的號召，根據《中華人民共和國信託法》《信託投資公司管理辦法》《信託投資公司資金信託管理暫行辦法》及其他相關法律、法規的規定，與雲南省青少年發展基金會合作，於 2004 年 4 月 12 日正式設計並聯合推出了「『愛心成就未來』穩健收益型集合資金信託計劃」。

該集合資金信託計劃是國內首個社會公益和集合資金信託相結合的信託產品，其主要目的是將募集的信託資金人民幣 536 萬元，投資於具有良好流動性的固定收益型投資品種，以及符合要求的、經中國人民銀行等監管部門批准的其他金融工具，或用於購買安全性高的信託產品。在持續 2 年的信託計劃期限中，信託計劃財產收益率小於等於當期銀行一年期存款利率乘以 110% 的部分，分配給受益人；超出的收益部分，委託受託人直接捐贈給雲南省青少年發展基金會，用於「愛心成就未來」特別助學行動公益項目。受託人不收取信託報酬，最終實現公益信託的意義。該信託計劃產品具有投資穩健、公益成就愛心、期限靈活、監管合理、風險低等特徵。具體而言：

第一，該信託計劃的主要投資類型，均以具有良好流動性的貨幣市場收益型投資品種和銀行間固定收益型投資品種為主，將籌集到的委託人的資金進行再投資，並因投資品種豐富且流動性強、易於收攏、風險低，使得信託計劃產品具有投資穩健的特徵。

第二，該信託計劃的捐贈資金由雲南省青少年發展基金會進行管理運用，即最終信託計劃獲得的除去投資人收益外的剩餘收益部分，委託人委託受託人——雲南信託，直接捐贈給雲南省青少年發展基金會，用於「愛心成就未來」特別助學行動公益項目。

第十二章　民間非營利組織財務管理中的新發展與案例實務

該項目旨在為家庭貧困的優秀在讀大學生提供助學金，鼓勵和支持家境困難的大學生奮發向上，充分體現了該信託計劃的公益性。

第三，信託計劃成立後每滿一年時，委託人可以選擇繼續加入或自動退出信託計劃。這體現了信託計劃的流動性，方便了投資者。

第四，由雲南信託公司負責信託計劃資金的具體管理和運用，信託計劃資金帳戶由中國建設銀行雲南省分行進行監管，信託計劃的捐贈資金由雲南省青少年發展基金會來管理運用。這種三方監管的方式有利於相互監督，提高資金使用效率，增加資金管理和使用的透明度。這些也體現出該信託計劃具有風險低的特徵。

2. 信託計劃的資金分析

（1）資金募集

《信託投資公司資金信託管理暫行辦法》第六條規定，「信託合同不超過 200 份」，「每份合同金額不得低於人民幣 5 萬元（含 5 萬元）」。而雲南信託公司該計劃是面向公眾公開招募，因而其資金募集是面向一次可以簽訂不低於 5 萬元合同的社會公眾。

（2）資金的投資管理

雲南信託公司與委託人簽訂信託合同，約定信託期限是 24 個月，合同單筆金額不低於 5 萬元，可按照 1 萬元的整數倍增加，預計年收益率為 2.178%。雲南信託公司於 2004 年公開募集到 536 萬元人民幣資金，並將該筆資金投資於具有良好流動性的貨幣市場收益型投資品種和銀行間固定收益型投資品種。

從該信託資金的投資範圍和投資策略上分析，該信託計劃的投資決策是要在兼顧收益性的前提下，保障信託財產的安全性和流動性。信託利益中信託計劃財產收益率小於等於當期銀行一年期存款利率乘以 110%的部分，分配給信託計劃投資人（受益人）；超出的收益部分，委託受託人（雲南信託）直接捐贈給雲南省青少年發展基金會，用於「愛心成就未來」特別助學行動公益項目。根據相關法規，信託計劃成立後每滿一年時，委託人可以選擇繼續加入或自動退出信託計劃，該信託計劃的資金分期以一年為期限。

（3）信託計劃的成果

信託計劃成立一年後，信託計劃財產實現的實際收益率約為 3.7%，向信託計劃的投資人（受益人）分配收益以後的剩餘收益部分，由受託人（雲南信託）向雲南省青少年發展基金會進行捐贈，此次信託計劃的捐贈資金約 10 萬元。

經過與雲南省青少年發展基金會商議，並徵詢了所有委託人的意見，決定將 10 萬元的捐贈資金進行集中使用，主要用於在雲南省內建蓋一所希望小學。希望小學將以信託計劃的名字命名，而小學的捐贈紀念碑上將刻下加入信託計劃的每一位委託人的名字和捐贈金額。

（二）「中信開行愛心信託」概述

1. 信託計劃簡介

「中信開行愛心信託」由中信信託於 2008 年 8 月與國家開發銀行和招商銀行合作設立。招商銀行發行人民幣理財計劃募集資金，中信信託為所募集資金成立愛心信託計劃，購買國家開發銀行的信貸資產。信託資產規模約 10 億元，信託期限 10 個月，受益

人預期年收益率4.5%至4.7%，在扣減投資者收益和相關稅費後的剩餘信託收益，通過中國宋慶齡基金會捐贈災區使用。中信信託和國家開發銀行對本項目不收取任何費用。

2008年5月12日，四川省阿壩藏族羌族自治州汶川縣境內發生里氏8.0級地震。截至2008年9月18日12時，大地震共造成69,227人死亡，374,643人受傷，17,923人失蹤，是中華人民共和國成立以來破壞力最大的地震，也是唐山大地震後傷亡最慘重的一次。該信託計劃捐贈的資金，將用於震後重建和救濟災區，實現公益信託的目的。

該信託計劃產品具有金融機構之間聯合、規模和捐款數額大、社會公益效果明顯等幾個特徵。具體而言：

首先，該信託計劃是由中信信託聯合國家開發銀行和招商銀行共同設計並進行的信託計劃。這種金融機構之間合作進行的信託計劃方式，使銀行理財投資項目的種類得以擴大，有效通過這種金融機構之間的相互合作，幫助投資者獲得更大收益，實現更安全的投資目的。

其次，該信託計劃產品的資金規模為10億元，由中信信託直接向國家開發銀行購買信貸資產，最後累計向中國宋慶齡基金會捐款956萬元。作為國內捐款規模最大的公益性信託，其相較於雲南信託「『愛心成就未來』穩健收益型集合資金信託計劃」，投資規模和捐款規模進一步擴大，證明了公益信託計劃在類型選擇上的突破。

最後，該信託計劃將956萬元捐款全部用於汶川大地震後的災後重建工作，為社會公益提供了更廣泛的資金來源。

2. 該信託計劃的資金分析

該信託計劃的資金來源於招商銀行向公眾發行的人民幣理財計劃募集的資金，中信信託作為受託方，設計權益信託類型的愛心信託計劃，對委託人的資金進行財務管理。中信信託將資金運用到購買國家開發銀行的信貸資產，形成了完整的信託結構。

在該信託計劃過程中，參與方包括中信信託、國家開發銀行、招商銀行三方。其中，招商銀行是委託方，中信信託是受託方，國家開發銀行的信貸資產作為標的。受益人主要有兩個，一個是招商銀行，另外一個是宋慶齡基金會。由於宋慶齡基金會作為受益人，享受該信託產生的一部分收益，使該信託具有了公益信託的特徵。由於中信信託購買信貸資產的規模約10億元，信託期限10個月，受益人預期年收益率4.5%至4.7%，在扣減投資者收益和相關稅費後的剩餘信託收益達到了956萬元，全部通過中國宋慶齡基金會捐贈四川地震災區，完成了整個公益信託的使命。這是中國歷史上對慈善信託的一次重要嘗試，為公益信託的發展方向奠定了實踐基礎。而在這個信託計劃的整個過程中，中信信託和國家開發銀行對本項目不收取任何費用，也為公益信託的受託方和資產標的方如何從事慈善工作提供了借鑑。

到2009年5月該信託計劃結束時，該信託計劃累計向中國宋慶齡基金會捐款956萬元，是國內捐款規模最大的公益信託。項目所捐款項用於援建四川省綿陽市平武壩子鄉中心小學，以及在四川省39個縣（市、區）的50個中小學和50個安置點捐建100所「宋慶齡愛心圖書室」，共捐贈2,000餘萬冊圖書。

這一結果體現了中信信託聯合國家開發銀行和招商銀行進行資金管理和投資，由宋慶齡基金會對捐贈資金進行管理的三方合作的公益信託模式，是資產管理、公益信託產

品等金融手段參與公益活動的一種全新嘗試。

二、案例思考

1. 雲南信託「『愛心成就未來』穩健收益型集合資金信託計劃」順利進行的必備因素有哪些？
2.「中信開行愛心信託」與雲南信託相比較，它的規模得以擴大的根本原因是什麼？
3. 中信開行愛心信託是哪種公益信託計劃？它的特徵是什麼？
4. 公益信託與慈善信託有何區別與聯繫？公益信託的優勢與劣勢在哪裡？

三、案例分析

雲南信託「『愛心成就未來』穩健收益型集合資金信託計劃」和「中信開行愛心信託」兩種信託分別屬於集合信託和單一信託模式，但兩者的共同點，都屬於公益慈善信託。

「中信開行愛心信託」既吸取了雲南信託的經驗，又在此基礎上做出了獨創性的改進。二者不同之處在於：①信託資金的規模不同。「中信開行愛心信託」的資金規模大，集合資金用於投資標的的規模達到了10億元，整個信託計劃結束時，累計向中國宋慶齡基金會捐款956萬元。而雲南信託的資金規模小，公開募集到的資金總額為536萬元，一期結束時，最終捐款額為10萬元。②信託計劃的設計不同。「中信開行愛心信託」資金投資於國家開發銀行的信貸資產，投資方式為中信信託聯合國家開發銀行和招商銀行合作購買信貸資產；與之相比較，雲南信託資金的投放主要用於流動性強的貨幣金融資產，比如購買貨幣市場收益型投資品種和銀行間固定收益型投資品種。這兩種信託計劃的設計，比較發現，「中信開行愛心信託」這種權益信託收益率更高。③捐贈金額不同。「中信開行愛心信託」最終累計捐款956萬元，遠遠高於雲南信託計劃的10萬元捐款。這表明金融機構間相互聯合設計的公益慈善信託方式具有顯著的優勢。

綜上，公益信託在中國仍然處於起步發展階段，在法律法規、制度完善、社會監督、業務領域等方面都還需要不斷完善。目前已探索出慈善基金會和信託企業合作、信託企業與銀行金融機構合作等多種公益信託合作方式。但是，仍然存在法律法規不健全，對市場發展需求適應性不協調等多種問題。未來公益信託的發展方向是加強政府對公益信託的引導，完善相關法律法規，對信託計劃進行社會宣傳，以及共同監督公益信託計劃的執行等方面。

四、專家點評

公益信託在匯聚社會資源方面具有獨特的制度優勢，高效率的結構設計，能夠實現專業化管理的運作形式，靈活的參與方式和目的安排以及有效的監督制約機制，應當成為中國基本公共服務體系的重要組成部分，成為社會公益事業的重要支柱。

——時任中國信託協會專家理事、錦天城律師事務所高級合夥人　李憲明

100多年前，卡內基寫《財富的福音》的時候說：「當今富人的罪惡不在於他們吝嗇，而在於濫行布施。」好多窮人是政府和慈善家養出來的。慈善資金怎麼用，如何才能散財有道、有效，如何用創新的手段真正去改變社會，這是對慈善投資理性和智慧的考驗。

——**時任南都公益基金會副理事長兼秘書長　徐永光**

　　公益事業管理機構可以是民政，也可以是教育、衛生等部門。但多年來，法律都沒有被激活，公益信託機制一直建立不起來，處於休眠狀態。很多信託機構想要設立公益信託都沒有如願，而在實際操作中，公益與私益往往又無法明確界定，即便有違規行為，也沒有相關的適用法律。對於公益信託的發展，這是件好事，首先要鼓勵，哪怕將來犯錯，也要給予公益信託試錯的機會。

——**時任北京師範大學公益研究院院長　王振耀**

五、推薦閱讀文獻

1. 劉光祥. 公益法人與公益信託模式的比較［EB/OL］. http://www.aisixiang.com/data/72487.html.
2. 薛小峰. 解讀公益信託［N］. 上海證券報，2014-07-04.
3. 茹克婭，胡江楠. 中國公益信託發展受阻的法律分析［J］. 經濟視野，2014（3）.

六、案例資料來源

1. 雲南省青少年發展基金會官網：www.ynxwgc.org.
2. 2010年5月15日《金融時報》.
3. 《中國信託業年鑒》（2010—2011年）.
4. 開行愛心信託官網．www.cailegang.com.

案例十五　南都公益基金會

——「群體專業型」資助方式的典範

學習目標

- 瞭解南都公益基金會的治理結構
- 瞭解南都公益基金會的資金運作模式
- 理解資助型公益基金會的項目資金運作特點和優勢

一、案例概述

（一）組織簡介

南都公益基金會（英文名：Narada Foundation，以下簡稱「南都基金會」）成立於 2007 年 5 月 11 日，是經國家民政部批准成立的非公募基金會，業務主管單位為國家民政部。南都基金會的原始基金為 1 億元人民幣，來源於上海南都集團有限公司。

南都基金會以支持民間公益為使命，以人人懷有希望為願景；重點關注轉型期的中國社會問題，資助優秀公益項目，推動民間組織的社會創新，促進社會平等和諧。基金會有三大資助方向：發起、支持行業發展的宏觀性項目，資助支持性機構、引領性機構和優秀公益人才的戰略性項目，資助農民工子女教育、災害救援等特定公益領域的項目。與此同時，開展指導三大資助方向的戰略性、政策性研究。南都基金會定位為資助型基金會，作為公益行業資金與資源的提供者，南都基金會扮演的是「種子基金會」的角色，通過資金支持推動優秀公益項目和公益組織發展，帶動民間的社會創新，實現支持民間公益的使命。

南都基金會組織結構如圖 12-2 所示。理事會是該基金會的最高決策機構，截至

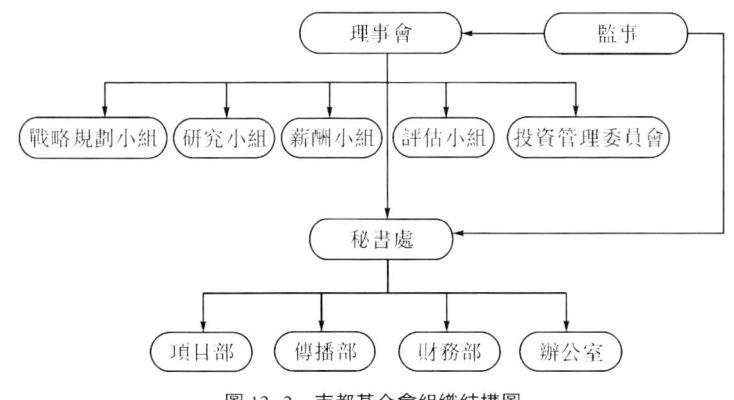

圖 12-2　南都基金會組織結構圖

2015年12月底，該基金會的理事會由10名理事組成。秘書處由秘書長負責對基金會的日常工作進行管理。監事會對基金會的規範運行進行監督。投資管理委員會負責基金會資產的保值增值，確保基金會的資產安全收益，戰略規劃小組、研究小組、薪酬小組、評估小組分別執行相應的特定職能。秘書處下設項目部，主要負責公開招標公益項目的審批，傳播部負責基金會的對外宣傳工作，辦公室主要處理基金會相關行政事務，財務部對基金會資金運用進行監管。該機構的組織規模較為精簡，運作效率較高。

治理結構的人員配備方式為強決策層加上強執行層的模式，即在理事會領導下，出資人實際掌握投資決策權和項目表決權，秘書處總體負責機構日常事務的運作並建立相關制度（財務管理制度、薪酬制度、項目招標、評審、資助、監測、評估制度等）；最終在機構各部門的協調領導下，實現機構高效運轉、資金的最大化利用以及社會效益的最大化。

（二）資金的運作模式

1. 資金的來源

南都基金會原始基金為1億元人民幣，來源於上海南都集團有限公司。同時，出資人周慶治另外出資，在南都集團內部設立留本冠名基金，將基金每年5%的增值部分打入南都公益基金會。為促進基金會可持續發展，該組織成立了專業的理事會投資管理委員會。投資管理委員會通過股票投資、證券投資、新股申購等投資方式實現資金的保值增值。基金會也利用自己不斷完善的能力建設，吸引社會捐贈，充實自己的經濟實力。隨著基金會的發展，收入來源也不斷多樣化。2013—2014的財務報表（部分截圖，見圖12-3）顯示，該基金會的資金來源主要包括捐贈收入和投資收益；社會捐贈的資金來源也不斷多樣化，出現了互聯網捐贈等新形式。

項目	行次	2013年 非限定性	2013年 限定性	2013年 合計	2014年 非限定性	2014年 限定性	2014年 合計
一、收入							
其中：捐贈收入	1	16,010,016.43	8,346,521.06	24,356,537.49	9,012,481.84	12,459,839.87	21,472,321.71
会费收入	2						
提供服务收入	3						
商品銷售收入	4						
政府补助收入	5						
投資收益	6	3,852,498.86		3,852,498.86	6,627,165.71		6,627,165.71
其他收入	9	71,782.58		71,782.58	122,605.21		122,605.21
收入合計	11	19,934,297.87	8,346,521.06	28,280,818.93	15,762,252.76	12,459,839.87	28,222,092.63

圖12-3　南部基金會2013—2014年財務報表收入截圖

2. 資金的使用

南都基金會的獨特之處在於募集資金的使用方式上。南都基金會以「群體專業型」資助方式，通過資助公益項目，高效地利用資金，實現基金會的社會價值。其主要項目分為以下三大方面：宏觀性項目、戰略性項目、特定公益領域項目。其中，有特色並具有代表性的項目有三個，分別是銀杏夥伴成長計劃、機構夥伴景行計劃、新公民計劃，

這三個計劃分別致力於資助優秀個人、優秀組織、農民工子女。

同時，南都基金會是「群體專業型」資助方式的典型。中國社會資助有兩種主要方式：社會立體型資助和群體專業型資助。公募基金會主要採用前者，即社會立體型資助方式，進行社會資助。這裡的「立體」即指面面俱到地進行社會各個方面的資助。作為擁有國家和財政支持的公募基金會，它們擁有比較豐富的社會資源，可以公共財政補貼作為保障，開展教育、扶貧、醫療、環保、人權等廣泛立體式公益項目。社會立體型資助有利於保障公民的基本生存權利和基礎的發展權利，發揮社會「穩定器」的作用，維護社會和諧。但是，社會立體型資助在發展過程中，也出現了一些問題，即由於資助方式面面俱到的特點，導致了在資源有限的供給方式下，並不能完全滿足社會各個方面的資源需求。在社會問題日益紛繁複雜的當下，產生了許多採用群體專業型資助模式進行資金運作的非公募基金會，實際上是對公募基金會的社會立體型資助方式的一個有效補充。

為了充分利用有限的資源，讓資源配置實現最優化，許多新創立的非公募基金會都採用了群體專業型資助方式，南都基金會就是其中的典型。群體專業型資助是公益組織針對目標群體通過專業人才實行專業化服務，通過市場調研，分析社會有效需求，經由專家學者論證項目可行性後，確定資助範圍的公益實施方式。專業化資助方式可以劃分為開放式、半開放式、封閉式三種。「開放式」是指在特定領域內採取招標等形式資助公益項目，類似於「點對面」的形式，例如南都基金會在農民工子女教育領域開展的社會開放型資助公益項目。「半開放式」是指確定了項目方案後，通過制度設計規定好大致受益對象的「點對線」資助形式，例如南都基金會的災後重建項目只針對特定災害區域。「封閉式」類似於「點對點」「一對一」的直接資助形式，例如南都基金會的銀杏夥伴成長計劃。不管是服務於農民工子女教育的「新公民計劃」，還是「5/12 災區重建資助項目」，該基金會都是面向社會，採取公開招標、平等競爭的方式遴選出「最能把好事做好的社會組織」，進行項目資助和管理，取得了「種子基金」的最大經濟效益和社會效益。

南都基金會獨特的資金使用特點在財務報表的「業務活動成本」一欄中得到了充分的體現。以 2014 年度和 2013 年度為例，在總業務活動成本中，捐贈項目成本，2013 年占比 100%，2014 年占比約為 91%（如圖 12-4 所示）。

圖 12-4　南都基金會 2013—2014 年財務報表業務活動成本截圖

南都基金會將每個大項目下具體資助的小項目名稱及資助資金公開列示在基金會官網上，做到了基本財務信息的公開、透明。下面對南都公益基金會的一些主要公益項目進行介紹。

(1) 宏觀性項目

南都基金會基於自身核心優勢，從搭建公益行業產業鏈的角度著手，對產業鏈上游進行引導，為產業鏈下游提供傾斜性支持，開展促進行業發展的合作、交流、人力資源建設等宏觀性項目。其支持方向包括：通過會議交流與能力建設，推動基金會行業發展；引導資金方傾斜性支持，推動民間非營利組織資源對接；積極回應行業熱點話題，營造良好公益文化環境。截至 2015 年 12 月底，支持項目已達到 102 個，累計資助資金為人民幣 24,126,298.26 元。

(2) 特定領域項目

第一，新公民計劃。目前，農民外出打工已經成為一種普遍的社會現象，而農民工子女生活的方方面面存在著複雜的問題，其中農民工子女的教育問題尤為嚴重。針對農民工子女教育中遇到的困難，南都基金會推出了「新公民計劃」，其宗旨為：通過項目資助與合作，改善農民工子女的成長環境。自 2007 年 8 月實施以來，新公民計劃已經累計資助了 185 個子項目，累計資助資金為人民幣 22,647,963.78 元。

第二，災害救援與災後重建項目。災害救援與災後重建項目，旨在資助民間公益組織利用其自身的專業技能在災害應對領域中開展救援或軟性服務項目。其支持方向包括：「災害社會損失」研究；在「社會損失」研究成果的指引下繼續資助民間非營利組織救災項目群；鼓勵在災後重建期，民間非營利組織以社區為基礎，開展彌補社會損失提升社區能力的示範項目；鼓勵民間非營利組織的合作、經驗總結、技術傳播項目。南都基金會的災後重建與救援項目對緩解災害過後的危害有重大作用。災後救援與重建相關項目已經累計資助了 180 個項目，累計資助資金為人民幣 23,257,243.97 元。

(3) 戰略性項目

第一，銀杏夥伴成長計劃。銀杏夥伴成長計劃是一個資助青年人突破成長中的瓶頸，成為推動某一公益領域發展的領袖型人才的長期計劃。其主要資助對象為民間非營利機構的領導人或創始人，也不排除學者、媒體人、個體行動者和未來的民間非營利組織領導人。該計劃同時倡導社會各界一起支持公益人才、搭建人才成長的支持體系。其必備條件為 20~40 週歲的中國公民，在當前的工作領域有 2 年以上的公益實踐。該項目的核心價值是「胸懷天下、踏實做事」。銀杏夥伴成長計劃的關鍵詞為：行動、合作、成長、推動社會變革。隨著近幾年的發展，南都基金會在銀杏夥伴成長計劃中，扮演的角色經歷了由催生者向引領者的轉變。

中國的公益事業發展還正處於起步階段，主要存在著三個問題：其一，公益事業缺乏相應人才。當今社會，人與人之間的關心與幫助變得越來越少，人們更加注重自身生活的發展，對自身之外的世界比較冷漠。其二，中國缺乏公益事業發展的文化土壤，公益文化傳播不廣泛。其三，公益資源匱乏。為了更好地解決這三個問題，南都基金會推出了銀杏夥伴成長計劃，著力培育更多熱心公益的有志青年。隨著銀杏夥伴成長計劃的發展，由銀杏夥伴、南都公益基金會、浙江敦和慈善基金會、心平公益基金會和中國人

民大學非營利組織研究所共同發起，於 2015 年 7 月 20 日，經北京市民政局批准，成立了北京市銀杏公益基金會（簡稱「銀杏基金會」），志在為更多公益人士提供力所能及的資助。

第二，機構夥伴景行計劃。2011 年，南都基金會推出了機構夥伴景行計劃。從優秀到卓越，提升機構的行業影響力，是機構夥伴景行計劃的目標。景行計劃借鑑戰略性投資的理念，為有潛力產生大規模、系統性社會影響的公益機構提供長期資金、智力資源等深度的機構支持，協助它們更快地突破能力瓶頸，實現社會影響力的提升，促進整個行業的共同發展。同時，景行計劃也圍繞「大規模社會影響的實現方式」「機構能力瓶頸的突破方式」兩個核心議題搭建資源網路，引進國外先進經驗，累積中國實踐，支持相關研究和服務。自 2011 年開始，南都基金會已經資助了 12 家機構，累計資助金額為人民幣 15,235,185.50 元。

（4）研究項目

研究項目旨在為南都基金會戰略決策提供信息諮詢，提升項目規劃和管理的戰略性與整體性。同時，資助行業及重要領域中的實踐性和應用性研究，重視研究對實踐的指導。其項目支持方向包括兩大類：行業研究和領域研究。行業研究主要指導南都基金會支持的行業發展方向，並通過適當渠道對行業產生導向性影響。領域研究主要指導某具體領域的資助方向，支持第三部門創新，並通過適當渠道對政府制定政策、企業履行社會責任、社會公眾捐贈等方面起到倡導和推動作用。截至 2015 年 12 月底，研究項目資助資金已達人民幣 4,710,231.42 元。

二、案例思考

1. 南都基金會善款來源有哪些？
2. 為什麼南都基金會決定走「群體專業型」資金運用模式道路？這種道路有什麼優缺點？
3. 銀杏夥伴成長計劃與當前社會公益發展趨勢有何關係？
4. 南都基金會在信息披露的內容和方式上有什麼值得其他基金會借鑑的地方？

三、案例分析

（一）資金來源的特點

根據南都基金會 2007—2014 年的審計報告，摘取主要收入來源分析如表 12-3 和圖 12-5 所示。

表 12-3　南都基金會主要收入來源占總收入比率表（摘自 2007—2014 年的年度報告）

年份	2007	2008	2009	2010	2011	2012	2013	2014
捐贈收入	1.05%	515.15%	70.44%	54.32%	81.56%	99.66%	86.12%	76.08%
投資收益	94.12%	-417.00%	29%	45.34%	18.04%	0	13.62%	23.48%
其他收入	4.73%	0.23%	0.56%	0.34%	0.30%	0.34%	0.26%	0.44%

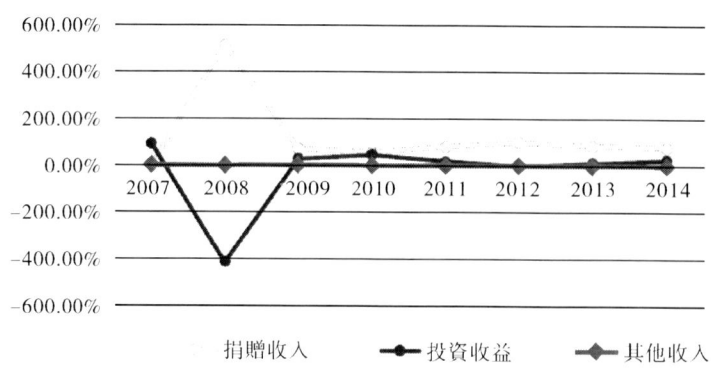

圖 12-5　南都基金會資金來源比率動態圖（2007—2014 年）

對以上圖表進行分析發現，各項收入占各年總收入的比率存在一定的波動（忽略 2008 年基金會投資失誤的情況），從整體上來看，南都基金會籌集資金的主要方式是捐贈收入，其次為投資收益，其他收入占比十分微小。

（二）資助公益項目的過程特點

南都基金會時時刻刻圍繞自身「種子基金」的定位進行資助，支持民間公益。一般不直接營運公益項目，而是給予有活力的民間非營利組織以資金支持，挖掘更多社會資源的潛力，投身共同的公益活動。此外，在資助項目的申請流程上，各方面公益能力均有待提升的民間非營利組織，通常需要先入駐公益孵化器（NPI），成功出殼後，再申請公益項目，獲得南都基金會的支持。

在篩選資助項目和個人申請項目方面，南都基金會針對不同的項目規定了不同的選擇要求，盡最大努力確保資助基金發揮最大作用，體現出具體問題具體分析的嚴謹態度與作風，這也成為南都基金會在資助過程中篩選項目的獨特之處。

（三）資金的使用與控制

南都基金會在信息披露方面的工作做得十分到位。南都基金會官網上有專門的信息公開欄目，其中披露了基金會的年度報告、審計報告、年度預算、工作計劃、年檢報告。每一項都會涉及資金數額的披露。對於資金使用的監督和管理在審計報告、年度預算、工作計劃、年檢報告中都有詳細的體現。資金運用前，在年度預算中做出詳細的資金規劃。資金運用後，對資金使用數額、使用去向都做出了詳細的介紹，並與預算進行對比。但是在資金使用的過程中卻沒有即時進行資金相關信息的披露，建議在信息披露欄目中添加公益項目資金使用情況的即時動態信息披露，這將更加有利於保證資金使用的高效、透明。

四、專家點評

為天下培育公民，為社會保育民間組織，為公益界貢獻標準，為中國準備正面能量。南都公益基金會取財有道，散財亦有道。正所謂：亦仁亦德亦智信，千金散盡歸蒼生。

——南都公益基金會榮獲「責任中國」2011 年公益盛典之「公益組織獎」，以上為頒獎點評

商業投資講究賺錢，賺了錢就退出。公益投資，也是如此。投資人要勇於承擔風險，投資之後，也需要考慮適時退出。南都基金會能力有限，而銀杏夥伴群體則有無限的發展空間。銀杏夥伴應走向獨立，自己管理自己，解決問題，獨立整合更多的社會資源，尋求更好的發展。

——時任南都公益基金會理事長徐永光評「銀杏計劃」

新公民學校的建設和管理模式還可為那些願意直接捐建民辦農民工子女學校的企業提供借鑑，引導公眾與企業參與農民工子女教育，成為自「希望工程」之後的社會捐資助學的新潮流，是通過制度創新探索政府與市場之外解決農民工子女教育的第三條道路。

——新華社時事評論

會議（中國扶貧基金會、南都公益基金會和中國社會組織促進會發起的「社會組織『5/12』行動論壇暨公益項目交流展示會」）的召開，一方面表達出汶川地震救災後所展示的公民社會的力量並沒有消失，依然在延續；另一方面也展示出公益組織的發展出現了新的道路，這條道路既倡導基金會和民間非營利組織的合作，也倡導民間非營利組織與更多元的資助方進行合作。這樣的合作本身是一條充滿泥濘的道路，但是道路卻展示出公民社會組織堅定的繼續前進的方向。論壇與展示會給全年的公民社會發展打了一劑強心針。

——時任中山大學公民與社會發展研究中心主任　朱建剛

五、推薦閱讀文獻

1. 南都公益基金會官網：www.naradafoundation.org.
2. 於佳莉. 南都基金會1億打造「銀杏夥伴」戰略轉型成功［N］. 公益時報，2012-01-10.
3. 劉素楠. 南都基金會：成為公益小夥伴的後盾［N］. 南方都市報，2014-09-11.

六、案例資料來源

南都公益基金會官網：www.naradafoundation.org.

案例十六　騰訊公益慈善基金會

——互聯網公益時代到來了

學習目標

- 瞭解騰訊公益慈善基金會的基本情況
- 瞭解騰訊公益慈善基金會的資金運作模式
- 理解互聯網公益的特點

一、案例概述

（一）基金會簡介

騰訊公益慈善基金會（簡稱騰訊基金會）是2007年6月26日經中華人民共和國國務院與民政部批准成立，在民政部登記註冊、由民政部主管的全國性非公募基金會。騰訊基金會由騰訊公司發起，是中國第一家由互聯網企業發起成立的公益基金會。秉承「致力公益慈善事業，關愛青少年成長，倡導企業公民責任，推動社會和諧進步」的宗旨，致力於互聯網與公益慈善事業的深度融合，通過互聯網領域的技術、傳播優勢，締造「人人可公益，民眾齊參與」的公益2.0模式，大力推動網路公益新生態的建設。倡導「精彩生活，分享愛」的公益價值觀，創建起基於「最透明的公益行為、最開放的公益夥伴、最創新的公益實踐、最全面的公益資訊」的騰訊公益矩陣，推動公益慈善行為成為億萬網民的流行時尚與生活習慣，推動中國互聯網在企業、公民、社會責任領域的積極實踐及創新貢獻。

騰訊基金會設立了理事會作為基金會的最高決策機構，同時設立了秘書處、助學項目部、騰訊公益網項目部、志願者項目部、公共合作部等附屬機構，其中，基金會理事長為基金會法定代表人。基金會的決策機構是理事會，由10~25名理事組成。理事會設理事長、副理事長和秘書長，從理事中選舉產生。理事每屆任期為5年，任期屆滿，連選可以連任。基金會設監事1名，監事任期與理事任期相同，期滿可以連任。為了節約行政開支，最大限度地支持公益事業，並同時給騰訊員工提供參與公益的機會，基金會的主要工作人員基本均由騰訊公司的志願者在工作之外兼任。

騰訊公益慈善基金會的秘書長是騰訊公司企業社會責任部總經理崔紅新女士。崔紅新女士於1999年加盟騰訊公司，歷任職騰訊網總經理、服務採購中心總經理、騰訊首席信息官（CIO）助理等高級管理職位。2010年出任騰訊公司企業社會責任部總經理、騰訊公益慈善基金會秘書長。

騰訊公益慈善基金會的發起單位為騰訊公司。騰訊公司成立於1998年11月，是目

前中國最大的互聯網綜合服務提供商之一，也是中國服務用戶最多的互聯網企業之一。成立20年以來，騰訊一直秉承用戶價值至上的經營理念，始終處於穩健、高速發展的狀態。2004年6月16日，騰訊公司在香港聯合交易所主板公開上市。

(二) 騰訊公益慈善基金會開展的主要活動

騰訊公益慈善基金會自成立以來，開展了一系列的公益慈善活動，具體包括：

(1) 2007年開展的主要活動。2007年6月26日，騰訊公益慈善基金會成立。9月，騰訊「財付通」網路捐贈平臺上線。12月，啓動騰訊科技卓越高校獎學金計劃，在全國15~20所知名高校設立獎學金。

(2) 2008年開展的主要活動。5月12日汶川地震，騰訊基金會通過網路捐款2,000餘萬元。11月11日，發布《騰訊企業公民暨社會責任報告》，這是中國互聯網第一份真正意義上的企業社會責任報告。

(3) 2009年開展的主要活動。5月，騰訊月捐計劃上線，倡導每月捐贈10元，提倡透明公益的理念。6月，投入超過5,000萬元啓動「騰訊新鄉村行動」，為期5年，探索實踐西部鄉村教育、文化傳承、環境保護新模式。

(4) 2010年開展的主要活動。1月10日，發起成立騰訊網友愛心基金。1月，首次援助海外救災，向海地災區捐贈20萬美元救助災區兒童。4月，捐贈2,200萬元救助青海玉樹災區。8月9日，捐贈500萬元救助發生特大泥石流災害的舟曲災區。10月，「騰訊夢想空間」全國落成50間，超過1,000名貴渝鄉村教師接受鄉村教師培訓。

(5) 2011年開展的主要活動。1月，出資1,000萬元，助力「壹基金」轉型公募基金會。10月10日，首批出資1,000萬元啓動「築力計劃」，構築立體幫扶的模式，全面助力公益組織成長。10月，WE救助平臺正式上線，核心目標是打造國內首個疾病救助平臺。11月，出資500萬元成立「築德基金」，鼓勵見義勇為行為。

(6) 2012年開展的主要活動。2月，騰訊基金會用戶突破100萬。9月，捐贈1,000萬元，與愛佑慈善基金會合辦深圳市愛佑和康兒童康復中心。12月，發起「新年新衣」活動，為山區兒童募集發放10萬件新衣。

(7) 2013年開展的主要活動。1月1日，網捐平臺籌款過億。5月20日，四川雅安發生了里氏7.2級地震，捐贈2,000萬元救援蘆山地震災區。6月26日，騰訊公益慈善基金會成立六週年，發起「綠計劃」。

(8) 2014年開展的主要活動。3月12日，「益行家」項目啓動。8月18日，騰訊公益網路「一起捐」平臺上線。8月19日，魯甸地震，騰訊公益平臺網友捐款總額1,600萬元。11月22日，「築夢新鄉村」移動互聯網計劃出爐。12月31日，平臺捐贈總量突破2.4億元，捐款人次超過2,500萬。

(9) 2015年開展的主要活動。1月，騰訊公益月捐登錄微信平臺上線。4月，尼泊爾地震發生後，騰訊公益平臺總籌款2,330萬元。8月，騰訊貴州「為村」計劃開放平臺發布。8月，騰訊慈善公益基金會總籌款額突破5億元。8月，騰訊「益行家」古長城公益挑戰賽。9月，中國首個互聯網公益日，愛心網友捐贈1.279億元，205萬人次參與捐贈。

（三）基金會的運作模式

經過幾年的磨煉，騰訊公益慈善基金會已經取得了長足的發展。基金會將通過集團募集來的資金主要用於五個明確的公益方向：發展教育項目、扶貧救災項目、推動企業社會責任建設、環保項目和騰訊員工志願者項目。

另外，騰訊基金會以互聯網為媒介，充分利用互聯網的巨大推動力量與騰訊龐大的用戶群相聯繫，結合騰訊的「拍拍」「財付通」等產品，與壹基金、愛佑華夏慈善基金等國內現有的一些民間非營利組織進行合作，在公益網路平臺進行不同項目善款的募集，使得更多網民可以參與到慈善活動中來。網民可以通過選擇自己想捐助的慈善項目，通過騰訊財付通完成網路捐贈。隨著「互聯網+」概念及騰訊基金會的不斷發展、壯大與成熟，80%善款來自企業、20%善款來自公眾的二八定律正在逐步被改變。

作為項目型基金會，在募集資金的使用上，騰訊基金會充分利用其獨特的互聯網平臺優勢，將互聯網與公益項目緊密結合。基金會設立了以每月小額捐款的形式為代表的騰訊月捐平臺，提供網友在網路求助、公益組織認領求助、在線籌款、項目反饋、公眾監督等「一站式」服務的騰訊樂捐平臺，鼓勵員工自主發起獨立公益項目的騰訊微愛計劃、推動鄉村教育、文化、環保、經濟發展的「築夢新鄉村」計劃，啓動緊急救援機制的騰訊立體救災計劃等諸多特色的公益項目。以騰訊立體救災計劃為例，騰訊基金會先後10次啓動緊急救援機制，自身累計捐款超過7,000萬元。依託騰訊公益捐款平臺，與知名公募基金會建立戰略合作關係，號召和發動網民為災區捐款，累計募集網友資金超過5,300萬元。這無不體現出騰訊在中國互聯網浪潮之巔散發出的巨大公益力量。

在基金會內部資金的運作上，騰訊基金會在政策上享有稅收優惠，具有一定的政策優勢。然而，作為非公募基金會，保值增值是其內部資金運作的重點，相比國外成熟的非公募基金會的內部資金運作模式，騰訊基金會保值增值策略較少，資金的流轉盈餘全部被存入銀行，資金增值效率不高。在內部資金的監督管理上，騰訊基金會缺少專業的理財團隊，沒有對大量閒置資金進行理財獲利，資金的保值增值能力不強。

此外，騰訊基金會所開通的騰訊公益網有一個重要的工作是幫助其他民間非營利組織來進行善款的網上籌集，而對於這些民間非營利組織合作夥伴的評選，目前並沒有明確的統一行業標準，這在一定程度上制約了網路公益慈善的品牌發展。因此，無論是騰訊基金會自身內部資金運作的模式的完善，還是整個非營利組織的行業標準的建立和完善，都需要很長的時間才能完成。

二、案例思考

1. 騰訊基金會的資金來源有哪些？
2. 騰訊基金會是如何構建「人人可公益，民眾齊參與」的公益2.0模式的？
3. 騰訊基金會與傳統基金會相比有什麼創新之處？
4. 騰訊基金會在發展過程中面臨的挑戰主要來自哪些方面？

三、案例分析

（一）以互聯網為基礎的基金會新型財務運作方式

作為第一家由互聯網企業發起成立的基金會，騰訊公益慈善基金會主要致力於公益慈善事業，關愛青少年成長，倡導企業公民責任，推動社會和諧進步。基金會提出了打造社會化公益平臺，推動全平臺公益事業建設的目標。針對這一目標，在財務運作上，騰訊基金會體現了其自身以互聯網為基礎的獨特優勢，創新了公益平臺覆蓋模式，提升了錢款捐贈效率方式，保障了錢款透明的營運機制，力求構建「人人可公益，民眾齊參與」的公益 2.0 模式。

在公益平臺的覆蓋上，騰訊基金會通過騰訊自身的網路技術優勢，力求網民通過線上線下的互動完成自動捐贈，將 8 億 QQ 活躍用戶群打造成潛在的公益捐款用戶，為公益平臺的建設奠定了良好基礎。

在捐贈方式上，騰訊基金會依託網路技術的探索和創新，以騰訊「財付通」「拍拍」等互聯網支付平臺為媒介，打造互聯網公益支付平臺，創新簡化了捐贈模式，捐款人只需花費 10 秒左右的時間即可完成一次捐贈。

在營運機制上，騰訊基金會定期發布工作計劃、審計報告，對全部捐款信息透明公開，並及時推送反饋相關項目的進展情況，力求用好每 1 分錢。當用戶選擇騰訊基金會進行捐贈並支付成功時，在捐贈頁面上會記錄用戶的捐贈金額，同時，用戶也會收到騰訊基金會的郵件通知，知悉所捐款項的去留情況，明確錢款在基金會中的運轉過程。

但是，在內部資金的運作管理層面上，騰訊基金會仍需參考借鑑國外成熟的非公募基金會的內部資金運作模式，加快構建科學合理的資金保值增值策略，構建專業的資金理財團隊，提升內部資金的使用效率，加強內部資金的監督管理，健全和完善內部資金運作體制，提升資金的運轉活力。

（二）「互聯網+」模式下的創新公益生態圈

近年來，隨著互聯網的日益普及，「互聯網+」概念被人們提出並在諸多領域廣泛實踐應用。在新的理念下，許多新型公益組織和創新型公益項目應運而生。騰訊基金會作為「互聯網+」概念的典型代表，以互聯網為媒介，為公益慈善活動注入了新的活力。從創建以來，騰訊基金會先後設立了以每月小額捐款的形式為代表的騰訊月捐平臺，提供網友在網路求助、公益組織認領該求助、在線籌款、項目反饋、公眾監督等「一站式」服務的騰訊樂捐平臺，鼓勵員工自主發起獨立公益項目的騰訊微愛計劃，推動鄉村教育、文化、環保、經濟發展的「築夢新鄉村」計劃等諸多富有特色的公益項目。與傳統公益組織傳播媒介匱乏的弊端相比，騰訊基金會通過「互聯網+」模式下的巨大推動力量，打造公益產品化的新型運作模式，體現了其在互聯網浪潮中的創新性特點。基金會通過搭建網路平臺，形成了組織與組織、組織與個人之間的廣闊公益圈，實現了公益信息的共享和公益資源的交換。騰訊基金會秉承全民參與公益活動的理念，孕育出了新型公益模式，突破了傳統的公益模式的枷鎖，增強了公益的公開透明度，為公益事業注入了新的活力，而這也正是騰訊基金會與傳統公益組織之間的最大區別。

四、專家點評

互聯網帶給我們的，不僅是技術創新、經濟發展、消費升級、階層流通、新的全球化……還有利他、透明、公正、注重體驗、承擔責任的社會文明。一個物質高度發展但是冷漠的世界絕不是我們嚮往的世界。

——時任阿里巴巴集團創始人、阿里巴巴集團董事局主席　馬雲

基於移動互聯網浪潮所帶來的變革，傳統公益模式的最大壁壘也終於被擊穿——因不透明導致的失信，正被平臺化的互聯網公益模式所消解。而這雷霆萬鈞的破壁一擊，則來自億萬微小善意所匯聚而成的溫暖力量。

——時任騰訊主要創始人、騰訊公益慈善基金會發起人兼榮譽理事長　陳一丹

中華民族自古以來就有一方有難、八方支援的傳統美德，社會公益作為社會財富二次分配的重要手段，對促進社會的發展和進步具有重要作用。近年來，以微博、社會網站為代表的社會化媒體持續發展，改變了以往媒體「一對一」的模式，極大地豐富了用戶的參與體驗，調動了用戶的參與熱情，不僅成為個人、組織連接溝通和品牌行銷的新渠道，也為應對社會挑戰、推動社會公益提供了新的平臺。

——時任北京大學校務委員會副主任、教授　王麗梅

騰訊公益慈善基金會這樣有影響力、有實力的社會組織，能發起這種大規模高質量的競賽，並且提供專業培訓，對於年輕的社會企業創業者而言，是非常有意義的事情。

——時任社會企業研究中心主任、教授　朱小斌

五、推薦閱讀文獻

1. 騰訊公益慈善基金會官網：www.gongyi.qq.com.
2. 劉陽. 騰訊公益慈善基金會：打造「全民公益」的社會化平臺 [J]. WTO經濟導刊, 2013（12）.
3. 黃瑋, 張恒軍, 梁芷銘. 中國慈善組織媒介管理研究——以騰訊公益慈善基金會為例 [J]. 傳媒, 2014（19）.

六、案例資料來源

騰訊公益慈善基金會官網：www.gongyi.qq.com.

參考文獻

[1] 史密斯-巴克林協會. 非營利管理 [M]. 孫志偉, 羅陳霞, 譯. 北京: 中信出版社, 2004.

[2] 鄧國勝. 公益項目評估——以「幸福工程」為案例 [M]. 北京: 社會科學文獻出版社, 2003.

[3] 楊團. 美國的非營利組織與基金會 [J]. 21世紀, 1995 (6).

[4] 於穎. 企業會計學 [M]. 北京: 對外經濟貿易大學出版社, 2007.

[5] 陳勁松, 彭珏. 論中國民間非營利組織財務會計的目標 [J]. 西南農業大學學報 (社會科學版), 2007 (1).

[6] 劉曉. 論企業全面預算管理體系的構建與實施 [J]. 管理觀察, 2009 (3).

[7] 楊曉玲. 全面預算管理 [J]. Academic Exploration, 2013 (3).

[8] 劉妮妮. 全面預算管理淺析 [J]. Highway, 2011 (7).

[9] 朱義勤. 芻議行政事業單位項目資金管理 [J]. 當代經濟, 2012 (24).

[10] 鄧哲. 對完善事業單位項目支出資金管理的思考 [J]. 財政稅務, 2012 (9).

[11] 金羅蘭. 中國非營利組織與項目管理 [J]. 北京工商大學學報, 2005 (6).

[12] 陸建橋. 中國民間非營利組織會計規範問題 [J]. 會計研究, 2004 (9).

[13] 李建發. 規範民間非營利組織會計行為, 促進非營利事業蓬勃發展 [J]. 會計研究, 2004 (11).

[14] 章新蓉. 淺談中國民間非營利組織會計的幾個問題 [J]. 財務與會計, 2004 (6).

[15] 林閩鋼, 王章佩. 福利多元化視野中的非營利組織研究 [J]. 社會科學研究, 2001 (6).

［16］李惠萍，俞燕.非營利組織財務管理績效存在的問題及對策探討［J］.財會通訊，2010（7）.

［17］陳恒亮.非營利組織績效評估［J］.合作經濟與科技，2008（22）.

［18］吳春，王銘.非營利組織績效評估初探［J］.山東行政學院山東省經濟管理幹部學院學報，2005（10）.

［19］謝曉霞.居家養老服務成本項目及成本標準研究［M］.北京：經濟管理出版社，2018.

［20］謝曉霞.民間非營利組織財務管理理論與實務［M］.北京：經濟管理出版社，2013.

［21］謝曉霞.慈善基金會財務透明度的評估指標及其應用研究［M］.北京：經濟管理出版社，2016.

附表

附表一　複利終值系數表

期數	1%	2%	3%	4%	5%	6%	7%	8%	9%	10%
1	1.010,0	1.020,0	1.030,0	1.040,0	1.050,0	1.060,0	1.070,0	1.080,0	1.090,0	1.100,0
2	1.020,1	1.040,4	1.060,9	1.081,6	1.102,5	1.123,6	1.144,9	1.166,4	1.188,1	1.210,0
3	1.030,3	1.061,2	1.092,7	1.124,9	1.157,6	1.191,0	1.225,0	1.259,7	1.295,0	1.331,0
4	1.040,6	1.082,4	1.125,5	1.169,9	1.215,5	1.262,5	1.310,8	1.360,5	1.411,6	1.464,1
5	1.051,0	1.104,1	1.159,3	1.216,7	1.276,3	1.338,3	1.402,6	1.469,3	1.538,6	1.610,5
6	1.061,5	1.126,2	1.194,1	1.265,3	1.340,1	1.418,5	1.500,7	1.580,9	1.677,1	1.771,6
7	1.072,1	1.148,7	1.229,9	1.315,9	1.407,1	1.503,6	1.605,8	1.773,8	1.828,0	1.948,7
8	1.082,9	1.171,7	1.266,8	1.368,6	1.477,5	1.593,8	1.718,2	1.850,9	1.992,6	2.143,6
9	1.093,7	1.195,1	1.304,8	1.423,3	1.551,3	1.689,5	1.838,5	1.999,0	2.171,9	2.357,9
10	1.104,6	1.219,0	1.343,9	1.480,2	1.628,9	1.790,8	1.967,2	2.158,9	2.367,4	2.593,7
11	1.115,7	1.243,4	1.384,2	1.539,5	1.710,3	1.898,3	2.104,9	2.331,6	2.580,4	2.853,1
12	1.126,8	1.268,2	1.425,8	1.601,0	1.795,9	2.012,2	2.252,2	2.518,2	2.812,7	3.138,4
13	1.138,1	1.293,6	1.468,5	1.665,1	1.885,6	2.132,9	2.409,8	2.719,6	3.065,8	3.452,3
14	1.149,5	1.319,5	1.512,6	1.731,7	1.979,9	2.260,9	2.578,5	2.937,2	3.341,7	3.797,5
15	1.161,0	1.345,9	1.558,0	1.800,9	2.078,9	2.396,6	2.759,0	3.172,2	3.642,5	4.177,2
16	1.172,6	1.372,8	1.604,7	1.873,0	2.182,9	2.540,4	2.952,2	3.425,9	3.970,3	4.595,0
17	1.184,3	1.400,2	1.652,8	1.947,9	2.292,0	2.692,8	3.158,8	3.700,0	4.327,6	5.054,5
18	1.196,1	1.428,2	1.702,4	2.025,8	2.406,6	2.854,3	3.379,9	3.996,0	4.717,1	5.559,9
19	1.208,1	1.456,8	1.753,5	2.106,5	2.527,0	3.025,6	3.616,5	4.315,5	5.141,7	6.115,9
20	1.220,2	1.485,9	1.806,1	2.191,1	2.653,3	3.207,1	3.869,7	4.661,0	5.604,4	6.727,5
21	1.232,4	1.515,7	1.860,3	2.278,8	2.786,0	3.399,6	4.140,6	5.033,8	6.108,8	7.400,2
22	1.244,7	1.546,0	1.916,1	2.369,9	2.925,3	3.603,5	4.430,4	5.436,5	6.658,6	8.140,3
23	1.257,2	1.576,9	1.973,6	2.464,7	3.071,5	3.819,7	4.740,5	5.871,5	7.257,9	8.254,3
24	1.269,7	1.608,4	2.032,8	2.563,3	3.225,1	4.048,9	5.072,4	6.341,2	7.911,1	9.849,7
25	1.282,4	1.640,6	2.093,8	2.665,8	3.386,4	4.291,9	5.427,4	6.848,5	8.623,1	10.835
26	1.295,3	1.673,4	2.156,6	2.772,5	3.555,7	4.549,4	5.807,4	7.396,4	9.399,2	11.918
27	1.308,2	1.706,9	2.221,3	2.883,4	3.733,5	4.822,3	6.213,9	7.988,1	10.245	13.110
28	1.321,3	1.741,0	2.287,9	2.998,7	3.920,1	5.111,7	6.648,8	8.627,1	11.167	14.421
29	1.334,5	1.775,8	2.356,6	3.118,7	4.116,1	5.418,4	7.114,3	9.317,3	12.172	15.863
30	1.347,8	1.811,4	2.427,3	3.243,4	4.321,9	5.743,5	7.612,3	10.063	13.268	17.449
40	1.488,9	2.208,0	3.262,0	4.801,0	7.040,0	10.286	14.794	21.725	31.408	45.259
50	1.644,6	2.691,6	4.383,9	7.106,7	11.467	18.420	29.457	46.902	74.358	117.39
60	1.816,7	3.281,0	5.891,6	10.520	18.679	32.988	57.946	101.26	176.03	304.48

— 203 —

附表一(續)

期數	12%	14%	15%	16%	18%	20%	24%	28%	32%	36%
1	1.120,0	1.400,0	1.150,0	1.160,0	1.180,0	1.200,0	1.240,0	1.280,0	1.320,0	1.360,0
2	1.254,4	1.299,6	1.322,5	1.345,6	1.392,4	1.440,0	1.537,6	1.638,4	1.742,4	1.849,6
3	1.404,9	1.481,5	1.520,9	1.560,9	1.643,0	1.728,0	1.906,6	2.087,2	2.300,3	2.515,5
4	1.573,5	1.689,0	1.749,0	1.810,6	1.938,8	2.073,6	2.364,2	2.684,4	3.036,0	3.421,0
5	1.762,3	1.925,4	2.011,4	2.100,3	2.287,8	2.488,3	2.931,6	3.436,0	4.007,5	4.652,6
6	1.973,8	2.195,0	2.313,1	2.436,4	2.699,6	2.986,0	3.635,2	4.398,0	5.289,9	6.327,5
7	2.210,7	2.502,3	2.660,0	2.826,2	3.185,5	3.583,2	4.507,7	5.629,5	6.982,6	8.605,4
8	2.476,0	2.852,6	3.059,0	3.278,4	3.758,9	4.299,8	5.589,5	7.250,8	9.217,0	11.703
9	2.773,1	3.251,9	3.517,9	3.803,0	4.435,5	5.159,8	6.931,0	9.223,4	12.166	15.917
10	3.105,8	3.707,2	4.045,6	4.411,4	5.233,8	6.191,7	8.594,4	11.806	16.060	21.647
11	3.478,5	4.226,2	4.652,4	5.117,3	6.175,9	7.430,1	10.657	15.112	21.119	29.439
12	3.896,0	4.817,9	5.350,3	5.936,0	7.287,6	8.916,1	13.215	19.343	27.983	40.037
13	4.363,5	5.492,4	6.152,8	6.885,8	8.599,4	10.699	16.386	24.759	36.937	54.451
14	4.887,1	6.261,3	7.075,7	7.987,5	10.147	12.839	20.319	31.691	48.757	74.053
15	5.473,6	7.137,9	8.137,1	9.265,5	11.974	15.407	25.196	40.565	64.359	100.71
16	6.130,4	8.137,2	9.357,6	10.748	14.129	18.488	31.243	51.923	84.954	136.97
17	6.866,0	9.276,5	10.761	12.468	16.672	22.186	38.741	66.461	112.14	186.28
18	7.690,0	10.575	12.375	14.463	19.673	26.623	48.039	86.071	148.02	253.34
19	8.612,8	12.056	14.232	16.777	23.214	31.948	59.568	108.89	195.39	344.54
20	9.646,3	13.743	16.367	19.461	27.393	38.338	73.864	139.38	257.92	468.57
21	10.804	15.668	18.822	22.574	32.324	46.005	91.592	178.41	340.45	637.26
22	12.100	17.861	21.645	26.186	38.142	55.206	113.57	228.36	449.39	866.67
23	13.552	20.362	24.891	30.376	45.008	66.247	140.83	292.30	593.20	1,178.7
24	15.179	23.212	28.625	35.236	53.109	79.497	174.63	374.14	783.02	1,603.0
25	17.000	26.462	32.919	40.874	62.669	95.396	216.54	478.90	1,033.6	2,180.1
26	19.040	30.167	37.857	47.414	73.949	114.48	268.51	613.00	1,364.3	2,964.9
27	21.325	34.390	43.535	55.000	87.260	137.37	332.95	784.64	1,800.9	4,032.3
28	23.884	39.204	50.066	63.800	102.97	164.84	412.86	1,004.3	2,377.2	5,483.9
29	26.750	44.693	57.575	74.009	121.50	197.81	511.95	1,285.6	3,137.9	7,458.1
30	29.960	50.950	66.212	85.850	143.37	237.38	634.82	1,645.5	4,142.1	10,143
40	93.051	188.83	267.86	378.72	750.38	1,469.8	5,455.9	19,427	66,521	*
50	289.00	700.23	1,083.7	1,670.7	3,927.4	9,100.4	46,890	*	*	*
60	897.60	2,595.9	4,384.0	7,370.2	20,555	56,348	*	*	*	*

* >99,999

附表二 複利現值系數表

期數	1%	2%	3%	4%	5%	6%	7%	8%	9%	10%
1	0.990,1	0.980,4	0.970,9	0.961,5	0.952,4	0.943,4	0.934,6	0.925,9	0.917,4	0.909,1
2	0.980,3	0.971,2	0.942,6	0.924,6	0.907,0	0.890,0	0.873,4	0.857,3	0.841,7	0.826,4
3	0.970,6	0.942,3	0.915,1	0.889,0	0.863,8	0.839,6	0.816,3	0.793,8	0.772,2	0.751,3
4	0.961,0	0.923,8	0.888,5	0.854,8	0.822,7	0.792,1	0.762,9	0.735,0	0.708,4	0.683,0
5	0.951,5	0.905,7	0.862,6	0.821,9	0.783,5	0.747,3	0.713,0	0.680,6	0.649,9	0.620,9
6	0.942,0	0.888,0	0.837,5	0.790,3	0.746,2	0.705,0	0.666,3	0.630,2	0.596,3	0.564,5
7	0.932,7	0.860,6	0.813,1	0.759,9	0.710,7	0.665,1	0.622,7	0.583,5	0.547,0	0.513,2
8	0.923,5	0.853,5	0.789,4	0.730,7	0.676,8	0.627,4	0.582,0	0.540,3	0.501,9	0.466,5
9	0.914,3	0.836,8	0.766,4	0.702,6	0.644,6	0.591,9	0.543,9	0.500,2	0.460,4	0.424,1
10	0.905,3	0.820,3	0.744,1	0.675,6	0.613,9	0.558,4	0.508,3	0.463,2	0.422,4	0.385,5
11	0.896,3	0.804,3	0.722,4	0.649,6	0.584,7	0.526,8	0.475,1	0.428,9	0.387,5	0.350,5
12	0.887,4	0.788,5	0.701,4	0.624,6	0.556,8	0.497,0	0.444,0	0.397,1	0.355,5	0.318,6
13	0.878,7	0.773,0	0.681,0	0.600,6	0.530,3	0.468,8	0.415,0	0.367,7	0.326,2	0.289,7
14	0.870,0	0.757,9	0.661,1	0.577,5	0.505,1	0.442,3	0.387,8	0.340,5	0.299,2	0.263,3
15	0.861,3	0.743,0	0.641,9	0.555,3	0.481,0	0.417,3	0.362,4	0.315,2	0.274,5	0.239,4
16	0.852,8	0.728,4	0.623,2	0.533,9	0.458,1	0.393,6	0.338,7	0.291,9	0.251,9	0.217,6
17	0.844,4	0.714,2	0.605,0	0.513,4	0.436,3	0.371,4	0.316,6	0.270,3	0.231,1	0.197,8
18	0.836,0	0.700,2	0.587,4	0.493,6	0.415,5	0.350,3	0.295,9	0.250,2	0.212,0	0.179,9
19	0.827,7	0.686,4	0.570,3	0.474,6	0.395,7	0.330,5	0.276,5	0.231,7	0.194,5	0.163,5
20	0.819,5	0.673,0	0.553,7	0.456,4	0.376,9	0.311,8	0.258,4	0.214,5	0.178,4	0.148,6
21	0.811,4	0.659,8	0.537,5	0.438,8	0.358,9	0.294,2	0.241,5	0.198,7	0.163,7	0.135,1
22	0.803,4	0.646,8	0.521,9	0.422,0	0.341,8	0.277,5	0.225,7	0.183,9	0.150,2	0.122,8
23	0.795,4	0.634,2	0.506,7	0.405,7	0.325,6	0.261,8	0.210,9	0.170,3	0.137,8	0.111,7
24	0.787,6	0.621,7	0.491,9	0.390,1	0.310,1	0.247,0	0.197,1	0.157,7	0.126,4	0.101,5
25	0.779,8	0.609,5	0.477,6	0.375,1	0.295,3	0.233,0	0.184,2	0.146,0	0.116,0	0.092,3
26	0.772,0	0.597,6	0.463,7	0.360,7	0.281,2	0.219,8	0.172,2	0.135,2	0.106,4	0.083,9
27	0.764,4	0.585,9	0.450,2	0.346,8	0.267,8	0.207,4	0.160,9	0.125,2	0.097,6	0.076,3
28	0.756,8	0.574,4	0.437,1	0.333,5	0.255,1	0.195,6	0.150,4	0.115,9	0.089,5	0.069,3
29	0.749,3	0.563,1	0.424,3	0.320,7	0.242,9	0.184,6	0.140,6	0.107,3	0.082,2	0.063,0
30	0.741,9	0.552,1	0.412,0	0.308,3	0.231,4	0.174,1	0.131,4	0.099,4	0.075,4	0.057,3
35	0.705,9	0.500,0	0.355,4	0.253,4	0.181,3	0.130,1	0.093,7	0.067,6	0.049,0	0.035,6
40	0.671,7	0.452,9	0.306,6	0.208,3	0.142,0	0.097,2	0.066,8	0.046,0	0.031,8	0.022,1
45	0.639,1	0.410,2	0.264,4	0.171,2	0.111,3	0.072,7	0.047,6	0.031,3	0.020,7	0.013,7
50	0.608,0	0.371,5	0.228,1	0.140,7	0.087,2	0.054,3	0.033,9	0.021,3	0.013,4	0.008,5
55	0.578,5	0.336,5	0.196,8	0.115,7	0.068,3	0.040,6	0.024,2	0.014,5	0.008,7	0.005,3

附表二(續)

期數	12%	14%	15%	16%	18%	20%	24%	28%	32%	36%
1	0.892,9	0.877,2	0.869,6	0.862,1	0.847,5	0.833,3	0.806,5	0.781,3	0.757,6	0.735,3
2	0.797,2	0.769,5	0.756,1	0.743,2	0.718,2	0.694,4	0.650,4	0.610,4	0.573,9	0.540,7
3	0.711,8	0.675,0	0.657,5	0.640,7	0.608,6	0.578,7	0.524,5	0.476,8	0.434,8	0.397,5
4	0.635,5	0.592,1	0.571,8	0.552,3	0.515,8	0.482,3	0.423,0	0.372,5	0.329,4	0.292,3
5	0.567,4	0.519,4	0.497,2	0.476,2	0.437,1	0.401,9	0.341,1	0.291,0	0.249,5	0.214,9
6	0.506,6	0.455,6	0.432,3	0.410,4	0.370,4	0.334,9	0.275,1	0.227,4	0.189,5	0.158,0
7	0.452,3	0.399,6	0.375,9	0.353,8	0.313,9	0.279,1	0.221,8	0.177,6	0.143,2	0.116,2
8	0.403,9	0.350,6	0.326,9	0.305,0	0.266,0	0.232,6	0.178,9	0.138,8	0.108,5	0.085,4
9	0.360,6	0.307,5	0.284,3	0.263,0	0.225,5	0.193,8	0.144,3	0.108,4	0.082,2	0.062,8
10	0.322,0	0.269,7	0.247,2	0.226,7	0.191,1	0.161,5	0.116,4	0.084,7	0.062,3	0.046,2
11	0.287,5	0.236,6	0.214,9	0.195,4	0.161,9	0.134,6	0.093,8	0.066,2	0.047,2	0.034,0
12	0.256,7	0.207,6	0.186,9	0.168,5	0.137,3	0.112,2	0.075,7	0.051,7	0.035,7	0.025,0
13	0.229,2	0.182,1	0.162,5	0.145,2	0.116,3	0.095,3	0.061,0	0.040,4	0.027,1	0.018,4
14	0.204,6	0.159,7	0.141,3	0.125,2	0.098,5	0.077,9	0.049,2	0.031,6	0.020,5	0.013,5
15	0.182,7	0.140,1	0.122,9	0.107,9	0.083,5	0.064,9	0.039,7	0.024,7	0.015,5	0.009,9
16	0.163,1	0.122,9	0.106,9	0.098,0	0.070,9	0.054,1	0.032,0	0.019,3	0.011,8	0.007,3
17	0.145,6	0.107,8	0.092,9	0.080,2	0.060,0	0.045,1	0.025,9	0.015,0	0.008,9	0.005,4
18	0.130,0	0.094,6	0.080,8	0.069,1	0.050,8	0.037,6	0.020,8	0.011,8	0.006,8	0.003,9
19	0.116,1	0.082,9	0.070,3	0.059,6	0.043,1	0.031,3	0.016,8	0.009,2	0.005,1	0.002,9
20	0.103,7	0.072,8	0.061,1	0.051,4	0.036,5	0.026,1	0.013,5	0.007,2	0.003,9	0.002,1
21	0.092,6	0.063,8	0.053,1	0.044,3	0.030,9	0.021,7	0.010,9	0.005,6	0.002,9	0.001,6
22	0.082,6	0.056,0	0.046,2	0.038,2	0.026,2	0.018,1	0.008,8	0.004,4	0.002,2	0.001,2
23	0.073,8	0.049,1	0.040,2	0.032,9	0.022,2	0.015,1	0.007,1	0.003,4	0.001,7	0.000,8
24	0.065,9	0.043,1	0.034,9	0.028,4	0.018,8	0.012,6	0.005,7	0.002,7	0.001,3	0.000,6
25	0.058,8	0.037,8	0.030,4	0.024,5	0.016,0	0.010,5	0.004,6	0.002,1	0.001,0	0.000,5
26	0.052,5	0.033,1	0.026,4	0.021,1	0.013,5	0.008,7	0.003,7	0.001,6	0.000,7	0.000,3
27	0.046,9	0.029,1	0.023,0	0.018,2	0.011,5	0.007,3	0.003,0	0.001,3	0.000,6	0.000,2
28	0.041,9	0.025,5	0.020,0	0.015,7	0.009,7	0.006,1	0.002,4	0.001,0	0.000,4	0.000,2
29	0.037,4	0.022,4	0.017,4	0.013,5	0.008,2	0.005,1	0.002,0	0.000,8	0.000,3	0.000,1
30	0.033,4	0.019,6	0.015,1	0.011,6	0.007,0	0.004,2	0.001,6	0.000,6	0.000,2	0.000,1
35	0.018,9	0.010,2	0.007,5	0.005,5	0.003,0	0.001,7	0.000,5	0.000,2	0.000,1	*
40	0.010,7	0.005,3	0.003,7	0.002,6	0.001,3	0.000,7	0.000,2	0.000,1	*	*
45	0.006,1	0.002,7	0.001,9	0.001,3	0.000,6	0.000,3	0.000,1	*	*	*
50	0.003,5	0.001,4	0.000,9	0.000,6	0.000,3	0.000,1	*	*	*	*
55	0.002,0	0.000,7	0.000,5	0.000,3	0.000,1	*	*	*	*	*

附表三　年金終值系數表

期數	1%	2%	3%	4%	5%	6%	7%	8%	9%	10%
1	1.000,0	1.000,0	1.000,0	1.000,0	1.000,0	1.000,0	1.000,0	1.000,0	1.000,0	1.000,0
2	2.010,0	2.020,0	2.030,0	2.040,0	2.050,0	2.060,0	2.070,0	2.080,0	2.090,0	2.100,0
3	3.030,1	3.060,4	3.090,9	3.121,6	3.152,5	3.183,6	3.214,9	3.246,4	3.278,1	3.310,0
4	4.060,4	4.121,6	4.183,6	4.246,5	4.310,1	4.374,6	4.439,9	4.506,1	4.573,1	4.641,0
5	5.101,0	5.204,0	5.309,1	5.416,3	5.525,6	5.637,1	5.750,7	5.866,6	5.984,7	6.105,1
6	6.152,0	6.308,1	6.468,4	6.633,0	6.801,9	6.975,3	7.153,3	7.335,9	7.523,3	7.715,6
7	7.213,5	7.434,3	7.662,5	7.898,3	8.142,0	8.393,8	8.654,0	8.922,8	9.200,4	9.487,2
8	8.285,7	8.583,0	8.892,3	9.214,2	9.549,1	9.897,5	10.260	10.637	11.028	11.436
9	9.368,5	9.754,6	10.159	10.583	11.027	11.491	11.978	12.488	13.021	13.579
10	10.462	10.950	11.464	12.006	12.578	13.181	13.816	14.487	15.193	15.937
11	11.567	12.169	12.808	13.486	14.207	14.972	15.784	16.645	17.560	18.531
12	12.683	13.412	14.192	15.026	15.917	16.870	17.888	18.977	20.141	21.384
13	13.809	14.680	15.618	16.627	17.713	18.882	20.141	21.495	22.953	24.523
14	14.947	15.974	17.086	18.292	19.599	21.015	22.550	24.214	26.019	27.975
15	16.097	17.293	18.599	20.024	21.579	23.276	25.129	27.152	29.361	31.772
16	17.258	18.639	20.157	21.825	23.657	25.673	27.888	30.324	33.003	35.950
17	18.430	20.012	21.762	23.698	25.840	28.213	30.840	33.750	36.974	40.545
18	19.615	21.412	23.414	25.645	28.132	30.906	33.999	37.450	41.301	45.599
19	20.811	22.841	25.117	27.671	30.539	33.760	37.379	41.446	46.018	51.159
20	22.019	24.297	26.870	29.778	33.066	36.786	40.995	45.752	51.160	57.275
21	23.239	25.783	28.676	31.969	35.719	39.993	44.865	50.423	56.765	64.002
22	24.472	27.299	30.537	34.248	38.505	43.392	49.006	55.457	62.873	71.403
23	25.716	28.845	32.453	36.618	41.430	46.996	53.436	60.883	69.532	79.543
24	26.973	30.422	34.426	39.083	44.502	50.816	58.177	66.765	76.790	88.497
25	28.243	32.030	36.459	41.646	47.727	54.863	63.249	73.106	84.701	98.347
26	29.526	33.671	38.553	44.312	51.113	59.156	68.676	79.954	93.324	109.18
27	30.821	35.344	40.710	47.084	54.669	63.706	74.484	87.351	102.72	121.10
28	32.129	37.051	42.931	49.968	58.403	68.528	80.698	95.339	112.97	134.21
29	33.450	38.792	45.219	52.966	62.323	73.640	87.347	103.97	124.14	148.63
30	34.785	40.568	47.575	56.085	66.439	79.058	94.461	113.28	136.31	164.49
40	48.886	60.402	75.401	95.026	120.80	154.76	199.64	259.06	337.88	442.59
50	64.463	84.579	112.80	152.67	209.35	290.34	406.53	573.77	815.08	1,163.9
60	81.670	114.05	163.05	237.99	353.58	533.13	813.52	1,253.2	1,944.8	3,034.8

附表三(續)

期數	12%	14%	15%	16%	18%	20%	24%	28%	32%	36%
1	1,000.0	1,000.0	1,000.0	1,000.0	1,000.0	1,000.0	1,000.0	1,000.0	1,000.0	1,000.0
2	2,120.0	2,140.0	2,150.0	2,160.0	2,180.0	2,200.0	2,240.0	2,280.0	2,320.0	2,360.0
3	3,374.4	3,439.6	3,472.5	3,505.6	3,572.4	3,640.0	3,777.6	3,918.4	3,062.4	3,209.6
4	4,779.3	4,921.1	4,993.4	5,066.5	5,215.4	5,368.0	5,684.2	6,015.6	6,362.4	6,725.1
5	6,352.8	6,610.1	6,742.4	6,877.1	7,154.2	7,441.6	8,048.4	8,699.9	9,398.3	10.146
6	8,115.2	8,535.5	8,753.7	8,977.5	9,442.0	9,929.9	10.980	12.136	13.406	14.799
7	10.089	10.730	11.067	11.414	12.142	12.916	14.615	16.534	18.696	21.126
8	12.300	13.233	13.727	14.240	15.327	16.499	19.123	22.163	25.678	29.732
9	14.776	16.085	16.786	17.519	19.086	20.799	24.712	29.369	34.895	41.435
10	17.549	19.337	20.304	21.321	23.521	25.959	31.643	38.593	47.062	57.352
11	20.655	23.045	24.349	25.733	28.755	32.150	40.238	50.398	63.122	78.998
12	24.133	27.271	29.002	30.850	34.931	39.581	50.895	65.510	84.320	108.44
13	28.029	32.089	34.352	36.786	42.219	48.497	64.110	84.853	112.30	148.47
14	32.393	37.581	40.505	43.672	50.818	59.196	80.496	109.61	149.24	202.93
15	37.280	43.842	47.580	51.660	60.965	72.035	100.82	141.30	198.00	276.98
16	42.753	50.980	55.717	60.925	72.939	87.442	126.01	181.87	262.36	377.69
17	48.884	59.118	65.075	71.673	87.068	105.93	157.25	233.79	347.31	514.66
18	55.750	68.394	75.836	84.141	103.74	128.12	195.99	300.25	459.45	770.94
19	63.440	78.969	88.212	98.603	123.41	154.74	244.03	385.32	607.47	954.28
20	72.052	91.025	102.44	115.38	146.63	186.69	303.60	494.21	802.86	1,298.8
21	81.699	104.77	118.81	134.84	174.02	225.03	377.46	633.59	1,060.8	1,767.4
22	92.503	120.44	137.63	157.41	206.34	271.03	469.06	812.00	1,401.2	2,404.7
23	104.60	138.30	159.28	183.60	244.49	326.24	582.63	1,040.4	1,850.6	3,271.3
24	118.16	185.66	184.17	213.98	289.49	392.48	723.46	1,332.7	2,443.8	4,450.0
25	133.33	181.87	212.79	249.21	342.60	471.98	898.09	1,706.8	3,226.8	6,053.0
26	150.33	208.33	245.71	290.09	405.27	567.38	1,114.6	2,185.7	4,260.4	8,233.1
27	169.37	238.50	283.57	337.50	479.22	681.85	1,383.1	2,798.7	5,624.8	11,198
28	190.70	272.89	327.10	392.50	566.48	819.22	1,716.1	3,583.3	7,425.7	15,230.3
29	214.58	312.09	377.17	456.30	669.45	984.07	2,129.0	4,587.7	9,802.9	20,714.2
30	241.33	356.79	434.75	530.31	790.95	1,181.9	2,640.9	5,873.2	12,941	28,172.3
40	767.09	1,342.0	1,779.1	2,360.8	4,163.2	7,343.2	27,290	69,377	*	*
50	2,400.0	4,994.5	7,217.7	10,436	21,813	45,497	*	*	*	*
60	7,471.6	18,535	29,220	46,058	*	*	*	*	*	*

* >99,999

附表四 年金现值系数表

期数	1%	2%	3%	4%	5%	6%	7%	8%	9%
1	0.990,1	0.980,4	0.970,9	0.961,5	0.952,4	0.943,4	0.934,6	0.925,9	0.917,4
2	1.970,4	1.941,6	1.913,5	1.886,1	1.859,4	1.833,4	1.808,0	1.783,3	1.759,1
3	2.941,0	2.883,9	2.828,6	2.775,1	2.723,2	2.673,0	2.624,3	2.577,1	2.531,3
4	3.092,0	3.807,7	3.717,1	3.629,9	3.546,0	3.465,1	3.387,2	3.312,1	3.239,7
5	4.853,4	4.713,5	4.579,7	4.451,8	4.329,5	4.212,4	4.100,2	3.992,7	3.889,7
6	5.795,5	5.601,4	5.417,2	5.242,1	5.075,7	4.917,3	4.766,5	4.622,9	4.485,9
7	6.728,2	6.472,0	6.230,3	6.002,1	5.786,4	5.582,4	5.389,3	5.206,4	5.033,0
8	7.651,7	7.325,5	7.019,7	6.732,7	6.463,2	6.209,8	5.971,3	5.746,6	5.534,8
9	8.566,0	8.162,2	7.786,1	7.435,3	7.107,8	6.801,7	6.515,2	6.246,9	5.995,2
10	9.471,3	8.982,6	8.530,2	8.110,9	7.721,7	7.360,1	7.023,6	6.710,1	6.417,7
11	10.367,6	9.786,8	9.252,6	8.760,5	8.306,4	7.886,9	7.498,7	7.139,0	6.805,2
12	11.255,1	10.575,3	9.954,0	9.385,1	8.863,3	8.383,8	7.942,7	7.536,1	7.160,7
13	12.133,7	11.348,4	10.635,0	9.985,6	9.393,6	8.852,7	8.357,7	7.903,8	7.486,9
14	13.003,7	12.106,2	11.296,1	10.563,1	9.898,6	9.295,0	8.745,5	8.244,2	7.786,9
15	13.865,1	12.849,3	11.937,9	11.118,4	10.379,7	9.712,2	9.107,9	8.559,5	8.060,7
16	14.717,9	13.577,7	12.561,1	11.652,3	10.837,8	10.105,9	9.446,6	8.851,4	8.312,6
17	15.562,3	14.291,9	13.166,1	12.165,7	11.274,1	10.477,3	9.763,2	9.121,6	8.543,6
18	16.398,3	14.992,0	13.753,5	12.659,3	11.689,6	10.827,6	10.059,1	9.371,9	8.755,6
19	17.226,0	15.678,5	14.323,9	13.133,9	12.085,3	11.158,1	10.335,6	9.603,6	8.960,1
20	18.045,6	16.351,4	14.877,5	13.590,3	12.462,2	11.469,9	10.594,0	9.818,1	9.128,5
21	18.857,0	17.011,2	15.415,0	14.029,2	12.821,2	11.764,1	10.835,5	10.016,8	9.292,2
22	19.660,4	17.658,0	15.936,9	14.451,1	13.163,0	12.041,6	11.061,2	10.200,7	9.442,4
23	20.455,8	18.292,2	16.443,6	14.856,8	13.488,6	12.303,4	11.272,2	10.371,1	9.580,2
24	21.243,4	18.913,9	16.935,5	15.247,0	13.798,6	12.550,4	11.469,3	10.528,8	9.706,6
25	22.023,2	19.523,5	17.413,1	15.622,1	14.093,9	12.783,4	11.653,6	10.674,8	9.822,6
26	22.795,2	20.121,0	17.876,8	15.982,8	14.375,2	13.003,2	11.825,8	10.810,0	9.929,0
27	23.559,6	20.706,9	18.327,0	16.329,6	14.643,0	13.210,5	11.986,7	10.935,2	10.026,6
28	24.316,4	21.281,3	18.764,1	16.663,1	14.898,1	13.406,2	12.137,1	11.051,1	10.116,1
29	25.065,8	21.844,4	19.188,5	16.983,7	15.141,1	13.590,7	12.277,7	11.158,4	10.198,3
30	25.807,7	22.396,5	19.600,4	17.292,0	15.372,5	13.764,8	12.409,0	11.257,8	10.273,7
35	29.408,6	24.998,6	21.487,2	18.664,6	16.374,2	14.498,2	12.947,7	11.654,6	10.566,8
40	32.834,7	27.355,5	23.114,8	19.792,8	17.159,1	15.046,3	13.331,7	11.924,6	10.757,4
45	36.094,5	29.490,2	24.518,7	20.720,0	17.774,1	15.455,8	13.605,5	12.108,4	10.881,2
50	39.196,1	31.423,6	25.729,8	21.482,2	18.255,9	15.761,9	13.800,7	12.233,5	10.961,7
55	42.147,2	33.174,8	26.774,4	22.108,6	18.633,5	15.990,5	13.939,9	12.318,6	11.014,0

附表四(續)

期數	10%	12%	14%	15%	16%	18%	20%	24%	28%	32%
1	0.909,1	0.892,9	0.877,2	0.869,6	0.862,1	0.847,5	0.833,3	0.806,5	0.781,3	0.757,6
2	1.735,5	1.690,1	1.646,7	1.625,7	1.605,2	1.565,6	1.527,8	1.456,8	1.391,6	1.331,5
3	2.486,9	2.401,8	2.321,6	2.283,2	2.245,9	2.174,3	2.1,065	1.9,813	1.8,684	1.7,663
4	3.169,9	3.037,3	2.913,8	2.855,0	2.798,2	2.690,1	2.588,7	2.404,3	2.241,0	2.095,7
5	3.790,8	3.604,8	3.433,1	3.352,2	3.274,3	3.127,2	2.990,6	2.745,4	2.532,0	2.345,2
6	4.355,3	4.111,4	3.888,7	3.784,5	3.684,7	3.497,6	3.325,5	3.020,5	2.759,0	2.534,2
7	4.868,4	4.563,8	4.288,2	4.160,4	4.038,6	3.811,5	3.604,6	3.242,3	2.937,0	2.677,5
8	5.334,9	4.967,6	4.638,9	4.487,3	4.343,6	4.077,6	3.837,2	3.421,2	3.075,8	2.786,0
9	5.759,0	5.328,2	4.916,4	4.771,6	4.606,5	4.303,0	4.031,0	3.565,5	3.184,2	2.868,1
10	6.144,6	5.650,2	5.216,1	5.018,8	4.833,2	4.494,1	4.192,5	3.681,9	3.268,9	2.930,4
11	6.495,1	5.937,7	5.452,7	5.233,7	5.028,6	4.656,0	4.327,1	3.775,7	3.335,1	2.977,6
12	6.813,7	6.194,4	5.660,3	5.420,6	5.197,1	4.793,2	4.439,2	3.851,4	3.386,8	3.013,3
13	7.103,4	6.423,5	5.842,4	5.583,1	5.342,3	4.909,5	4.532,7	3.912,4	3.427,2	3.040,4
14	7.366,7	6.628,2	6.002,1	5.724,5	5.467,5	5.008,1	4.610,6	3.961,6	3.458,7	3.060,9
15	7.606,1	6.810,9	6.142,2	5.847,4	5.575,5	5.091,6	4.675,5	4.001,3	3.483,4	3.076,4
16	7.823,7	6.974,0	6.265,1	5.954,2	5.668,5	5.162,4	4.729,6	4.033,3	3.502,6	3.088,2
17	8.021,6	7.119,6	6.372,9	6.047,2	5.748,7	5.222,3	4.774,6	4.059,1	3.517,4	3.097,1
18	8.201,4	7.249,7	6.467,4	6.128,0	5.817,8	5.273,2	4.812,2	4.079,9	3.529,4	3.103,9
19	8.364,9	7.365,8	6.550,4	6.198,2	5.877,5	5.316,2	4.843,5	4.096,7	3.538,6	3.109,0
20	8.513,6	7.469,4	6.623,1	6.259,3	5.928,8	5.352,7	4.869,6	4.110,3	3.545,8	3.112,9
21	8.648,7	7.562,0	6.687,0	6.312,5	5.973,1	5.383,7	4.891,3	4.121,2	3.551,4	3.115,8
22	8.771,5	7.644,6	6.742,9	6.358,7	6.011,3	5.409,9	4.909,4	4.130,0	3.555,8	3.118,0
23	8.883,2	7.718,4	6.792,1	6.398,8	6.044,2	5.432,1	4.924,5	4.137,1	3.559,2	3.119,7
24	8.984,7	7.784,3	6.835,1	6.433,8	6.072,6	5.450,9	4.937,1	4.142,8	3.561,9	3.121,0
25	9.077,0	7.843,1	6.872,9	6.464,1	6.097,1	5.466,9	4.947,6	4.147,4	3.564,0	3.122,0
26	9.160,9	7.895,7	6.906,1	6.490,6	6.118,2	5.480,4	4.956,3	4.151,1	3.565,6	3.122,7
27	9.237,2	7.942,6	6.935,2	6.513,5	6.136,4	5.491,9	4.963,6	4.154,2	3.566,9	3.123,3
28	9.306,6	7.984,4	6.960,7	6.533,5	6.152,0	5.501,6	4.969,7	4.156,9	3.567,9	3.123,7
29	9.369,6	8.021,8	6.983,0	6.550,9	6.165,6	5.509,8	4.974,7	4.158,5	3.568,7	3.124,0
30	9.426,9	8.055,2	7.002,7	6.566,0	6.177,2	5.516,8	4.978,9	4.160,1	3.569,3	3.124,2
35	9.644,2	8.175,5	7.070,0	6.616,6	6.215,3	5.538,6	4.991,5	1.164,4	3.570,8	3.124,8
40	9.779,1	8.243,8	7.105,0	6.641,8	6.233,5	5.548,2	4.996,6	4.165,9	3.571,2	3.125,0
45	9.862,8	8.282,5	7.123,2	6.654,3	6.242,1	5.552,5	4.998,6	4.166,4	3.571,4	3.125,0
50	9.914,8	8.304,5	7.132,7	6.660,5	6.246,3	5.554,1	4.999,5	4.166,6	3.571,4	3.125,0
55	9.947,1	8.317,0	7.137,6	6.663,6	6.248,2	5.554,9	4.999,8	4.166,6	3.571,4	3.125,0

國家圖書館出版品預行編目（CIP）資料

非營利組織財務管理 - 以中國為例 / 謝曉霞 著. -- 第一版.
-- 臺北市：財經錢線文化，2020.05
　　面；　公分
POD版

ISBN 978-957-680-419-9(平裝)

1.非營利組織 2.財務管理 3.中國

546.7　　　　　　　　　　　　　　　　109005680

書　　名：非營利組織財務管理-以中國為例
作　　者：謝曉霞 著
發 行 人：黃振庭
出 版 者：財經錢線文化事業有限公司
發 行 者：財經錢線文化事業有限公司
E-mail：sonbookservice@gmail.com
粉絲頁：　　　　　網址：
地　　址：台北市中正區重慶南路一段六十一號八樓815室
8F.-815, No.61, Sec. 1, Chongqing S. Rd., Zhongzheng
Dist., Taipei City 100, Taiwan (R.O.C.)
電　　話：(02)2370-3310 傳　真：(02) 2388-1990
總 經 銷：紅螞蟻圖書有限公司
地　　址: 台北市內湖區舊宗路二段 121 巷 19 號
電　　話:02-2795-3656 傳真:02-2795-4100　　網址：
印　　刷：京峯彩色印刷有限公司（京峰數位）

　　本書版權為西南財經大學出版社所有授權崧博出版事業股份有限公司獨家發行電子書及繁體書繁體字版。若有其他相關權利及授權需求請與本公司聯繫。

定　　價：380元
發行日期：2020 年 05 月第一版
◎ 本書以 POD 印製發行